Qiche Weixiu Qiye Zhuanxing
Fazhan Dianxing Anli

汽车维修企业转型发展典型案例

交通运输部运输司　审　定
中国汽车维修行业协会　组织编写

人民交通出版社股份有限公司
China Communications Press Co.,Ltd.

内容提要

本书以案例的形式展现了汽车维修企业转型的发展经验,从连锁经营、规模发展、专业修理、品牌建设、绿色维修和完善机制助推转型六个方面,选取了29个典型案例,在附录部分,还收录了汽车维修相关的部分文件和标准。这些文章从不同侧面阐释了汽车维修企业转型发展的做法和体会,为汽车维修企业学习先进经验、创新发展理念起到积极的借鉴作用。

本书供道路运输管理机构、汽车维修企业管理人员和维修专业师生学习参考。

图书在版编目(CIP)数据

汽车维修企业转型发展典型案例 / 中国汽车维修行业协会组织编写. — 北京 : 人民交通出版社股份有限公司, 2014.9

ISBN 978-7-114-11696-4

Ⅰ.①汽… Ⅱ.①中… Ⅲ.①汽车 - 修理厂 - 工业企业管理 - 案例 Ⅳ.①F407.471.6

中国版本图书馆 CIP 数据核字(2014)第 209447 号

书　　名: 汽车维修企业转型发展典型案例
著 作 者: 中国汽车维修行业协会
责任编辑: 戴广超　杨丽改
出版发行: 人民交通出版社股份有限公司
地　　址: (100011)北京市朝阳区安定门外外馆斜街3号
网　　址: http://www.ccpress.com.cn
销售电话: (010)59757973
总 经 销: 人民交通出版社股份有限公司发行部
经　　销: 各地新华书店
印　　刷: 中国电影出版社印刷厂
开　　本: 720×960　1/16
印　　张: 16.75
字　　数: 265千
版　　次: 2014年9月　第1版
印　　次: 2014年9月　第1次印刷
书　　号: ISBN 978-7-114-11696-4
定　　价: 68.00元
(有印刷、装订质量问题的图书由本公司负责调换)

审定委员会
Shendingweiyuanhui

孟　秋　汪学君　吴东风　李云飞　俞卫江　曹　磊
康文仲　朱美环　蔡凤田　盖　方　刘国峰　曾智翔

编写委员会
Bianxieweiyuanhui

主　任： 孙守仁

副主任： 张京伟　应　肃　王凯明

委　员： 佟濬洲　严志光　蔡格平　白　崤　刘京南
金柏正　席秀梅　张珉豪　田大军

编　写　组
Bianxiezu

组织编写单位： 中国汽车维修行业协会

协助编写单位： 人民交通出版社股份有限公司
吉林省汽车维修行业协会

组　　　长： 应　肃

副　组　长： 佟濬洲　严志光　刘京南

前言

Qianyan

随着经济发展、社会进步与人民生活水平的提高，特别是国家重点产业调整振兴规划及一系列政策的实施，我国汽车产销量已经雄踞全球之首，为汽车维修行业带来了巨大的发展空间。汽车产权结构的重大变化使得汽车维修行业不再仅仅限于道路运输生产经营性车辆的维修保障服务，由道路运输辅助业扩展为具有高科技含量直接服务于民生、服务于社会和整体经济发展的基础性独立产业，从生产服务型走向了社会服务型，业态模式随之发生了变化，上下游产业链的融合与扩张成为一种趋势。

汽车产业快速发展和汽车保有量的强势增长，为汽车维修行业的发展奠定了坚实的基础。据统计，截至2013年年底，全国共有汽车维修业户37.3万家，年完成汽车维修3.32亿辆次(其中整车修理443万辆次、总成修理873万台次、二级维护4540万辆次、专项修理2.33亿辆次、维修救援473万辆次)。与此同时，汽车维修客户个性化、多样化需求增多，市场竞争日趋激烈。交通运输部及时提出转观念、转职能，尝试行业管理制度重置，先后完善了相关部门规章和规范性文件，颁布了行业技术标准《汽车维修业开业条件》(GB/T 16739)、《汽车维护、检测、诊断技术规范》(GB/T 18344)和《机动车维修服务规范》(JT/T 816)，引领行业发展的新思路、新途径；各级道路运输管理机构在具体执法实践中积极尝试管理创新和服务创新，扎实推进企业质量信誉考核，促进企业依法经营；各级行业协会发挥桥梁纽带作用，通过落实诚信指标考核体系引导企业发展方向。

我国汽车维修业在快速增长30年后的今天，又一次站在了前进的十字路口，面临新的发展课题。交通运输部在洞察行业发展状况、适应国家现阶段经济发展战略的基础上，联合相关9个部委出台了《交通运输部、国家发展改革委、教育部、公安部、环境保护部、住房城乡建设部、商务部、工商总局、质检总局、保险监督管理委员会关于促进汽车维修业转型升级 提升服务质量的指导意见》（交运发〔2014〕186号）（以下简称《指导意见》），提出了行业发展的总体要求——深入贯彻落实党的十八大和十八届三中全会精神，以最大限度地服务经济社会发展，不断改善人民群众汽车生活品质为宗旨，以促进行业发展方式转变、提升行业服务能力为主线，尊重市场规律，锐意改革创新，优化市场结构，激发市场活力，推进汽车维修业健康可持续发展，为人民群众提供放心、满意的汽车维修服务。

当前，中国经济在经过长期较快增长之后，经济总量明显提升，已经进入以转型升级、提质增效为主题的“第二季”。转型发展是发展方式的深刻变革，企业通过转型，可获取持续健康的发展。汽车维修转型发展，就是摆脱长期以来主要依靠增加网点、扩大厂房场地、添加机具设备、增加劳动力与物质资源消耗的外延式增长方式，转向依靠科技进步、劳动者素质提高、管理创新，提高员工操作水平和设备、配件与原材料的利用率，降低能源消耗，减少环境污染，由数量型向质量型、由粗放型向集约型、由低附加值向高附加值的内涵式增长方式，以便更好地服务于国民经济发展大局，实现“综合交通、智慧交通、绿色交通、平安交通”，实现由传统服务业向现代服务业的转变。

面临激烈的市场竞争大潮，许多企业迫于市场形势和消费对象的变化，以及自身生存发展的压力，结合区域经济特点积极探索变革与转型，进行了大胆的实践。为此，中国汽车维修行业协会受交通运输部运输司委托，在全国范围内广泛征集汽车维修企业转型发展典型案例，从各地推荐的稿件中筛选出29篇文章，由人民交通出版社股份有限公司编辑整理，交通运输部运输司审定，按照企业转型发展的侧重点分为连锁经营、规模发展、专业修理、品牌建设、绿色维修和完善机制助推转型六个篇章，编成《汽车维修企业转型发展典型案例》一书，献给全国机动车维修工作会议。

本书正是基于为行业提供可借鉴的转型发展典型案例的思路，根据《指导意见》由不同规模经受转型发展历练的汽车维修企业撰写，反映行业转型发展的总体概况和不同类型企业转型发展的经验。书中介绍的并非规模最大、发展最快、效益最好的企业案例，而是不同类型企业转型发展案例，具有典型性、代表性、可复制性和可读性。其中一部分是遵循《机动车维修服务规范》，依靠规范化管理保障企业健康发展的典型；一部分是在日趋激烈的市场竞争状况下迫于市场竞争和消费者需求主动转型的典型；一部分是企业经营或生存发展受限被迫寻求持续发展被动转型的典型；一部分是受辖区行业发展状况影响在朦胧中自发转型的典型。他们的生存发展环境存在差异，其转型成功程度也各自不同。全书内容翔实，不拘一格，反映了不同企业在适应社会转型期的应对策略，立意深远，注重分类引导和典型引路，从不同侧面阐释了汽车维修企业转型发展的做法和体会，是对《指导意见》在实践方面的具体释义。

企业转型发展涉及理念的转变、模式的转型和路径的创新，是一个全局性、战略性、系统性工程。在当今世界经济的大潮中，思想保守、固步自封，必然错失机遇，陷于被动。未来五至十年，将是我国全面建设小康社会的关键时期，也是汽车维修企业转型发展的攻坚时期。全行业必须将健康可持续发展作为转型发展的中心任务；将理念创新、管理创新、技术创新和制度创新作为转型发展的主攻方向；将发展资源节约型、环境友好型企业作为转型发展的突出重点，加快创新驱动转型、绿色低碳转型、生活服务转型和促进消费转型。本书可作为汽车维修企业转型发展的参考书，书中提供的转型发展案例供大家学习借鉴、拓宽思路。愿广大汽车维修企业能够在激烈的市场竞争中，找准市场定位，根据本区域行业发展特征和本企业实际，活学活用、有的放矢地优化企业组织结构、布局结构、技术结构、服务结构，增强企业整体素质和发展后劲，提高市场竞争能力和效益，从本书中获取"真经"，受到启迪，学以致用，付诸实践，有所收获。

中国汽车维修行业协会

2014 年 8 月 22 日

目录
Mulu

第一篇

连锁经营篇

连锁经营是近代世界经济和商业竞争的产物,是随着社会服务业的发展而发展起来的。连锁经营在国外已成为汽车维修业成功的经营模式,它从根本上取代了传统汽车维修企业以零散性经营的格局,具有成本低、速度快、反应及时、适应性强、方便快捷,以及生产技术、信息资源、专用设备共享的特点,是一种全新的经营理念和经营模式。

连锁经营有特定的企业文化,不仅注重对连锁店的厂房、场地、人员、设施、工具和标识等硬件的投资,而且更注重对连锁品牌、网络和信誉等无形资产的投资。连锁经营通过企业组织联合化、企业形象标准化、经营活动专业化、管理方式规范化、服务价格统一化、管理手段现代化等规范化运作,大大增强了企业的市场竞争能力,提高了商品流通领域的效率,提升了人们生活的品质,给消费者带来了稳定感、信任感和安全感,给社会生产带来了极其深远的影响。

汽车维修连锁经营的优势主要在于它有“六个统一”和“三个公开”,既统一的企业品牌、统一的技术装备、统一的配件供应、统一的维修标准、统一的操作规范、统一的服务承诺;公开作业项目、公开收费标准、公开质量保证。它不仅能为客户提供快捷、方便和周到的服务,而且能凭借其技术优势、网络优势和品牌优势提高企业的市场竞争能力。

《指导意见》指出，各地交通运输主管部门要积极会同发展改革、城乡建设、商务主管等部门，按照“因地制宜、合理布局、供需平衡、便民利民”的原则，编制发布本行政区的《汽车维修行业发展指导规划》，将汽车维修纳入当地城市经济社会发展总体规划，在城市发展中为汽车维修业预留一定功能空间，增强城市承载功能，促进汽车维修业发展与人民群众维修服务、汽车消费需求相适应。在确保安全、环保生产条件下，鼓励企业在大型社区、公共停车场、客货运输站场周边、高速公路服务区及旅游景点服务区布设连锁网点。对于开办连锁维修网点的，在经营场所所在的地级市主城区或者县、市行政区范围内，可以共享技术负责人和《汽车维修业开业条件》(GB/T 16739)规定的大型维修设施设备。

本篇案例企业广州华胜汽车技术服务有限公司创设了专业维修高档汽车的连锁经营模式；上海国际汽车零部件采购中心有限公司推出了“安吉好途邦”汽车终端连锁服务品牌；湖北华美汽车服务连锁有限公司建立了一套适合企业发展的信息、技术、供应三个资源共享平台和有效运行体系；浙江萨塔控股有限公司在发展快修连锁经营基础上，进行“加油站”式的汽车快速维护站的探索；长沙志成行健汽车维修有限公司创建“CRE”经营模式，促进企业连锁经营发展。

案例1:广州华胜
——从单店经营向连锁经营的转型升级之路

广州华胜企业管理服务有限公司(以下简称“华胜”)从“技术为本,诚信经营”起步,依靠前卫的经营理念和明确的创业目标,迅速打开局面,几年内就拓展了多个品牌专修店。通过跨区域运作,进入其他省市,走上连锁经营之路,并建立了统一平台,连锁配件采购中心。面对挑战华胜克服了重重困难,进行产业整合,调整转型战略,崇尚专业、专注,连锁经营成果丰硕,成为华南汽车维修行业的佼佼者。

一、企业发展概况

(一)企业简介

1998年4月,广州天河区猎德村一个铁皮棚围绕的大院里,诞生了一家以广州华胜汽车技术服务有限公司命名的汽车修理厂,几位志同道合的创业伙伴都是毕业于名牌大学汽车维修相关专业的研究生或本科生,又都在汽车维修企业锻炼过并具有较强的技术能力,所以他们以“技术服务”冠名自己的企业,意在传递自己以技术征服市场、改变行业现状的信心和决心。

当时的猎德村是广州市一个汽车修理厂和路边店聚集的区域,就在修理厂周边同时还存在着大大小小数百家同类型的企业,他们之中不乏比华胜规模大、资历老、品牌响的企业。16年沧海桑田,时至今日,当年的猎德村经过拆迁改造,已经成为广州最具财富的CBD商务核心区,而当年因为拆迁从猎德村出走的修理厂绝大部分已经销声匿迹,只有华胜成为了拥有遍布全国12个省33个城市80余家连锁分店的中国豪华车专修连锁知名品牌(图1)。

16年来,华胜从维修“万国车”转变为豪华车专修,员工从寥寥数人发展至3000余名;积累了超过15万名客户,百万余辆次的维修经验;建立了人才培养、配件采购、软件运营等适应未来发展的标准和系统；更重要的是，积累了店面运营及发展的经验，并建立了独特的企业文化。华胜为什么能在众多同行企业中脱颖而出？她的华丽转型有什么秘诀吗？

图1　广州华胜总部

(二)发展历程

纵观华胜16年的转型升级历史，有四个主题贯穿于企业发展的四个阶段。

1.初创阶段(1998年—2003年)：技术为本，老实做事

怀揣“技术改变命运”的梦想，几位创业伙伴以“技术为本，老实做事”作为华胜早期的发展策略。创始人周大军先生1993年硕士研究生毕业于华南农业大学农业机械化专业，在读期间及毕业后的两年，周大军帮助学校的“华胜汽车资料中心”翻译了大量进口汽车技术资料及文献，并在校办“华大名车”修理厂里埋头苦干，钻研攻克了不少维修技术方面的难题。离开学校后，周大军在当时华南地区最大的一家综合修理厂长期担任技术经理职务，和他一起创业的几个伙伴也都是理论与实践经验俱佳的技术能手。所有这些学习、工作中的积累，使得华胜一开业，就打造出了一支技术能力较强的团队，“维修疑难杂症终结者”的企业形象迅速在业内和客户之间传播。

在这一时期，华胜文化建设的重点是“诚信经营”，当时华胜提出了“超时赔500，不满意可不付款”的承诺(图2)，开广州汽车维修行业之先河。精湛的维修技术和诚信经营的准则迅速在市场上树立了华胜的口碑，华胜也由此迎来了发展

的第一个黄金期。1999 年 5 月，华胜的营业面积已经扩大至 7000m^2，成为广州最大规模的综合性汽车修理厂；2002 年 1 月，华胜通过 ISO 国际质量管理体系认证；2004 年 3 月，华胜荣获广州市汽车摩托车维修行业首批“诚信优质服务单位”称号。

图 2　华胜诚信经营的口号

然而，单店经营上顺风顺水的华胜，在扩大经营时却遭遇了瓶颈。华胜开始思考如何做大企业的问题，也先后在广州开设了两家分店但是由于市场的惨烈竞争和管理经验的匮乏，两家分店最终先后关闭，华胜经历了 5 年的发展停滞期，企业的升级转型迫在眉睫。

2. 转型阶段(2004 年—2006 年)：聚焦高端，发展专修

2004 年，国内豪华车市场方兴未艾，宝马品牌的 4S 店全国尚少，其通过垄断地位建立了强大的竞争优势，不仅维修价格高，还需要排队预约，这一现象让华胜经营者敏锐地觉察到了商机。

2004 年 1 月，华胜第一家宝马专修店在广州开业(图 3)，拉开了华胜转型的序幕。由于市场定位精准，宝马专修店很快获得了成功，约 1000m^2 的营业面积到第 3 个月就做到了 100 多万元的产值。宝马专修店的成功坚定了华胜豪华车专修的发展方向，2004 年 9 月、2005 年 8 月，华胜奔驰专修店(图 4)和奥迪专修店相继开业，同时华胜围绕德系三大品牌豪华车打造的技术基地逐步成型，为华胜日后的发展奠定了基础。

图 3 华胜第一家宝马专修店

图 4 华胜第一家奔驰专修店

由于找到了适合市场的商业模式，华胜对未来的发展充满信心。为了实现这一成功模式的快速复制，华胜经营者开始学习欧美发达国家汽车后市场的成功经验，走连锁经营的道路。2006 年 1 月，华胜跨区域运作的上海闵行奔驰、宝马专修店开业（图 5），华胜从广州市走向了全国，连锁态势基本确立。

图 5 上海闵行奔驰、宝马专修店

"华胜必将成为汽修行业标杆性的企业"，这是华胜经营者一直未曾改变的事业梦想。但是仅仅在商业模式上获得的成功并不足以保证华胜实现这一梦想，为此，华胜经营者开始研究国内外伟大企业的成功经验。2004 年，华胜提出了企业愿景、使命、"三大理念"等文化理念，并且在经营理念的基础上提出了"两个坚持"的管理思想，即坚持标准化管理体系建设，坚持以人为本的企业文化建设。

3. 连锁起步和摸索阶段（2007 年—2010 年）：连锁经营，快速复制

经营能力和成功经验的快速复制，是连锁经营能够取得成功的关键，否则各连锁店各自为政、各行其是，必然是一盘散沙。因此，华胜在选择了连锁的道路之后，打造强大的管控平台、资源平台、复制平台就成为了管理者的第一要务。

2007 年 3 月，华胜豪华车专修连锁（以下简称"华胜连锁"）总部成立；2007 年 12 月，华胜成为通过国家商务部备案的特许经营企业。随着总部经营能力的不断提升，华胜连锁网络的拓展也取得了跨越式的发展。2009 年，郑

州金水店的开业标志着华胜连锁的脚步从华南、华东地区迈向华中地区，全国连锁的态势已初现端倪。

同一时期，华胜在建设资源平台的道路上也取得了实质性的进展。为了解决汽车维修行业"配件采购难、管控难"的积弊，2009 年 7 月，华胜连锁配件采购中心成立，在广州、杭州分设配件库（图 6），并建成便捷的物流配送系统。2009 年 11 月，华胜成立了广州华尔孚自动变速器维修中心。

图 6　华胜位于杭州的华展配件采购中心

但是，总部管控能力和连锁规模往往是此消彼长的一对矛盾体，高速发展的华胜就像初飞的雏鹰，同样经历了蜕变的阵痛。几年间，由于文化导入、团队建设和管控能力不够造成的问题店、叛离店的出现，使华胜蒙受了巨大的损失。面对这种情况，华胜经营者再次陷入了深深的思索，并最终引导华胜开始了越来越深入的管理变革。2007 年 6 月，华胜提出"专诚奉献、彰显卓越"的企业核心价值观，同时通过与知名设计公司合作，全面规范、统一了华胜品牌形象；2009 年，华胜在"两个坚持"管理思想基础上提出"一个中心"，即以建设优秀团队为中心；2009 年 10 月，在原华胜连锁总部基础上成立了广州华胜企业管理服务有限公司（图 7），华胜连锁总部的管理职能进一步强化；2010 年 10 月，华胜经营者又提出了"一个中心，两个基本点"的企业管理指导思想。

2010 年对于华胜的管理工作而言，是具有"分水岭"意义的一年。在这之前，华胜的发展策略在几个层面已经初步暴露出一些问题，首先是管理工作上，和许多传统企业一样，聚焦于业务一线，头疼医头、脚疼医脚，没有形成系统和有效的管理体系和机制；其次是竞争策略上，打价格战，定价远低于 4S 店，但是长期的低价战略，极大地压缩华胜的生存发展空间，并对华胜的品牌产生负面影响;再次是企业发展上,缺乏明确的目标和计划,看到机会就上,没有考虑自身资源能力是否匹配,导致了一些问题的产生。对于这三个问题,华胜经营者经过深思熟虑,在2010年11月召开了华胜首次战略会议,提出了华胜管理工作的“三个转变”,即工作重点由业务为主向管理为主转变,竞争策略由价格竞争向品牌竞争转变,企业发展由机会型向战略管理型转变,这次会议还首次明确了华胜未来十年的战略总目标和三年战略规划。

图7 华胜连锁总部专职管控机构—广州华胜企业管理服务有限公司

4. 战略驱动发展阶段(2011年至今):战略驱动,产业整合

进入2011年,华胜首期战略规划的实施标志着华胜走过管理的蒙昧混沌期,迈入了一个新的发展阶段。这份战略报告提出了华胜一个总的目标和方向,即“2020年,华胜成为产值过百亿、受尊敬的行业标杆性企业”。与之对应的是2011年—2013年“服务年”、“文化年”和“标准年”的策略分解以及与资源相匹配的、可控的连锁店开店计划。2011年,发展12家连锁新店;2012年、2013年,各发展18家连锁新店;这一时期华胜的开店速度进一步加快,在战略规划的指引下,开店质量也有了保证和提升。得到实惠的华胜更加重视战略规划在企业发展中的作用,2013年华胜邀请国内最具权威的管理咨询机构为华胜制订了第二期战略规划,10月18日以“蓄势、专注、腾飞”为题的华胜企业发展战略规划报告(2014—2020)正式发布,标志华胜持续走上一条科学规划、合理发展的道路。

在这一阶段,华胜另外一个主题是“产业整合”,通过连锁规模和经营质量的不断强化和提升,华胜得到了行业各方的密切关注,华胜也借此机会整合了大量的产业资源。鉴于配件供应是汽车维修质量的关键所在,为了保证采购渠道的畅通以及配件质量的稳定可靠，同时最大程度地降低采购成本，华胜走上了品牌配件厂商资源整合之路。2013 年，华胜先后与米其林轮胎、美孚润滑油等全球知名品牌的润滑油、零部件厂商建立了战略合作关系。鉴于人才培养、门店团队复制对连锁发展速度的决定性作用，从 2011 年起，华胜逐步与安徽、江西、湖南、河南、广东等地的十余家汽车专业学校建立了长期稳定的校企合作关系。同时，华胜还与中国人保、中国平安、中华联合等 6 家保险公司签署了战略合作协议。随着一个个协议的签署，华胜在总部层面上打造的资源平台已初显规模，华胜品牌在行业内影响也日益扩大。

二、企业发展策略

（一）商业模式创新

自 2004 年以来，华胜围绕“两个转型”进行了商业模式的创新，即从综合性维修向豪华车专修的转型，从单店经营向连锁经营的转型。华胜这种商业模式的选择或者创新，是华胜的经营管理者不断把发达国家的先进商业经验、经营思想、经营模式与我国汽车后市场的实际情况相融合的产物。华胜的商业模式创新，紧紧围绕以下商业逻辑展开：一是规模效应，发达的连锁分店网络将有效降低配件采购配送、融资、人工费用等运营成本；二是品牌战略，连锁经营有利于品牌影响力的扩大；三是资源调配能力，连锁统一调配，大大提升人才、资金、设备等资源的利用效率；四是管控能力，通过总部提供的统一、可复制的流程和标准，降低分店管理难度。华胜 16 年的快速发展，充分证明了这种商业模式在国内本土市场可以迸发出强大的生命力，为汽车后市场的产业升级转型提供了宝贵的参考经验。

（二）管理创新

管理大师德鲁克说：“管理是一种实践，其本质不在于‘知’而在于‘行’；其验证不在于逻辑，而在于成果；其唯一权威就是成就。”华胜的转型升级之路，是中国传统文化思想、中西方先进管理理论与华胜所处的时代、市场环境通过实践不断融合、不断创新的过程，也开辟了一条适合华胜、适合中国汽车后市场的发展之路。

1. 管理思想创新

华胜提出了以建设“优秀团队”为中心，以建设“以人为本的企业文化”和

“标准化管理体系”为基本点的核心管理思想。它理清了华胜的管理思路，帮助华胜找到了管理重点。

2. 组织功能创新

依据第二阶段战略规划，华胜逐步加大连锁总部建设的投入，将原有的5个职能中心发展为9个职能中心，组织功能得以进一步完善。同时华胜建立了总部—区域—分店的三级组织架构，打造区域运营中心、人才培育中心和财务管控中心，初步建立了有效的分店管控体系。

3. 干部发展创新

完善组织功能，胜任的管理者和执行者必不可少。对于这一点，华胜创立了股权激励 + 职业素养测评 + 专业培训的干部能力可持续发展之路。股权激励解决的是干部的工作态度问题，成为企业主人的管理者会真正把工作当作事业来对待，把公司当作家来经营；职业素养测评和专业培训解决的是干部的工作能力问题，通过专业测评技术，对干部的基础素养、专业素养和管理素养进行客观评价，帮助他们找到能力短板，最终以此为依据对每个干部制定完整的培训计划，实现组织与个人的同步发展。

4. 信息管理创新

华胜运用与打造符合自身发展的、具有华胜管理特色的信息系统，始于2000年。十几年来，华胜为管理系统信息化的建设投入了大量资源，仅资金一项累计投入就达一千多万元。华胜的信息管理系统对于企业的贡献体现于以下几点：一是为华胜日后的工作流程沉淀了大量标准；二是帮助连锁总部全面实时掌握各分店运营情况；三是开启华胜的大数据时代，帮助分店快速了解经营状况及短板，使管理变得简单、高效；四是最终为连锁的快速复制和高效运转提供强大的系统工具平台，成为打造华胜核心竞争力的重要支撑点。

（三）企业文化创新

吉姆·柯林斯在《从优秀到卓越》中指出，有三项决定性要素促成了优秀公司和卓越公司之间截然不同的结果，分别是训练有素的人、训练有素的思想和训练有素的行为。华胜自成立以来一直重视这三项要素的建设，并结合企业实际，走出了一条企业文化创新之路。华胜以自己的亲身案例，回答了汽车维修企业为什么需要文化建设、怎样进行文化建设这两个命题。

对于前一个命题，华胜经营者做出了这样的解答：“在华胜这个平台上，员工实现个人成长、团队达成组织目标、实现整体成长，是我们企业存在的最基本价值”，“客户是我们的衣食父母，华胜最终能否在激烈的市场竞争中生存、发展，取决于客户对我们的认同程度。”所以华胜把员工的“快乐工作、健康成长”和客户的“高质、快捷、实惠、贴心”服务体验作为企业的愿景。对于后一个命题，华胜从相应的三个维度做出了回应：

(1)训练有素的人。第一步，从招聘入手。对于拟录取的员工，尤其是管理干部，华胜都会做文化认同度的专项考核，考核不通过的，专业能力再强也不予录用；第二步，从培训起步。华胜新入职的员工和管理干部均要参加总部组织的专项培训(图8)，未经培训的员工一律不得上岗，培训不通过的予以淘汰；第三步，从团队建设管控。华胜管理思想中最核心的部分就是团队建设，它要求所有的管理干部都以打造优秀团队为第一责任，不能成就下属、不能为连锁贡献更多人才的干部晋升排序向后；第四步，从能力提升发展。华胜目前正在建设的网络商学院项目已经初步成形，下一步将在此基础上建设汽车维修行业自己的企业商学院作为干部孵化中心，为华胜的发展提供更多训练有素的人。

图8　华胜启航培训是新员工入职的第一步

(2)训练有素的思想。从转型开始，华胜坚持了长期的文化理念建设。从华胜使命、愿景、三大理念，到“专诚奉献，彰显卓越”的核心价值观，再到“一个中心，两个基本点”以及最近的“华胜梦”、《华胜经营哲学》等。可以说，华胜在训练有素的思想上，已经取得了许多丰硕的成果。

(3)训练有素的行为。为了积极引导员工的行为，华胜在文化传播的渠道上做了长期的规划和建设，目前已经具有企业内刊、文化视频培训教材（图9）、文化宣导和员工关怀活动等，并以此形成文化宣导、管控机制。华胜的这些努力也在员工行为上得到了体现，例如早夕会文化、PK文化、分享文化等，在连锁店都得到了很好的传承和固化。

图9　华胜在企业内部发行的部分刊物、音像教材

三、转型体会

除了将先进管理理论与经营实践相结合，形成独具华胜特色的商业创新之外，华胜的经营管理者还通过长期实践，总结出企业经营的一些经验。

体会一，企业要想做大做强，建设优秀的团队是最核心的因素。

联想集团在其管理三要素中，把“搭班子”放在首要位置；华为集团在新员工入职和干部提升的时候，都要进行固定形式、固定内容的文化培训，打造出一支具备“狼性”气质的常胜之师。华胜早期在管理思路上没有太重视团队的作用，因此走了很多弯路，于是在2009年，华胜提出了“一个中心”的管理思想，突出了团队建设的重要性。如何衡量优秀团队，华胜也有自己的标准：一是团队领导能以身作则，勇于担当并带领团队实现高业绩目标；二是团队成员优势互补，团结协作，认同华胜价值理念，有统一的目标；三是能持续完成高挑战的目标，团队成员快速成长。

体会二，汽车维修行业要强调“专”的重要性。

汽车维修这个行业，对“专”的依赖性非常强，华胜自成立之初就把“专业”作为企业生存发展的一项关键能力。在第二期战略规划中，通过专业咨询机构的调研、梳理，提炼出了华胜通向卓越公司的成长飞轮（图10）。华胜成长飞轮把华胜工作的重点重新聚焦到“专”上来。目前华胜对回归品牌路线进行了重新设计，各主修品牌都设立了专家组，并从接车环节就开始调配车间、服务、营销等资源，全力展现华胜的专业形象。如果说“专业”是一种结果呈现出的状态，“专注”就是一个持续不断、坚持的过程，没有“专注”就不可能实现“专业”。华胜自成立以来，16 年专注于汽车后市场，擅长于汽车维修，并把主修对象进一步聚焦于三大量产豪华车品牌，这为华胜的专业之路选择了方向。

图 10　华胜通向卓越公司的成长飞轮图

案例2:上汽采购中心
——打造“安吉好途邦”连锁经营品牌

上海国际汽车零部件采购中心有限公司(以下简称“上汽采购中心”)借鉴德国博世公司成功搭建汽车快修连锁经营网络的经验,2012年推出的“安吉好途邦”汽车终端连锁服务品牌,利用上汽集团汽车产业链丰富资源和专业能力的优势,构建全国性连锁的独立售后服务渠道。针对保修期外的多品牌乘用车用户,提供专业修理和一站式全程服务。其服务系统是4S店系统的延伸和补充。独立售后市场的全新模式,既实现了与国际接轨,又体现了本土特色,通过延伸服务,延长产业链,在部分范围内主动放弃了主机厂对配件、技术资料和技术培训垄断,创造了第三业态组织经营模式。

一、企业发展概况

(一)企业简介

上汽采购中心成立于2006年,隶属于上海汽车集团股份有限公司(以下简称“上汽集团”),是集团在售后配件服务领域内的一家全资子公司,公司目前拥有员工约70人,主要从事中国汽车售后市场的配件销售与连锁终端服务,以及主要面向欧美市场的汽车零部件进出口业务。拥有安帕仕配件品牌和安吉好途邦服务品牌两大优质产品。安帕仕配件品牌集成上汽集团下属企业以及全球供应链体系资源,代理众多国际知名零部件及润滑油产品,为客户提供专业、高品质的零配件产品及汽车用品。安吉好途邦汽车服务品牌,秉承“用户满意”的经营理念和高度的社会责任感,汇聚上汽集团下属及国内外知名制造商的能力与资源,贯彻“透明专业、安心托付”的服务理念,为车主提供安心省心的汽车维修以及汽车生活相关的一站式服务。

上汽采购中心依托汽车领域的专业优势,秉承“承诺、坚定、合作共赢”的经营理念和高度的社会责任感，为广大合作伙伴创造价值，为国内车主提供更高品质的汽车生活服务。截止到2014年4月，安吉好途邦项目在全国范围内的授权网络已达120家，正式营业的安吉好途邦服务中心已达到30家，服务网络的发展重点首期以二、三、四线城市为主，当然这其中也不乏南京、杭州、郑州、成都等省会城市。就改造和改建型的服务中心而言，正式营业后的进站台次和经营效率有了显著提升。

公司曾先后荣获“上海市质量协会质量技术奖”、“全国机械工业优秀QC质量管理奖”、“上海市标准化优秀技术成果奖”、“上汽集团技术创新奖”等各类奖项。

（二）发展历程

2006年至2009年，公司定位于国家级、全球性、信息化的汽车零部件采购与服务平台，以中立性、专业性、开放性的形象，为国内汽车售后市场与国际汽车零部件进出口提供分销与增值（展会）服务，并致力于成为中国最大的汽车售后配件零部件分销商和世界知名的汽车零部件交易服务中心。

2009年起，经过业务结构调整和战略创新，公司主要从事汽车独立售后市场配件分销，并于同年正式发布安帕仕配件品牌，目标是在传统配件领域成为中国售后市场领先的多品牌配件经销商。

2012年起，经过业务创新转型和探索，公司对业务战略进行了调整和重新定位，正式发布安吉好途邦汽车终端连锁服务品牌，并在全国范围内上线安吉好途邦汽车服务连锁经营项目，目标旨在将安吉好途邦打造成为中国最受消费者欢迎的汽车服务品牌。

二、企业发展策略

（一）市场定位

安吉好途邦定位于立足供应链，整合上下游资源，在4S店和社会修理厂之间建立全国性加盟的独立售后服务渠道，针对保修期外的多品牌乘用车用户，提供专业修理和一站式的全程服务。安吉好途邦立足于客户服务价值需求，对汽车后市场供应链与流程管理进行创新，探索出适合中国国情的新型服务模式，使车主能享受到质优价廉的服务，为中国汽车维修行业摸索出一种适应时代发展的商业服务新模式。

通过市场细分，安吉好途邦定位于包括如下消费特征的客户：

(1)对汽车的机械原理和维修知识了解有限，只希望汽车能正常行驶。

(2)对车辆运行状况有不安全感，希望服务方提供维护意见。

(3)重视品牌服务的感觉和日常的便利性。

(二)运营模式

安吉好途邦运营模式的基本框架是“两级管理、三级服务”，基本运营模式如图1所示。

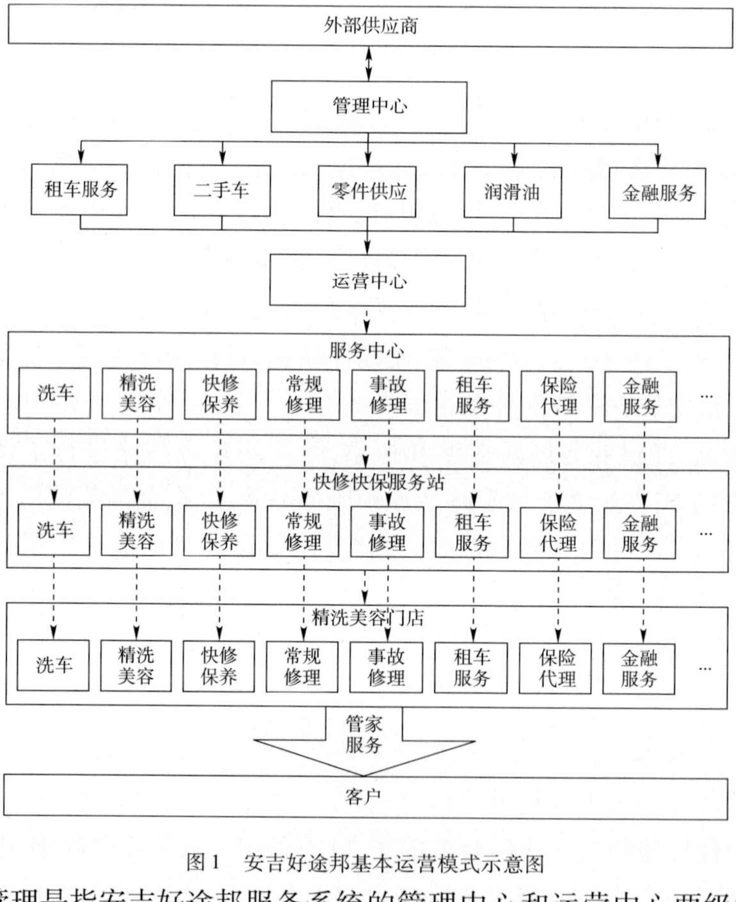

图1 安吉好途邦基本运营模式示意图

两级管理是指安吉好途邦服务系统的管理中心和运营中心两级管理；三级服务是指运营中心下设的服务中心、快修快保服务站和精洗美容门店三级服务。管理中心负责品牌的整体规划、发展布局以及运营管控。运营中心以授权方式在区域内推广安吉好途邦品牌理念，管理和开发各级运营机构，包括区域内的服务中心、汽车快修快保服务站和精洗美容门店的加盟管理、质量监控、综合管理等各项业务。

服务中心负责一定区域内全面的汽车维修业务、汽车租赁管理、汽车保险代理的管理及相关服务、旧机动车相关业务（旧机动车评估、拍卖、交易等）、零配件的仓储配送和供应商管理业务等。快修快保服务站负责一定区域内的车辆维护和汽车美容装饰等业务，并为区域内的租车服务、旧机动车回收、汽车金融等提供辅助业务服务，比如提供车辆租赁场地、维修车辆转运、零配件代购等。精洗美容门店负责区域内的洗车、服务信息传递、广告宣传、客户服务、用车咨询、汽车用品代购、后期服务等最基础的汽车服务，精洗美容门店是最接近客户的业务单元。

安吉好途邦服务系统的运营模式实现了业务模式的整合，使得横向的多业务通过分级服务的方式实现。基层业务部门能够在不增加门店面积和设施的情况下开展全业务服务。通过基层的一线精洗美容门店和快修快保服务站提供全面的汽车后市场服务。

（三）业务模块

安吉好途邦的业务模块是定位于丰富多样化的一站式汽车管家服务，令客户安心、省心、舒心、乐享车生活。安吉好途邦的业务内容涵盖多车型维修、新车销售、旧机动车交易、汽车租赁、保险代理、美容装饰、配件销售、润滑油销售等功能模块，在安吉好途邦服务系统中，各个模块的业务都可以无缝衔接，达到资源共享，相互促进，形成多赢的局面。业务模块相互之间的关系如图2所示。

安吉好途邦利用汽车精洗美容服务的便利性和优惠政策吸引客户进店，通过标准的服务流程、专业的技术操作引导客户进一步体验维护，同时维修服务也带动了精洗美容服务的消费；在进行维修服务的过程中，汽车租赁可以为需要的客户提供各种档次和价位的代步车，给客户提供了便利，促进了汽车租赁业务的发展；同时安吉好途邦为旧机动车置换提供质保服务，旧机动车销量提高也带动了维修业务增长；旧机动车的整形和装饰又促进了

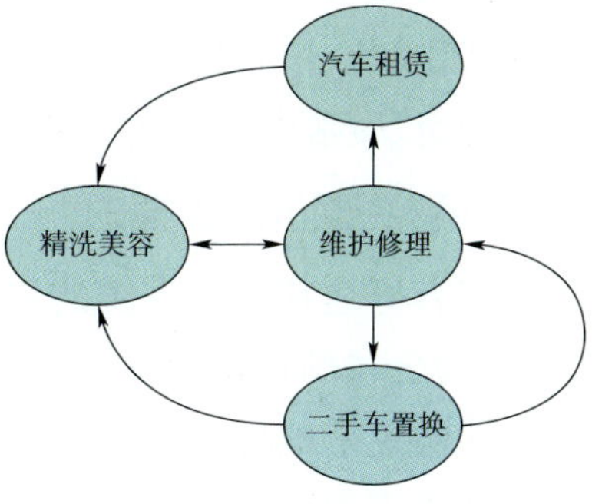

图2　多个业务模块间的关系

精洗美容业务的发展。通过这种多业态融合的便利性，使得客户认可公司的服务，进而认可安吉好途邦的品牌，享受安吉好途邦汽车一站式服务。

安吉好途邦的前期运营中，利用上汽金融和汽车租赁的结合，从整机厂得到享受集团客户优惠价格的车辆，将车辆租赁给集团客户。租赁车辆的日常维护给安吉好途邦带来了业务量的增长，促进了配件销售，同时随着租赁车辆的更新换代，也给旧机动车业务带来了稳定的车源。另外汽车租赁和保险代理业务也可以相互促进形成良性循环。汽车租赁业务与好途邦维修和旧机动车、保险代理等业务都有着紧密的结合。多个业务模块间的价值链关系见图3。

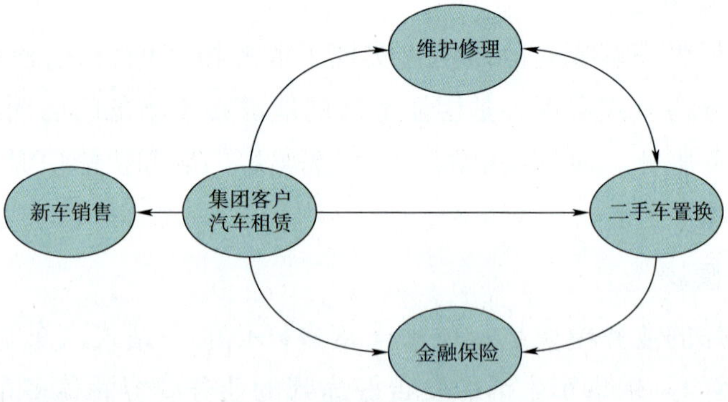

图3　业务模块间的价值链关系

安吉好途邦不仅在上述功能模块上可以实现无缝链接，同时还能够在一个营销网络下支撑上述业务模块的共同发展，降低了各业务模块单独建立营销网络的运营成本。安吉好途邦的信息化业务平台能够很大地促进规模化和信息化，而规模化、信息化对于降低采购成本、运营成本、品牌的广告成本，以及形成管理信息、资源共享等都大有益处。

（四）探索供应链模式

安吉好途邦服务系统的供应链管理体系以保证汽车维修服务的及时有效为目的，为公司的正常运作提供物流和技术支持。由于汽车维修自身的行业特点，为了能够更好地应对维修和用户的突发性需求，维修企业往往在仓库中储备大量的各类零部件以满足各种需要，从而造成巨大库存。安吉好途邦服务系统通过建立布局科学、储备合理、周转高效的专业化、标准化、信息化的汽车零配件配送网络和服务功能保障网络。形成以“两级管理、多级服务”为保障的统一调度、分级配送的仓储配送和服务管理模式,以满足汽车服务中对各类物资供应的需求,实现“信息共享、交付准时、响应敏捷、服务满意”的最终目标。在此基础上,根据企业运行的实际需求,仓储配送网络和服务功能的构建目标可以转化为降低零配件供应和服务的总成本和提高对零配件和服务需求的响应速度两个具体指标的实现。

(1)降低零配件供应和服务的总成本。零配件供应和服务的成本包括了仓储管理成本、零配件库存成本和运输配送成本,以及服务能力、人员的配置成本等。通过仓储配送和服务网络的设计和优化,使仓储与配送成本、服务配置的总成本最低。因此,仓储配送和服务网络的构建和优化应基于零配件供应和服务总成本的全局优化,而非单纯考虑仓储、配送成本和服务配置成本的局部优化。

(2)提高零配件和服务需求的响应速度。仓储配送网络的构建是以供应需求的驱动为核心。零配件需求的响应速度直接关系到维修部门是否能及时满足基层客户需求的能力。服务需求的快速响应能力则直接影响基层部门或客户的满意度。

为实现上述目标,仓储配送网络的构建应遵循以下原则:

①统筹规划。结合企业实际情况,从汽车零配件供应链管理的导向出发,通过对企业现有仓储资源的合理利用、科学规划资源配置,优化管理中心、服务中心、门店等层级的仓储设施配置,从而实现效率提高、成本降低。

②统一管理。仓储配送网络由上汽集团统一管理,发挥上汽集团整体优势,实现仓储配送集中管理,标准化仓储配送管理体系,提升物资集约化管理水平。

③协同运作。建立自有资源与供应商资源的相互协同、通过“虚拟库存”与“实体库存”相互配合、零配件需求与配送调度及时响应的运作机制,为各类零配件供应提供保障。

④快捷高效。应用现代仓储配送管理方法,采用先进物流技术手段,利用统一的信息共享平台,构建横向集成和纵向贯通的仓储配送网络(图4),实现物流、信息流、资金流的高度集成及仓储配送网络的高效运营。公司仓储配送网络结构由虚拟库和实体库两级构成,虚拟库由上汽集团的虚拟库和运营中心虚拟

库构成;实体库由运营中心仓库、服务中心仓库和门店仓储点三级构成。服务中心仓库(应与修理厂设置在同一地点)在快修快保服务站和精洗美容门店设置存储点。

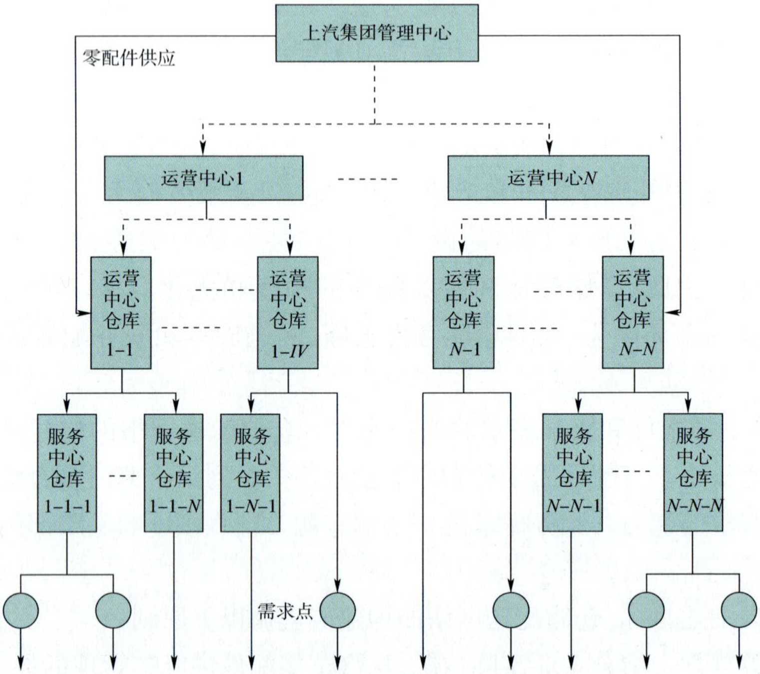

图4　仓储配送层级结构示意图

在实体仓库体系中,运营中心仓库负责实施区域内零配件的储备管理和运输,并与各服务中心库形成一对多的零配件补货和配送关系。服务中心仓库除满足服务中心修理厂的零配件需求外,还具有为各门店转运物资的业务功能。各门店存储点通常仅对日常消耗性物资采用少量定额,定期补充,从而实现有效调剂和资源共享,提升供应服务效率。

这种仓储配送网络结构有利于实现规模经济和需求响应的平衡,具体表现如下:

①管理费用少。由于区域库的规模大,管理的固定费用下降,所以管理费用低。

②安全库存降低。在相同服务水平下集中库存比分散库存需要的安全库存

小，所以平均总库存会降低。

③需求点的需求响应时间短。由于需求点储备的常用物资，使得需求响应迅速。

④总配送成本下降。虽然从供应商到区域库的运输成本会相对高一些，通过统一配送，使区域库到需求点储备库的配送成本相对降低，因而，总的配送成本会降低。

仓储网络的各级仓库的设置应遵循“大库做大，小库做小”的原则。“大库做大”即运营中心仓库尽可能使其服务半径覆盖更多的区域，从而实现集中仓储，降低安全库存的水平，降低零配件的储备量，提高资金利用效率，应对需求波动和供应风险。“小库做小”即应尽可能地在保证需求响应速度的前提下，减少基层仓储点的物资库存水平，通过实时补货的方式满足物资需求。

（五）科学化的仓储配送管理

安吉好途邦服务系统仓储配送管理运作机制以信息共享为基础，建立各中心或需求点物流执行情况及时反馈机制，便于优化调整物流方案，提高物流系统的反应性和弹性，具体运作机制如图 5 所示。

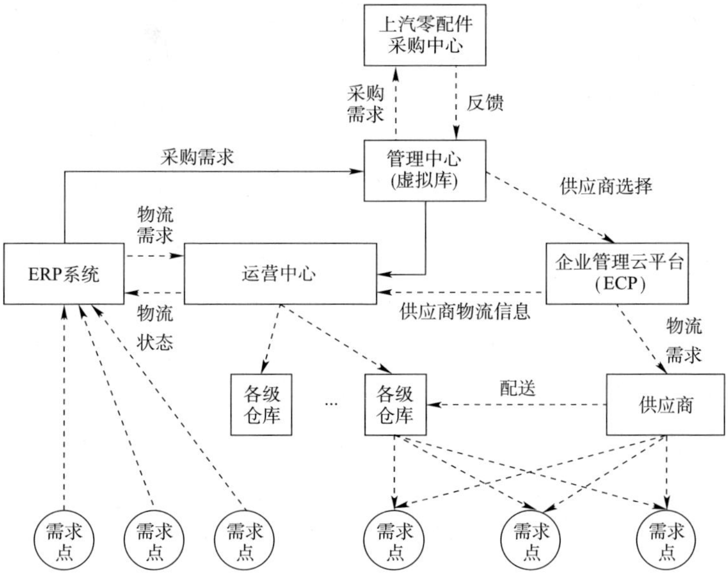

图 5　仓储配送运作机制

在此运作机制下，物流需求从各需求点统一经过 ERP 系统传递到运营中心，运营中心在横向和纵向协同中起到关键作用，依托电子商务系统加强与供应商协同，对各需求点提出的需求及时统筹平衡，进而快速做出方案，或组织采购，或组织配送。

与仓储管理相应的是科学化的配件分类管理。按照备件本身的重要性和市场的复杂性可以把繁杂的备件分为四类：

①战略性备件：备件对消费者很重要，并且获取该备件相对困难，不能及时有效供给。

②重要备件：与战略性备件相比，重要备件对消费者使用也很关键，但是获取相对容易，能够及时有效供给。

③控制性备件：控制性备件在消费者需求上不是十分关键，但获取相对不易，不能及时有效供给。

④一般备件：在消费者需求上不是十分关键，与控制性备件相比获取相对容易，能够及时有效供给。

所以，根据汽车零配件分类，结合各类物资的特点和“安吉好途邦”服务系统仓储配送管理运作机制，进一步创新探索，采用了供应商直供配送模式、运营中心仓库直供模式、服务中心仓库直供模式、需求点补货模式、临时调运配送模式这五种不同的仓储配送模式。

（六）体系化的服务质量管控

为提高公司服务质量，提高顾客满意度。公司采取了一系列措施，一是在服务系统内部制定统一的客户服务标准，通过加强内部培训和控制服务流程线上各个环节的质量。二是合理安排绩效考核机制、奖惩机制和激励机制，通过多手段全方位激发员工爱岗敬业和服务顾客的主动性和积极性。三是完善企业内部学习和培训制度，为每位员工制定合理的职业生涯规划和成长路径，定期对不同岗位员工组织培训学习。四是疏通企业内部信息反馈交流机制，不同层级的管理者能够通过信息平台及时发现问题，解决问题。五是购买相关车型的先进检测维修设备，加强技师对先进设备的使用能力和熟练度，提升专业技能，为顾客提供专业解决方案。六是注重“顾客声音”，制定合理措施倾听顾客意见，提高顾客满意度。服务质量管控示意图如图 6 所示。

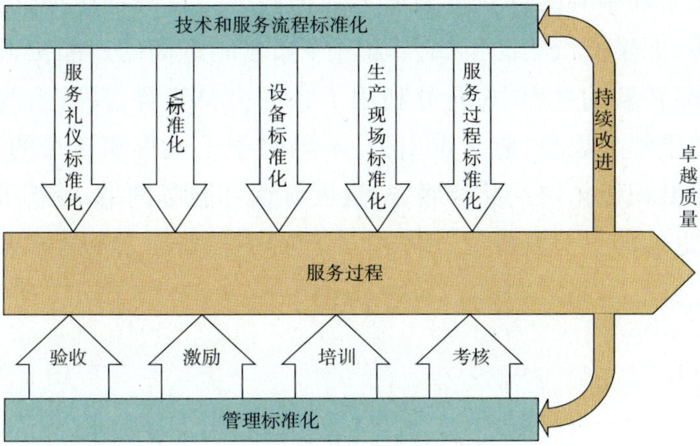

图6　服务质量管控示意图

三、转型体会

上汽集团采购中心在战略转型的过程中，通过全面对标，解放思想，积极探索，有以下三点体会：

体会一，紧紧围绕行业特点，善于对照标杆。

采购中心在从专注于配件销售向汽车终端服务业态连锁经营的转型过程中，首先是充分研究市场特点，充分调研国内终端服务业态的各种类型、各类机制、各类参与者的信息，为决策做好基础。同时，积极寻找行业标杆，不仅要在国内找到竞争领先者的标杆，也要善于学习借鉴国外成熟模式，通过对国内国外的横向对标，把握好市场的特点，洞察行业发展的趋势，才能更好地找准业务定位。

体会二，紧紧围绕客户中心，勤于创造价值。

采购中心的安吉好途邦项目，在市场定位、品牌主张的确立、客户人群洞察、品牌推广的策略、业务模块的设计、业务范围的延伸、产品布局及服务提供等方面都充分以客户为中心，贯彻“透明专业、安心托付”的服务理念，为广大车主提供安心省心的维修以及与汽车生活相关的一站式服务，秉承“承诺、坚定、合作共赢”的经营理念和高度的社会责任感，为广大合作伙伴创造价值。

体会三，紧紧围绕公司实际，敢于解放思想。

上汽集团采购中心的创新转型离不开把握公司自身的脉搏，公司属上汽集团全资子公司，汇聚上汽集团下属及国内外知名制造商的产品资源和品牌影响力，在业务战略转型的过程中，充分利用了企业自身优势，发挥自身的核心竞争力，同时，也敢于解放思想，敢于走出去，不局限于上汽集团自身的资源，面向上汽集团以外车型积极拓展产品与服务，发展好途邦服务网络，既扩展了企业自身的业务范围，也延伸了上汽价值，增强了上汽品牌的影响力和客户黏度。

案例3：湖北华美
——维修连锁发展模式的探索与实践

湖北华美汽车服务连锁有限公司(以下简称“湖北华美”)围绕改革、创新、发展的总体思路,大胆探索和践行“连锁发展,打造品牌”的经营理念,现已基本形成集汽车销售、汽车维修、配件销售、汽车美容、汽车装饰、用品销售为一体的汽车服务企业。

一、企业发展概况

湖北华美成立于2002年,注册资本250万元,系一类维修企业,现已在恩施、利川、建始、来凤等市(县)设立6个连锁机构,拥有各类先进设备240多套(台),经营场所面积13000m^2。公司下设企业管理部、人力资源部、市场开发部、售后服务部、技术服务部、财务管理部、配件配送中心等职能部门,现有员工205名,取得中级以上职称59名。服务内容主要包含汽车销售、汽车维修、配件销售、汽车美容、汽车装饰、用品销售、代理保险、代办车辆年检和驾驶证年审等。2013年末,公司资产总额达3900万元,实现利税250万元。

近年来,湖北华美打造连锁服务品牌、履行社会责任、感恩回报社会的实际行动,赢得了社会各界的充分肯定。2005年被湖北省道路运输协会评为“先进特约施救维修厂”,2004年、2006年、2012年被恩施市人民政府授予“守合同重信用企业”,2010年被恩施市人民政府授予“优质诚信企业”,2010年被湖北省交通厅授予“百家信得过维修企业”和“二十强维修企业”争创奖(图1),2011年被湖北省交通厅确定为全省快修连锁试点企业,2013年被恩施州文明办、恩施州运管处联合授予“全州道路运输行业文明优质企业”。

湖北华美自2002年成立至今的发展历程,可以归结为创业和发展两个阶段。2002年至2007年为创业阶段,在此期间公司属一人独资,单店经营,项目单一,效益欠佳。2008年至今为发展阶段,其间实行了公司股份制改造,实体店增加至6个，经营项目由原来的单一维修扩展为汽车销售、配件销售、汽车美容、汽车装饰、用品销售、代理保险等多个经营项目。经营规模和效益得到大幅度提升，2014年销售收入将突破6000万元，年创利税约500万元。

图1　湖北省机动车维修二十强颁奖合影

二、企业发展策略

（一）树立品牌意识，拓展壮大市场

1. 连锁经营重在上下一体，标准一致

自2007年以来，湖北华美从管理到经营实现了“五个统一”，即统一形象标识、统一服务标准、统一配件价格、统一物流配送、统一核算方式，实现了真正意义上的“硬”连锁。通过制订《运营手册》、《日常管理工具》、《管理制度汇编》、《战略规划》、《宣传手册》等，进一步完善了标准流程和管理规则，建立了一套以规范服务为主线的较为全面、系统、科学的内部控制管理体系。对于规范决策行为，严格职业操守，提升服务水平，加强质量控制，强化内控管理起到了极为重要的作用。

2. 引入汽车服务强势品牌，激发企业发展动力

近年来，湖北华美先后引入一汽集团二级服务系统、上汽集团安吉好途邦、北京安弗客汽车高档美容等三大强势品牌，代理品牌和自身品牌的融合使企业在技术、配件、物流、信息、服务等竞争优势得到充分显现，社会影响力剧增，市场份额逐步扩大。公司乘势加快设点布局的步伐，2009年至2012年的4年间，湖北华美先后在恩施、利川、建始、来凤等4个县市设立了维修服务连锁机构。

2013 年,公司年维修量已达 1.2 万台次,销售收入已超过 3000 万元,缴税超过百万元。

3. 拓展经营新领域,增强公司发展后劲

2013 年,湖北华美连锁投资 2500 万元在恩施武陵国际汽车城打造上汽集团安吉好途邦和北京安弗客汽车高档美容两个品牌旗舰店,是目前恩施地区项目多、功能全、服务优的综合性汽车服务市场。服务项目涵盖汽车销售、汽车维修、配件销售、汽车美容、汽车装饰、精品销售等,旧机动车交易也正在洽谈中,此外,公司还确立了 5 年内实现全州县市加盟连锁全覆盖、10 年内实现在全州乡镇级加盟连锁全覆盖的发展目标。

(二)完善公司治理结构,增强市场竞争实力

1. 完善经营管理责任制

公司建立董事会领导下的分级经营管理责任治理结构,各连锁店经理在授权范围内充分享有人、财、物资源配置和管理权利,同时对经营管理过程和结果负责。总公司通过《经营责任状》和《安全责任状》明确权利和义务,同时将利润、收入、费用、资金占压和规范服务等经营指标实行层层分解,百分量化考核,任务与奖惩挂钩,既有激励政策,又有约束条件。

2. 建立激励机制

公司吸纳高层管理人员和部分中层管理人员及优秀人才入股、参股,建立利益共享、风险共担的激励与约束运行机制。近几年来,公司先后为 26 名员工配股,每年分红金额约占净利润的 30%。这一举措保证了公司架构的稳定性,有效防范重要人才的流失,员工的积极性、主动性和创造性也得到充分发挥,为推动企业可持续发展起到了决定性作用。

例如,某连锁店目标利润 40 万元,实际完成利润 54 万元,年终考核时仅连锁店经理的奖金、超利润分成和分红金额就达 12 万元,该连锁店经理按月发放的工资和绩效折算成年薪已超过 20 万元。

3. 重视员工培训和团队建设

公司通过聘请中旭教育集团对公司高管和员工进行企业管理培训(图 2),选派员工参加一汽集团、上汽集团等厂家的业务培训,组织参加湖北省维修业务

技术比赛和恩施州委组织的《突破中小企业发展瓶颈》大型公开课等活动，打造了一支思想品德好、综合素质高、管理能力强、业务技能优、实战经验丰富的品牌连锁服务团队。

图2　2012年中旭教育集团到公司培训现场

湖北华美汽车服务连锁有限公司

××××年经营目标责任状(样本)

责任单位：××连锁店

为明确经营管理责任，确保实现××××年各项经营目标，特签定本经营目标责任状。并将有关事项明确如下：

一、赋予连锁店经营自主权(具体内容略，下同)

二、赋予连锁店人事管理权

三、认真落实《规范服务管理办法》，把规范服务工作落到实处

四、强化维修质量管理和监督

五、加强财务管理，努力增收节支

六、切实加强内部管理，从严规范操作行为

七、经营责任目标：

(1)利润(60%)××万元。

(2)营业额(7%)×××万元。

(3)费用率(10%)××%。

(4)资金控制额(15%)××万元;其中,应收款控制额(10%)××万元,配件库存控制额(5%)××万元。

(5)规范化管理(8%)。

八、考核方法:实行100分制考核,按照考核内容依率计分,超计划按比例加分或扣分,其中超利润不加分,超额部分实行比例分成,分成比例为××%

九、奖惩标准(略)

十、奖金和利润分成分配方案必须报总公司审批后发放

总经理(签章): 责任人(签章):

××××年××月××日

4. 建立员工考核制度

公司建立全员绩效考核制度,鼓励多劳多得,解决薪酬分配不公的问题。在遵循科学合理、透明公正、简便易行的原则基础上,通过定岗、定责、定量设定考核指标,赋予公司企业管理部管理权责,运用公司信息管理系统和手工辅助管理平台相结合的绩效管理工具,每日实行考核计分,月终及时予以兑现。目前公司月薪万元以上的员工约占总数的25%,绩效考核办法规定对公司有突出贡献的员工年终还将获得特别奖励。经过几年的不断修订,公司现已形成一套完整的全员绩效考核体系。

5. 建立人力资源管理长效机制

公司首先加强企业文化的建设,营造和谐的人文氛围,增加彼此之间的信任与理解,增强企业凝聚力;其次逐步改善员工生产和生活条件,使他们能自觉维护企业利益,与企业同呼吸,共命运;三是强化员工培训工作,不断提高员工的思想素质和操作技能;四是发扬民主,搭建形式多样的交流平台,让员工积极谏言献策,塑造一支高素质的企业团队。

(三)提升企业形象,打造企业文化

1. 提升企业形象

公司聘请专业公司对企业VI优化设计方案,并按照设计方案对各连锁店进

行升级改造，提升企业整体形象。为使企业文化深入人心，公司开辟了企业文化宣传栏，编印《战略规划》、《华美连锁运营手册》、《规章制度汇编》、《员工手册》等，采取集体学习、个人自学和考试等多种形式使每位员工熟知企业文化。

2. 开展爱心活动

公司始终坚持把文明创建活动作为打造服务品牌的抓手，在加强精神文明建设、争创文明优质企业的同时，先后投资9.8万元资助山区贫困学生、开展"关爱留守儿童，传递人间真爱"爱心捐款等社会公益活动。

3. 开展形式多样的文体活动

为了激发员工的工作激情，丰富员工的文化生活，增强凝聚力，提高战斗力。仅2013年公司就组织各种活动达30场，极大地丰富了员工的业余文化生活，充分展现了企业员工的精神风貌和竞技风采。

（四）建立核心平台，实现资源共享

湖北华美连锁通过搭建信息、技术、供应三个平台，建立了一套适合连锁经营的资源共享平台和高效运行体系。

1. 通过与第三方公司合作建立信息平台

2013年，公司借助互联网技术和第三方运行系统将内外部信息资源实行有效整合，投资50多万元建立企业信息共享平台。平台共设置12台服务器，35个终端，使每一个用户在权限范围内做到适时查询，及时更新，在线交流，疏通了总公司与各连锁店之间，企业与客户之间快速沟通渠道，各种信息资源得到充分利用，有效共享，同时通过建立公司微信公众平台进一步优化了社会关系网络。

2. 建立以公司技术服务部门为支点的技术平台

公司一方面通过内部选拔和外部引进高技能技术人才，充实技术部门力量，另一方面将企业内最先进的专用设备配备给技术服务部门，强力打造一个技术过关，装备精良的技术平台，随时为各连锁店提供业务指导和技术支持。2013年公司技术服务部共为连锁店解决技术难题182个，组织业务技术培训155人次，组织业务技能竞赛3场。

3. 建立零配件集中采购的供应平台

自2008年实行连锁经营以来，通过在总公司设立配件配送中心，实行"集中采购，统一配送，灵活高效”的管理办法，不仅降低了企业的采购成本，而且减少了库存占压。导入一汽集团二级服务系统、上汽集团安吉好途邦、北京安弗客汽车高档美容等三大备件系统后，湖北华美的配件价格普遍低于市场价格的30%以上。

三、转型体会

湖北华美在企业转型升级过程中，既收获了颇多的喜悦和成功，也遇到了许多阻力和困难。有以下几点体会：

体会一，强化品牌战略建设是连锁经营持续发展的基础。

湖北华美在品牌建设上不仅注重自身品牌的打造，还通过加盟一汽二级服务系统等具有竞争优势的国内一线品牌，把他们的信息、技术和配件优势与公司自身拥有的客户、售中、售后服务等优势实行资源整合，优势互补，有效克服了自身短板。特别是对于竞争白热化的维修行业，在服务水平一定的前提下，信息技术的快速载入和配件配送的质优价廉直接决定了企业品牌的影响力。因此，维修企业突破单一品牌的禁锢，走可以相互融合的多个品牌并驾齐驱之路才是企业可持续发展的最佳选择。

体会二，完善公司治理结构是连锁经营的“神经”。

湖北华美通过完善企业的运行体制机制、组织架构和激励体系，公司法人治理结构得到全面优化，经营决策、经营过程更加顺畅。如分级经营管理责任办法、员工参股分红方案和内部控制体系的建立，以及全员绩效考核等措施的实施，对于团队和个体而言，强化了责任，增加了压力，激活了动力，对于推动企业维系连锁经营的长足发展起到了极为重要的作用。

体会三，加强企业文化建设是连锁经营的保证。

湖北华美通过企业文化建设，找到了企业的精神支柱，同时给企业的连锁经营带来了极为明显的效果。一是对企业整体和企业成员的价值及行为取向起到了积极的引导作用；二是对企业员工的思想、心理和行为具有约束和规范作用；三是将方方面面的正能量聚合起来，产生了一种巨大的向心力和凝聚力。四是员工对企业文化的认同，激励了员工自觉自愿地发挥潜能，为公司更加努力、高效地工作；五是企业文化的传播提升了企业的社会知名度和美誉度；六是通过企业文化建设提升了企业的品牌形象，企业文化的积累促进了品牌价值的提升，而统一的品牌形象有力地保证了连锁经营的发展。

体会四,找准硬件支撑力量是连锁经营的支柱。

不同行业和不同企业都会有自身的核心支撑力量,找准了支撑点就等于找到了核心竞争力。湖北华美通过搭建信息、技术、供应三大平台找到了连锁经营的支柱,从而达到了以最小的劳动消耗获取更大的经济效益。公司通过信息平台随时掌握厂家、客户、员工,乃至社会的最新动态,通过技术平台随时为客户提供优质、快捷、高效服务,通过供应平台为连锁店提供优质、低廉、快速的配件物流配送。

案例4:浙江萨塔
——探索“加油站”式维护 做精连锁快修

浙江萨塔控股有限公司(以下简称“浙江萨塔”)在多年汽车快修连锁经营的基础上,坚持不懈地走改革创新的道路,推出“加油站”式汽车快速维护站经营新模式——以汽车加油站为设计理念,结合汽车快速维护的实际需求,以“差异化、高效化、节能化”的总体原则,秉承“让车主明白消费”的经营理念,进一步细分市场,做专、做精汽车维护项目。

一、企业发展概况

(一)企业简介

温州陆客汽车快修连锁有限公司(以下简称“陆客快修”)成立于2007年初,为了促进企业做大做强、转型发展,公司于2014年3月开始筹建浙江萨塔,浙江萨塔控股旗下拥有陆客快修与浙江萨塔汽车(维护站)有限公司(以下简称“萨塔维护站)两大汽车服务品牌,为车主提供快修及专业的维护服务。浙江萨塔现有员工200多名,其中维修技师7名,中高级技术人员60多名。浙江萨塔总部由行政、运营、后勤三大中心下辖的办公室、财务部、人力资源部、市场招商部、门店管理部、企划宣传部、客户服务部、统一采购部及装修工程部九大部门组成(图1),其主要职能是负责连锁体系整体运行,对网络店提供特许经营及相关配件的供应、企业管理、技术支持、信息收集、客户维护等服务工作。

陆客快修是浙江省及温州市道路运输管理机构重点打造的本土快修品牌,公司商标“陆客”被苍南县人民政府评为“苍南县名牌商标”。陆客快修是浙江省汽车维修行业协会和温州市机动车维修行业协会副会长单位。

(二)发展历程

2007年3月,陆客在苍南成立了第一家门店——苍南县龙港陆客汽车快修

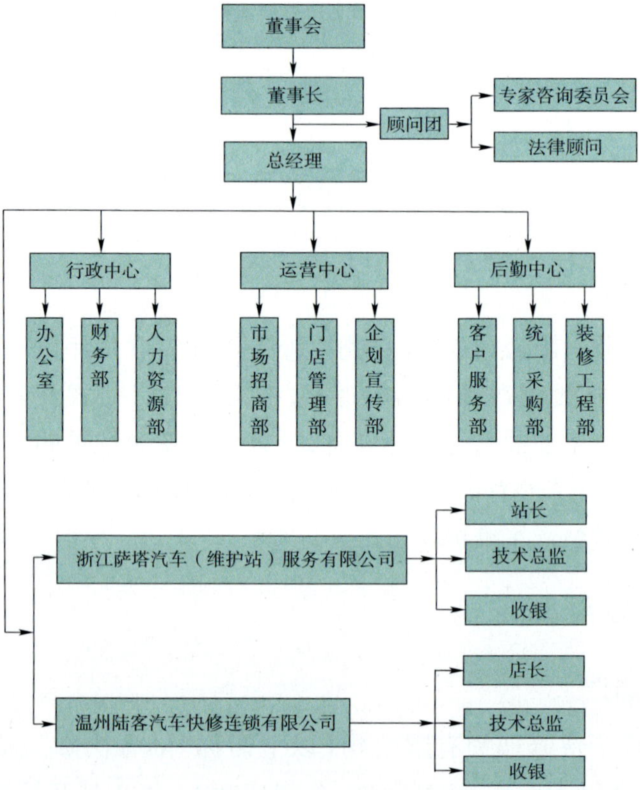

图1　萨塔控股组织架构图

管理有限公司。

2011年7月，温州市运管处发文确认"陆客"为温州快修本土品牌。

2012年2月，"陆客"商标被认定为苍南县名牌商标，陆客快修筹建成立了陆客汽车喷涂服务连锁C001。

2014年2月，陆客快修提出"加油站"式快修维护站设想；5月，开始筹建浙江萨塔。截至2014年5月，陆客快修已经发展直营控股店5家，连锁加盟店13家。

二、企业发展策略

浙江萨塔坚持走汽车维修行业的转型发展、改革创新道路，将维修企业的"被动"作为突破口，改"被动"为"主动"，大胆创新，剔除复杂且受各方制约的项目，做专做精汽车维护项目。汽车定期维护是按技术文件规定的运行间隔期实施维护,它是工种结构单一、人员培训简单、运营成本低、技术含量不高而利润空间相对较高的项目,最容易实现标准化操作,最容易实现连锁模式复制。

(一)创新经营模式,凸显企业核心竞争力

"核心竞争力"是企业制胜的必备利器。浙江萨塔创建的萨塔汽车维护站就是一种首创的新模式,已经申请了具有完全独立知识产权的版权及专利,真正开创了"人无我有,人有我优,人优我专"的创新模式。

1. 萨塔汽车维护站优势

(1)差异化。从外观来说,萨塔汽车维护站以公众熟知的加油站为设计原型及理念,完全不同于传统的维修厂,具有很大的差异化,给公众留下了深刻的印象,在宣传上具有独特优势(图2)。

图2　萨塔汽车维护站外观图

(2)标准化。汽车维修连锁企业发展的关键是能否实行标准化经营。萨塔汽车维护站的服务项目专一,实现了作业流程的标准化,可以细化到哪颗螺钉先拆,任何一个站点的员工都能无缝衔接上岗作业,确保维护质量,消费者无论在哪家站点都能享受到标准化的技术及服务。

(3)统一采购。由于项目专一,萨塔汽车维护站所用油品、三滤等完全可以统一采购,大大降低了材料成本,使站点更具有价格竞争优势。

(4)知识产权。萨塔汽车维护站拥有独立知识产权,先后向国家知识产权局申请了4项版权,2项专利,真正具备了"人无我有,人有我优,人优我专"的企业核心竞争力。

(5)高效、节能化。萨塔汽车维护站的站内布局采用前后互通的“加油站”模式,车辆维护完毕直接前行出站;维护工位采用欧美国家普遍采用的地沟布局,润滑油加注采用具有自主产权的全自动定量润滑油加注机,完全实现维护的高效、快速并杜绝润滑油的浪费,符合国家的节能减排政策,节约了维护成本,让利于消费者。

(6)运营成本降低。由于服务项目专一,降低了员工培训及招聘难度。萨塔汽车维护站扩张所需的后备人员有保障,站点的人工运营成本大大降低,提高了站点的盈利空间。

(7)加盟模式。在自营示范店的基础上,采用“肯德基”式的加盟管理模式,利于萨塔汽车维护站的发展。

2. 萨塔汽车维护站的管理模式

(1)萨塔汽车维护站实行站长负责制,统一结算,统一管理;萨塔汽车维护站的形象、流程、标准、配送等高度统一。

(2)人员配置:每个站点一般配置15名人员,其中站长1名、组长(总检/副站长)2名、维修技工8名、收银接待员2名、仓库管理员1名、后勤人员1名。

3. 萨塔汽车维护站的发展模式

(1)萨塔汽车维护站以“特许加盟”及与当地优秀的维修企业合作两种方式为主要发展模式,依托维修企业原有的物业及客源拓展业务。

(2)整体格局以杭州为例,计划开设20家左右的维护站,20家以上战略合作二类综合维修厂。

(3)浙江萨塔联合杭州技师学院全面开展校企合作,从员工招收、培训到上岗就业,一条龙式解决站点发展需要的人才储备问题。

(4)萨塔汽车维护站性质分为两种,一种为直营控股方式,一种为加盟方式。

①直营控股方式具体为:站点由浙江萨塔旗下的萨塔汽车维护站寻求有物业条件的当地优秀二类以上维修企业进行控股合作。

②加盟方式具体为:采取“肯德基”式的管理模式。加盟商有150万元的自有资金及合适的场地就可以提出申请,经总部考核后,总部全权负责装修以及合作期内的日常经营管理。总部开通站点的网络端口,加盟商可以通过网络实时了解维护站的经营及财务状况,按相关规定分红获利。

4. 萨塔汽车维护站的三年发展规划

浙江萨塔2014年计划在杭州地区开设5家以上直营控股或加盟站点;2015年计划新增直营控股或加盟站点30家以上;2016年计划新增直营控股或加盟站点60家以上,计划在3年内发展连锁站点100家以上,预计每家年产值500万元,所有站点年总产值5亿元,年利润1亿元左右。

(二)创新经营理念,使维修企业转"劳累"为"轻松"

由于4S店投入大、运营成本高、利润空间小;综合维修企业经营困难、人员流动性大,加上事故车修理和汽配市场不规范等原因,汽车维修经营者普遍感到"劳累"。为此,浙江萨塔进行了认真思索和科学分析,引进了连锁经营的理念和模式,探索走汽车快修连锁经营之路。

快修连锁企业的发展困境除了综合维修企业遇到的问题外,还面临模式(标准)的复制难及统一管理难的问题。陆客快修从2007年创业至今,虽然在区域业内享有一定的声誉,也有相应的政策扶持,但走得并不轻松。主要存在以下问题:一是企业对"快修"定义模糊,大小通吃,无法形成一套易于复制、行之有效的连锁体系,偏离了快修的真正轨道;二是企业缺乏核心竞争力,传统的汽车维修运营模式凸显不出快修及连锁的竞争优势,与普通的维修厂没有太大的区别;三是便捷的连锁网络尚未形成;四是在行业管理上尚未出台真正意义上的扶持政策;五是客户消费理念的转变还需一段时日。

针对上述问题,浙江萨塔颠覆传统意义上的一般维护,在"专"字上做文章,倡导"专业维护项目",使复杂工种变成单一工种,实现润滑油及三滤的统一采购,大大降低了人员的运营成本,更便于站点的管理及复制。企业转变经营理念,摆脱了长期的"劳累",不仅实现了"轻松"经营,还获得了长足的发展。

三、转型体会

浙江萨塔在探索汽车快速维护连锁经营实践中有以下一些体会:

体会一,要有精准的市场定位,快速维护站也要注重"专",这样才能发挥连锁的最大效能。

体会二,快速维护站要标准化、规范化,易于复制。加油站式快速维护站既符合"专"的要求,又易于加盟店复制。

体会三，连锁企业成功关键在于企业总部建设，连锁企业一定要运用现代物流管理理念和信息化技术手段，实行统一配送、统一管理，克服目前快修连锁经营中存在的“锁而不连”现象。

体会四，连锁形式选择，要坚持直营在先，发挥直营示范作用，才能使企业吸引更多投资者，做大做强。

案例5:长沙志成行健
——CRE汽车服务模式创新之道

长沙志成行健汽车维修有限公司(以下简称为“长沙志成行健”),经过十多年努力,从作坊式汽车维修小厂,一举成为湖南省具有较大影响的综合性汽车维修企业。志成行健在实践中,总结和创新了CRE汽车服务模式,走出了一条从点线面到服务网点体系的发展路径。

一、企业发展概况

(一)企业简介

长沙志成行健成立于1991年,现拥有3个综合性汽车维修厂、1个快处快赔中心,厂区总面积超过20000m^2,目前已成为湖南省规模最大的综合性汽车维修企业。志成行健持有一类机动车维修资质,是行业主管部门授予的AAA质量诚誉单位,也是省、市、区各级政府公务车定点维修单位。长沙志成行健连续多年被市、区消费者协会授予“消费者信得过单位”称号,被省、市工商局授予“重合同守信用单位”称号,多次被省、市行业管理机构授予“技术服务优秀单位”、“文明经营诚信服务先进单位”荣誉,被省委宣传部、省工商行政管理局评为“湖南诚信企业”、“湖南百强企业”,从2009年至2012年两次荣获“全国汽车维修行业诚信企业”荣誉称号。

(二)发展历程

长沙志成行健经历了两大发展阶段。第一阶段是企业创立阶段,受自身资金、技术、人员等因素的限制,企业当时以家庭作坊的模式存在,以接待社会车辆为主。第二阶段企业发展阶段,从2004年开始,逐步与湖南省、市、区各级政府及事业单位进行合作,拓展公务车维修业务。企业主要业务由原来的零散社会车辆维修转移到政府公务车辆维修上来。至2013年年底,长沙志成行健的业务有90%来自于公务车辆,业务对象来源单一化,弱化了企业的市场化能力。随着公务车改革,公司也开始顺应市场潮流,重新拓展社会车辆维修业务,成立了城南路快处快赔中心,以此拓展企业服务对象,加快企业发展。

二、企业发展策略

长沙志成行健在考察调研的基础上,借鉴国内外汽车后市场先进经验,结合本地企业发展特征,因地制宜,制定符合汽车后市场发展需要的模式—— CRE 汽车服务模式。

(一)CRE 汽车服务模式的定义

C——customer 顾客、car 汽车、channel 渠道、change 变革。

R——resource 资源、repair 修理、relationship 关系。

E——employee 员工、enterprise 企业、economical 经济适用。

CRE 汽车服务模式(以下简称"CRE 模式")包含以下几点:

(1)注重员工与客户的共同利益与价值;

(2)注重新型的技术在汽车后市场的运用,如移动互联网、大数据等;

(3)注重客户的衍生价值,倡导企业和客户间的资源对接;

(4)倡导生产的标准化、流程化,生产的环保、节约原则;

(5)有效的客户市场定位;

(6)倡导企业盈利模式的转变(由单一盈利模式向多点盈利模式发展)。

CRE 模式提出"员工第一,客户至上"的企业经营理念;构建"CRE 5 +15"战略布局(即4 家大型综合性修理厂 + 1 家快处快赔中心 +15 家汽车美容快修连锁店)。同时,加强异业资源对接与合作,从单点盈利转变为多点盈利,实现技术、配件、管理方式、盈利模式上的转型,将公司打造成为集汽车维修、汽车美容、汽车保险、汽车金融、车务代办、旧机动车交易于一体的专业性、一体化汽车服务机构,以适应客户综合性需求。

(二)CRE 模式优势分析

1. 共赢的企业经营模式

在传统的客户经营理念上,客户的利益与企业的利益往往是矛盾的关系,而在信息化社会的今天,这样的矛盾实际可以转化为共赢。其一,当今的客户群实质是个资源体,当新的社交媒体(微信、微博)出现的时候,客户的资源性就强烈的表现出来,客户享受到优质服务后,会通过社交媒体进行宣传推广,从而间接地增加了企业的知名度。当企业投入更多的成本来提升客户的满意度后、因客户的自发宣传产生的业务量将以倍数进行增长。其二,传统的汽车维修企业盈利点主要是汽车维修与美容,而现代的汽车维修企业,是在经营一个拥有庞大消费能力的消费群体,如果通过异业(保险公司、银行、超市、加油站)合作进行资源共享,各方收益都将大大增加。因此,实际上 CRE 模式是将企业 、客户、员工、异业企业四者进行有机的结合,达到共赢效果。

2. 清晰的目标客户定位

长沙志成行健对长沙市私家车车主做详细的调查,并结合多家调查机构多年来提供的市场经营数据进行综合分析,最终选择(一汽、上海)大众、北京现代等 10 类汽车合资企业生产的品牌作为主要服务对象。

3."员工第一、客户至上"的经营理念

现有的汽车后市场经营者,常把客户尊称为"上帝",却很少去关注员工的价值;常能提出新的服务理念,却又难以真真实实地执行,究其原因,在于这些经营者忽视了一个服务主体——员工。员工是服务与价值的传递者,只有员工被理解被尊重,才能完全的传达企业的优秀理念,提供优质的服务。满足员工的尊重需要解决员工物质、发展和精神三个层面的问题。长沙志成行健倡导"员工第一 客户至上"的经营理念,不是将这理念落在口号层面上,而是在制度、股权、薪酬、生活环境、绩效考核等方面进行完全的体现。

4. 合理的服务网络与客户体验设计

长沙志成行健现有的 3 家大型修理厂贯穿长沙市的东西线,未来 15 家快修店与另外 1 家修理厂将作面式的布局(图 1)。全部店面建成后,客户在长沙市 2km 范围内就能找到志成行健的大型修理厂或快修店。形成分布合理的区域性服务网点连锁经营的局面,在店面的功能布局上将采用更多的现代元素,店面内设有茶歇室、汽车维护体验区、汽车网络体验区等。快修店分为旗舰店与基础店,基础店面为 12 家,单店面积约为 $400m^2$;旗舰店 3 家,单店面积为 $500m^2$。店面建设上将采用逐步推进的方式展开,预计 2014 年开设 4 家,2015 年开设 11 家。

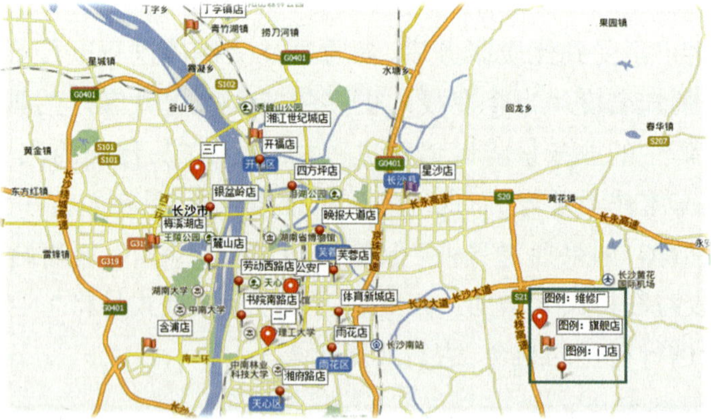

图 1　志成行健 CRE 5 +15 模式布局图

5. 适用性强的企业信息管理系统与网络运营体系

长沙志成行健在不断完善线下服务体系建设的同时，也更加注重线上宣传推广平台的建设，讲究线上与线下的互动性服务。目前已建成含公司主网、网络购物商城、维修客户端管理平台和微信平台的综合网络中心。例如客户需要做发动机维护，登陆客户管理平台（手机端或 PC 端）填写自己的车型、选购自己所想要的润滑油等，网络服务后台就会提前为客户安排好到店时间并通知店面做好服务前的准备工作，客户接到短信或微信通知后，到就近的店面进行服务即可。公司 ERP 管理系统，有效地将公司各部门以及客户端连接在一起，基本实现无纸化办公。

6. 标准化、流程化的服务体系

长沙志成行健改革原有的责任承包制，转型为企业股权制，优化岗位设计，实行垂直式管理。总经理下辖运营中心、生产中心和人事行政中心、财务中心，各中心以总监负责。标准化流程作业是从车辆的进厂接待到出厂，整个服务过程实行责任到岗、逐级把控的管理方式，通过 4 级质检，将志成行健的生产线打造成为高标准、高效率的生产模式。

7. 合理化的股权分配机制以及薪酬管理系统、绩效管理系统

长沙志成行健实行合理的股权分配机制，对一线的主要管理人员实行股权配比。对新开设的门店或修理厂，公司进行控股经营，让员工或者员工家属进行参股，同时对店长分期配股。这样的股权机制设定后，培养了员工主人翁的意

识。长沙志成行健还对薪酬体系和绩效体系进行改革，将绩效体系考核向广度进行延伸，注重了生产过程、服务过程、客户满意度、经营业绩、生产安全等多个要素的考核，把绩效体系与薪酬体系有效结合起来，调动了员工积极性，真正实现"员工第一"的价值观念。

三、转型体会

体会一，实行合理的股权分配机制是实现"员工第一"价值观的重要体现。

长沙志成行健实行股权分配机制、薪酬体系与绩效考核体系后，员工明白自身存在的价值与奋斗目标，有效执行企业的各项制度与计划。团队的整体执行能力、协助性大大增强，员工满意度、幸福感指数大幅提升。

体会二，提高客户满意度是市场占有率增长的重要因素。

长沙志成行健实施 CRE 模式后，建立了客户管理系统，运用电话、微信等通信手段与客户进行售后交流，能及时了解客户的消费感受，及时处理客户车辆存在的问题，从而大大提升了客户的满意度，客户二次消费获得大幅的上升，实现了企业市场占有率和利润的双增长。

体会三，实施标准化、流程化管理是提高生产效率的重要措施。

实施标准化、流程化管理后有效地精简了单一岗位的员工数量，大大提升了单位工作效益；简化的工作流程和标准化的作业有效提升企业的执行力；降低汽车维修的返修率，提升各生产部门的整体协作性；外部信息平台与内部信息系统的协同使用便利企业与客户之间交流，增强企业的即时机动性能。

体会四，运用信息化技术是整合企业内外资源的重要手段。

通过开辟微信、网站等线上平台，便利客户汽车服务预约、商品采购。同时在线上平台引入相关产业服务专业，吸引其客户进入平台，整合丰富了平台的服务资源。

体会五，创新服务模式是企业增强盈利能力的重要保障。

实施 CRE 战略之后，企业的盈利不再是集中在一个点上，而是多点开花。盈利能力增强主要表现在：其一，服务项目增加。长沙志成行健原有传统服务项目维修、美容衍生出汽车保险、旧机动车交易、车管车务等服务项目，增加企业利润的来源点。其二，异业资源的对接。客户端口价值换取更多异业资源，以合作形式交换产品或服务，共享客户资源，既可以带给既有会员更多的实惠，又可以从异业资源中开拓更多的新客户。其三,网络社区平台广告收入等。当客户形成聚集趋势之后,所有的信息会在这里形成无缝的交流,无论是技术、服务、活动,各方互动得到空前发展。而企业可以通过人气的聚集获得无形资产及广告等多种形式的收入。同时,CRE 5 + 15 的合理布局,极大地缩短了客户服务的物理距离,满足客户需求的同时减少城市交通的压力。

第二篇

规模发展篇

规模经济是一种研究企业规模变化与成本变化之间关系的理论,是指企业生产经营活动中,由于生产专业化水平的提高,企业规模的扩大,使企业在原料、生产和销售等经营活动的单位成本降低,从而形成企业在长期平均成本随着产量的增加而递减的经济。这里的规模主要包括企业的生产能力和企业的产量两个方面。在给定技术的条件下(指没有技术变化),对于某一产品(无论是单一产品还是复合产品),如果在某些产量范围内平均成本递减,就认为存在规模经济,这一解释侧重于技术的角度,规模经济不但包括生产领域,还可以延伸到人员培训、资金筹措、市场营销等方面。

规模化是指事物的规模大小达到了一定的标准,这里的规模包括资金、技术、成本、数量、市场的份额等。在改革开放初期,我国汽车维修业主要是粗放型发展,由于社会对汽车维修的要求不高,企业尚能满足社会需要。进入新世纪以来,随着汽车保有量的迅速增加,维修需求的不断旺盛,人们对汽车维修提出了更高层次的要求。为了更好地适应维修市场的变化,要求汽车维修业由粗放式发展向集约式发展转型,企业呈现出上规模、上档次的趋势。通过企业兼并或重组等形式扩大企业的经营规模,以提高规模化程度和整体素质来提升市场竞争力。

《指导意见》指出，鼓励骨干、龙头企业通过资本纽带、市场运作等手段，积极开展重组、并购、扩张，不断创新服务模式，延伸企业价值链，实现规模化、集团化发展。鼓励大型企业建立配件集中采购平台、钣喷中心等专业化支持体系，提升企业运作效率和效益。鼓励中小企业在维修装备、维修技术信息共享等方面形成优势互补，壮大发展实力。

本篇案例企业北京祥龙博瑞汽车服务（集团）有限公司通过专业改组，建立现代企业法人治理结构，创建了“汽车服务全系列、全产业链”的集团化经营新模式，实现了企业快速发展；北京环境卫生工程集团有限公司四清分公司、吉林石油装备技术工程服务有限公司坚持经营业务多元化发展的探索，汽车维修业务已成为企业发展强有力的支撑；长春金达州集团有限公司通过并购重组，优势资源整合，构建多元化、多业态经营为一体的汽车服务集团；东创建国汽车集团始终坚持“用心创造、完美服务”的经营理念，倡导“开心工作三十年，幸福生活一辈子”的境界，构建起以上进心、责任心、事业心为特质的“用心”企业文化体系，积极进行电子商务经营模式探索。

案例6:北京祥龙博瑞
——整合优势资源　延伸企业价值链

北京祥龙博瑞汽车服务(集团)有限公司(以下简称“北京祥龙博瑞”)坚持改革创新的经营理念,激活企业发展活力,在全国率先打造“汽车服务全系列、全产业链”的经营新模式,目前已经形成了新车销售、汽车维修、配件营销、旧机动车交易、汽车租赁、汽车检测和报废解体的全过程服务产业链,是北京地区规模最大的汽车服务集团。

一、企业发展概况

(一)企业简介

北京祥龙博瑞成立于2010年,是由北京市汽车修理公司、北京市旧机动车交易市场有限公司等5家企业为母体实施经营结构调整和体制改革,改制组建的(集团)有限公司。企业通过整合优势资源拓展发展空间,调整经营模式,逐步将新车销售、汽车维修、配件营销、旧机动车交易、汽车租赁、汽车检测和报废解体等汽车服务相关的主要行业积聚一体,形成一个较为完整的汽车服务产业链条(图1),满足了多样化的社会消费需求。2013年,企业实现销售收入135亿元,利润3.7亿元,实现利税6亿元,同比增长了36.3%。

北京祥龙博瑞组建后,连续3年进入“中国汽车经销商集团百强排行榜”前20名;2011年荣获北京影响力“影响百姓经济生活的十大企业”称号,还先后获得“首都文明单位标兵”、“全国汽车维修行业诚信企业”、“全国交通系统先进集体”、“全国交通行业文明示范窗口”、“全国和谐劳动关系先进单位”、“全国五一劳动奖状”、“思想政治工作优秀单位”、“全国‘安康杯’竞赛活动示范单位”、“北京市模范职工之家”等荣誉。

图 1　北京祥龙博瑞经营板块

(二)发展历程

1. 企业重组改制前(1952 年—2010 年)

北京祥龙博瑞的前身北京市汽车修理公司(以下简称“汽修公司”)始建于 1952 年。创建初期,企业职工人数占全市汽车维修行业从业人员的 66%,维修车辆数占全市汽车维修总量的 75% 以上。在汽车维修、车辆装配和配件生产三项主营业务上,为首都交通服务,也为建国初期首都经济的发展做出了重要贡献。

20 世纪 70 年代后期,汽修公司开始了对外协作。1980 年,北京丰田汽车修理服务部正式开业,这是中国汽车维修行业第一个中外合作企业。1985 年,汽修公司与丰田汽车公司合作建立了中国第一家丰田汽车技术培训部,1990 年,又在此基础上,组建了自己的进口汽车修理车教学组,对员工进行系统的技术培训,使得汽修公司员工的整体技术水平远高于行业的平均水平。随后,汽修公司又相继建立了一批对外合作项目,竞争力逐步提升,经济实力不断增强,1991 年获得国家二级企业资质,1992 年荣列北京市“经济百强”企业。

1999 年,汽修公司建立了北京市第一家集汽车销售、汽车维修、配件销售、信息反馈四位一体的汽车品牌专卖店——博瑞翔宸广州本田 4S 店。随后的 10 年间,公司 4S 店数量保持年均 3 家以上的增长势头,汽修公司主要经济指标年均增长速度达 10% 以上。与此同时,汽修公司将下辖厂站全部纳入 ISO 9000 质量管理体系,以标准的维修工艺流程、先进的维修设备和精湛的技艺居国内领先水平。由于良好的声誉、领先的技术,汽修公司先后与德国大众、日本丰田、法国标致、杜邦、巴斯夫等国际著名汽车及用品公司建立了合作伙伴关系。

2009 年，汽修公司新车销量近 5 万辆，汽车维修量超 90 万辆次，汽车检测近 10 万辆次，年营业收入达到 100.1 亿元，比 2008 年增长 14.9%，在中国汽车经销商年度排名中位列第 11 位。此时，汽修公司与自身相比已处于快速发展期，但与排名前 10 位的经销商集团相比，企业的发展已经滞后，亟需改革创新，进一步增强实力抢占市场份额。

2. 企业重组改制后(2010 年至今)

汽修公司在历经 2009 年的销售挑战后，还面临着汽车限购等政策带来的售后维修量下降等问题。到 2010 年，汽车服务业无论是外在的市场规模、网点布局，还是内在的运作模式、技术支持、客户服务等方面，都呈现出激烈的竞争局面。在行业严峻的发展环境形势下，汽修公司作为一家国有企业，还担负着国有资本保值增值的责任，为了合理规避风险，创新汽车服务模式和实现体制机制的突破已势在必行。

与此同时，北京市政府为加快推进国有经济布局和结构调整，也进一步支持本市国有企业改制重组，并由北京市工商行政管理局颁布了《北京市工商行政管理局关于促进经济增长支持企业发展若干意见》(京工商发〔2009〕32)。2010 年 9 月，公司顺应社会经济发展趋势，抓住机遇，调整产业结构，优化资源配置，改制组建北京祥龙博瑞汽车服务(集团)有限公司，实现了体制机制的突破，加大了市场集中度，增强了企业的核心竞争力和抵御风险的能力。

二、企业发展策略

北京祥龙博瑞坚持改革创新，整合优势业务，打造“汽车服务全系列、全产业链”的经营新模式，激发了企业发展活力。

(一)创新体制机制，优化企业组织结构

北京祥龙博瑞积极实施体制机制改革，建立了适应市场的现代企业制度，并以产权关系为纽带，以总分公司(或母子公司)为基本组织结构体系，建立了以董事会为核心的法人治理结构。企业上下遵循《中华人民共和国公司法》，以《公司章程》为基本规则，形成了新的议事规则、决策程序、内部控制和风险防范系统，理顺了在市场竞争中公司的法律主体地位，激发了企业发展的活力。企业的经营理念也发生重大转变，企业领导层也由原来的管理者向职业经理

人转变。

同时，自2010年以来，北京祥龙博瑞依据多年发展的历史积淀，着力于全产业链各环节的协调整合，既增强各环节的发展和创效能力，又加强各业态的协同互补，应对市场突变的能力和综合效益实现了双提升。

企业体制机制创新，激发企业发展活力

以全产业链中的旧机动车交易环节为例，北京祥龙博瑞创新性的打通了新车销售、汽车维修和旧机动车交易的通道，打造了全国的知名品牌“2SC”（北京市旧机动车交易市场）。目前，市场年交易旧车数量保持在35万~45万辆的规模，已占有北京市场60%~70%的份额，并逐步开始辐射全国，同时积极参与行业标准的探索和制定，保持了行业领先地位。

以全产业链中的汽车租赁环节为例，北京祥龙博瑞经过几年来的资源整合和资本支持，车辆现已达到512辆，收入达到3600多万元，与集团成立之初相比分别增长1.96倍和2.6倍，同时助推了整个产业链上的汽车销售、汽车维修和旧机动车拍卖、置换业务的发展，集团协同发展的效应开始显现。

（二）明确战略定位，加速经营调整

1. 明确战略发展定位

在实施改制重组之初，北京祥龙博瑞面临着汽车限购、搬迁调整等诸多不利因素，在严峻的挑战面前，确保改制调整的任务顺利完成，同时确保企业的经营发展不受影响，是集团上下面临的一项重要课题。

在对内外部环境和形势进行认真的研究分析后，北京祥龙博瑞明确了以全产业链经营为核心的发展思路，将战略发展定位为：以汽车品牌专卖店为龙头，稳定经营基础；以汽车品牌零部件供应中心为骨干，实现经济规模的增长；以旧车交易市场为阵地，加大企业各层面的辐射力度；以汽车检测、报废汽车拆解、金融保险、汽车租赁、汽车用品及美容装饰等项目为补充，努力打造全产业、专业化、最具竞争实力、以区域化为特征的汽车后市场服务综合体。

企业定位准确，市场优势凸显

根据战略发展定位，北京祥龙博瑞整合了汽车服务的全产业链，延伸了价值链在市场中的优势凸显。无论是面对北京市2010年12月23日起实施的汽车限购政策对新车销售的冲击，还是2011年各项汽车消费优惠政策的退出对市场的下行拉动等，集团一直保持了平稳运营，综合收益稳步提高。以2013年为例，集团实现销售收入135亿元，实现利润3.7亿元，实现利税6亿元，同比增长36.3%；新车销售5.7万辆，汽车维修104.9万辆次，旧机动车过户42.2万辆。

2. 加强品牌店经营调整

要确保企业的发展战略顺利推进，就必须加快经营结构调整的步伐。北京祥龙博瑞针对旗下品牌店的经营布局、品牌结构和竞争地位，提出了“存量挖潜，增量创收，变量调整”的经营策略，促进品牌经营结构不断优化，布局更趋完善，规模不断壮大。

存量挖潜，是要对现有专卖店进行挖潜增效，树立品牌竞争的领先优势。通过董事会管理，实施独立核算，提高单店独立运营的能力，促进经济效益、发展规模、市场份额的不断提高。

增量创收，一方面是实施以中高端为主的优质品牌店建设，自2011年祥龙博瑞开始长安雪铁龙DS、长安福特、雷克萨斯、奥迪等品牌店的建设；另一方面是对现有的品牌店进行升级改造。先后完成别克、福特、雪佛兰等品牌店的升级改造，进一步扩大产能，拓展发展空间。2013年，祥龙博瑞通过股权转让的方式收购了大众汽车（北京）中心的外方股权，填补了品牌空白，扩大了经营规模和市场份额。

变量调整，是要对经营不善的专卖店，进行重点关注，督促快速调整，做好品牌退出以及优质品牌补充的准备，促进经营品牌结构的不断优化。

3. 完善经营布局，推进园区化建设

与此同时，北京祥龙博瑞加快经营网络布局的调整步伐，以属地化为原则，推进园区化建设，打破以往分公司分散经营的格局，强化以分公司为集中地的授权管理模式，通过分公司的集约化管理达到属地资源的最大化整合。

着眼于行业和首都的未来发展，北京祥龙博瑞积极推进新型汽车服务园区的建设，通过3年的建设和调整，已初步建设完成位于清河和安宁庄地区具有整车销售、维修养护、钣喷中心、美容装饰、上牌中心等多品牌、多业态组合的汽车服务品牌化园区以及位于东坝地区集合新旧汽车交易、常规维修、事故车理赔、机动车年检、报废汽车回收、金融保险等汽车服务功能性园区。

经过一系列的调整和建设，北京祥龙博瑞已经初步形成在北京地区“沿环路展开、东西南北均衡布局、区域集群经营、优势互补、资源共享”的经营布局，如图2所示。

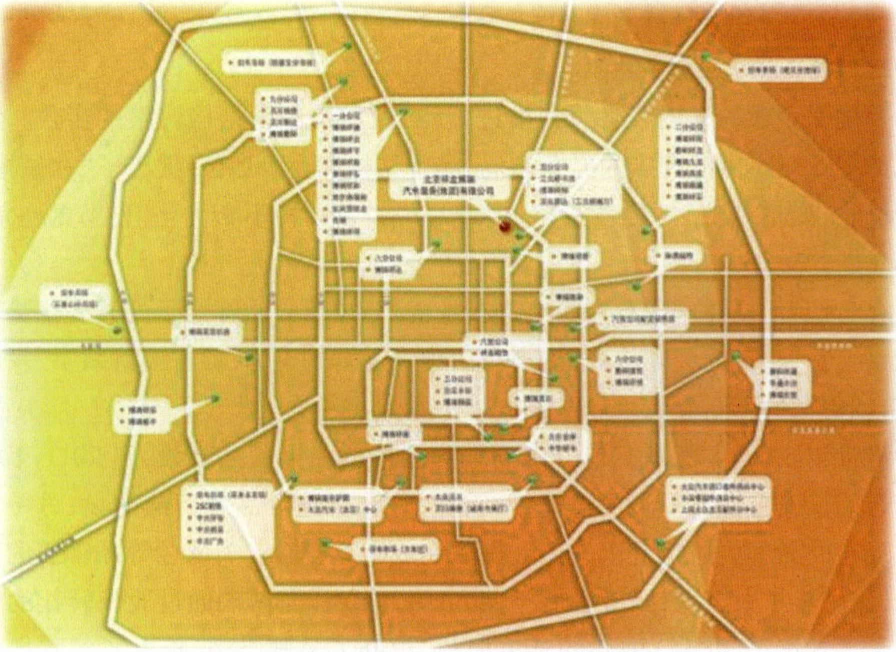

图2　北京祥龙博瑞汽车服务经营布局

(三)整合资源，创新经营，提升经营能力

1. 加强横向资源整合，提升产业链经营能力

在全产业链的业务范围内，北京祥龙博瑞积极尝试新的经营模式，努力达到板块经营、资源共享、优势互补的经营效果。北京集团下辖的祥龙汽车租赁公

司，面向品牌店销售客户开展定向租赁业务，开辟了品牌店销售的新模式，有效促进了新车销售业务。集团下辖北京博瑞祥安汽车检测场针对集团内的维修客户率先推出预约服务，开辟绿色通道，进一步提升了维修客户的满意度。

为进一步提升产业链的经营能力，北京祥龙博瑞引入外资建设了从事汽车报废解体项目的北京博瑞联通科技循环有限公司和从事旧机动车经营项目的北京博瑞华通旧机动车经纪公司，通过加强国际合作，借鉴国外先进的经营理念、管理模式、先进技术和设备，实现技术、市场和竞争力的提高和突破，致力于将两个项目发展成为行业领先的企业。实现地区产业化、规模化、科技化、生态化的经营业态，成为汽车服务板块和价值链上的重要环节。

2. 统筹业务纵深整合，提升市场竞争能力

面对日趋激烈的市场竞争，北京祥龙博瑞进一步加强业务统筹经营管理的力度，通过整合形成合力，提高集团对业务合作方的议价能力，提升市场的竞争力。以保险业务为例，北京祥龙博瑞改制重组后，持续加强保险业务的集中统筹管理力度，先后与人保、太平洋、平安、国寿财四大保险公司达成战略合作，实现了合作双方在业务、客户、市场资源上的深度合作。通过统筹管理，集团的保险业务实现了年均15%以上的增幅，截至2013年保费规模达到6.4亿元，使保险业务成为集团新的利润增长点。通过保费规模的增长以及合作双方的深度合作，大幅提升了理赔维修的业绩，有效拉动了集团整体维修业务的持续发展。

3. 全面强化目标管理，提升整体经营能力

面对严峻的市场形势，北京祥龙博瑞近几年全面、深入强化目标管理。首先，根据市场形势的变化，对经营指标体系及时进行调整，每年对经营指标进行20项以上的优化和调整，使KPI指标体系能够准确、全面反映出集团全年的工作思路，确保各项经营管理要求能够得到贯彻和落实。其次，结合目标管理，实施绩效考核的动态调整，确保年度经营任务的完成。

在实施目标管理的过程中，北京祥龙博瑞通过工会组织，连续3年，投入数百万元，先后在汽车销售、汽车售后服务、汽车保险三项业务中开展劳动竞赛活动，极大地激发了集团全员的劳动积极性和工作热情，有效拉动了企业经营业绩的提升。

强化目标管理，企业经营成效显著

汽车维修是北京祥龙博瑞的重要业务板块，近年来集团持续对维修业务结构实施调整，打破了以往的考核方式，将以数量为导向转变为以收入为导向，目的是促进下辖品牌店主动调整维修业务结构，强化客户管理，创新服务内涵，开展增值服务来提升维修业务收入，提高维修盈利能力。集团开展以提升“服务吸收率”为主题的经营管理活动，通过考评管理模式的变化，明确了业务方向，维修收入由2011年的10.7亿元跃升至2013年的13.7亿元，保持了维修业务稳步快速的发展。

(四)实施技术创新，增强市场竞争力

1.承担社会责任，努力打造绿色维修体系

为了加强大气污染治理，北京祥龙博瑞深入贯彻交通运输行业绿色发展的理念，面向未来的行业发展趋势，努力推进绿色维修体系的建设。积极参与交通运输部“汽车维修节能减排综合改造”项目，从使用新设备、新工艺、新材料，加大技术创新、改善维修工艺规范和流程方面，逐步减少维修废弃物和有害物的排放，以节能促效益，推进企业可持续发展。针对集团内使用多年，易造成环境污染和能源浪费的设备进行改造和更新，陆续更新或改造了汽车空调维修设备、故障诊断仪、零件清洗机、尾气抽排设备、环保型喷烤漆房、钣喷流水线、节水洗车房、集中供气管路等设备与设施。全面普及无尘干磨工艺，在材料使用上逐步推广水性漆的使用，3年间，集团为此累计投入1300余万元，达到了节能减排的效果，维修质量得到逐步提升。

2.实施技术创新，推进后厂管理项目

汽车维修是北京祥龙博瑞的传统优势业务，集团多年来致力于提高生产效率和维修质量。集团在实施多年工艺工时定额管理项目的基础上，开始着手后厂管理项目的调研与建设。后厂管理项目(图3)是集团尝试将技术资源、知识管理、人力资源、生产调度、质量管理等汽车维修的各项环节和因素纳入一个体系内，

图3　后厂管理项目示意图

构成模块化、系统化的集成管理项目。集团在深入调研的基础上,以点带面,以先尝试后推广的方式,推进后厂管理的项目进程,为探索和研究新型的维修生产管理模式不懈努力。

三、转型体会

从计划经济向市场经济转变的过程中,作为处于完全竞争市场的汽车服务行业,北京祥龙博瑞依靠几代汽修人与时俱进,改革创新,努力拼搏,推动了企业的持续发展和壮大。祥龙博瑞的发展实践证明改革和创新,是企业永恒的主旋律,是确保企业实现可持续发展的根本保证。在企业转型发展中,也形成了一些体会:

体会一,企业上下能够认真学习和深刻领会党的十八大和十八届三中全会精神,并着力和企业改革调整的实际相结合,这对企业凝聚共识、团结一致、攻坚克难、统筹推进工作起到了坚实的思想保障和引领作用。

体会二,企业出资人——北京祥龙资产经营有限责任公司——综合实力的不断壮大提升,资源的全盘统筹协调,为北京祥龙博瑞的不断发展壮大和有效抗击各种风险,提供了强有力的支持和帮助。

体会三,企业党政团队通过不同的渠道与方法,齐心协力调动各级干部职工的积极性,加强核心团队建设,广大员工成为企业改革创新和发展的动力源泉。

体会四,企业一直着力加强法人治理结构建设和现代企业管理制度的建立,以董事会为核心的法人治理结构在企业发展战略、重大事项决策、内部控制、风险防范和规范有序上起到了积极、关键的作用。

体会五,坚持改革调整和创新驱动,顺应汽车经销集团化发展趋势,构建汽车服务的全产业链,经营统一调控,资金统一调度,资源整合,优势聚合,增强了企业内生发展动力和持续发展的基础。

案例7:北京环卫四清
——创新经营模式　转变经济增长方式

30多年来,北京环境卫生工程集团有限公司四清分公司(以下简称“环卫四清”)伴随着祖国改革开放的步伐,坚持以“环卫业务为主、多种经营”的发展方针,经过脱胎换骨般的企业改制,北京环卫四清走过艰苦的创业发展之路和再次创业的风雨变迁,企业形象发生了翻天覆地的变化,企业实力得到极大增强,已从一个普通的垃圾运输单位发展成为主业、副业齐头并进,全国环卫系统现代化程度最高的大型环卫企业,具有北京市汽车维修行业一类维修资质的大型汽车修理厂。

一、企业发展概况

(一)企业简介

北京环卫四清位于北京朝阳区北湖渠路,处于北五环与北四环之间,交通便利,主场区占地80000m^2,建筑面积超过30000m^2(图1),公司拥有一批从事环卫专业化服务、汽车服务类业务、环保设备类业务等专业齐全的高素质的人才队伍,在各类管理人员中,具有高、中级技术职称的56名,有技师和高级工职称的89名,有中级工职称的269名。

北京环卫四清前身是北京市第四清洁车辆场,1979年5月开始投产;2001年注册为北京四清环卫工程集团有限责任公司(以下简称“四清工程公司”);是集汽车服务、环卫运营、环卫工程、环卫产品等多项业务为一体的特色型综合性大型国有企业。

目前,北京环卫四清拥有市属大型环卫设施两处,专业垃圾、粪便运输车辆及其他各类环卫专用车辆共600余辆,各种配套设备800余台(套)。承担着中南海、国务院、人民大会堂等重要国家机关及北京市东城区、西城区、朝阳区、昌平区、奥林匹克中心区的生活废弃物收集、运输、无害化处理，冬季融雪及首都重大活动的环卫保障任务。北京环卫四清除600余部自用车辆的维修，还承接小型车、大中型货车、大中型客车的维修业务，拥有20000m^{2}的汽车维修厂房，2000m^{2}的维修业务接待室（图2）和40000m^{2}的立体停车楼，拥有一流的维修、检测和加工设备，对外年汽车维修能力超过7万辆次。

图1　北京环卫四清分公司

图2　北京环卫四清维修业务接待室

北京环卫四清在2000年和2004年分别通过了GB/T 19001质量管理体系和GB/T 14001环境管理体系认证，2013年通过了机动车维修企业安全生产标准化二级达标考评，2014年通过了GB/T 18001职业健康安全管理体系认证；企业多年来一直是北京市行政事业单位公务用车统一定点维修企业和中央国家机关汽车维修定点企业，连续多年获得全国及北京市“汽车维修行业诚信企业”荣誉称号（图3），是北京市运输管理局评定的质量信誉等级AAA级企业，树立了“四清”品牌在北京市汽车维修行业中高品质的形象。这些成绩取得的背后，是环卫行业走向市场化、产业化、多元化、科技化和可持续发展之路的生动缩影，也折射出了具有北京环卫四清特色的管理理念和管理智慧。

图3 全国汽车维修行业诚信企业证书

（二）企业的发展历程

北京环卫四清是以首都环卫保障服务起家的大型国有独资企业，从20世纪90年代就开始了经营业务多元化发展的探索，伴随改革开放的大潮，逐步创新经营模式，经过30多年的发展，除了传统的环卫主业外，衍生出的汽车维修业务成为公司经营发展强有力的支撑，创造了“四清”品牌，赢得了良好的口碑和主管单位的肯定。

20世纪80年代初期，根据中央增产、节约、挖潜的精神和自身行业的优势及特点，四清工程公司与东风汽车公司签订了建立技术服务站的合同，同时开始利用清运车辆拓展对外营运。1988年，四清工程公司进一步挖掘潜力、发挥优势，以主带副、以副促主，利用配套能力强、调节余地大的优势，积极扩大运输市场；依靠维修内部清运车辆的技术积累和东风服务中心的服务优势，积极扩大客车修理市场和改装车市场，抢占先机与20多家大客车生产厂家签约建立了维修服务站。

20世纪90年代初期为了增加收入，提高职工的生活水平，尽快与市场经济接轨，北京市环卫局各直属场开始在单位内部实行事业单位企业化管理，1991年，四清工程公司制定了以货车外运、外修为基础，多渠道、多方位经营的战略方针，把对外经营的重点放在了对外运输、客车修理、改装车、外贸加工和配件销售上，初步形成了以外运、外修为公司发展“两翼”的经营思路。

1993年，为适应市场经济的发展，抓住难得机遇进行投资，四清工程公司把位置好、条件优的厂房、场地都调给了对外经营部门，并购置了近百万元的专用设备,以提高维修能力,维护公司形象。在重点加大客车维修服务的同时发展柴油机维修服务,变单一的东风车型维修为多车种、多机型的综合维修服务,先后建立了斯太尔汽车维修服务站和河北胜利汽车、昌河汽车维修服务站。

1995 年,四清工程公司与神龙汽车公司签约建立了四清富康服务站,1997 年取得了小轿车销售权,成立了清四汽车销售中心。经过几年的发展,四清富康服务站在神龙公司 300 多家服务站中名列前茅,多次被评为 A 级站。汽车配件门市部从 1990 年的一个,发展到以清四销售中心为主,西口门市部与立水桥门市部南北呼应的格局。

1998 年,四清工程公司调整经营策略,强化经营总部的管理职能,形成了以汽车服务业为龙头,开始向规模化经营的方向发展。到 1999 年已经形成了汽车维修(轿车、载货汽车、客车)、汽车整车销售(东风货车系列、大客车系列、富康轿车和斯太尔车及解放 141 等各种车型)、配件销售服务的经营态势。对外经营收入从 1996 年的 6959 万元增加到 1999 年的 8700 万元,对外维修车辆从 1996 年的 9972 辆次增加到 1999 年的 59100 辆次,公司的对外经营业务迅速驶入快车道。

2001 年,四清工程公司由事业单位改制为企业。从市财政全额拨款到事业单位企业化管理,再到真正的企业化运作,四清工程公司随着体制的改革、垃圾收集、清运方式的改变,不断调整组织结构和对外经营的模式和机制。

2006 年,北京市环卫企业合并重组,四清工程公司成为北京环境卫生工程集团有限公司四清分公司。

二、企业发展策略

(一)抓住机遇,转变经营观念,大力发展汽车服务业

伴随着市场经济的发展和轿车迅速进入家庭的发展势头,北京环卫四清抓住汽车迅速发展的这一历史机遇,调整经营策略,从整车销售、配件供应、售后服务等方面着手,大力发展汽车服务业,不但增强了公司实力,改善了公司形象,而且培植了新的利润增长点,提高了公司整体经营能力和自身发展、自我更新的能力。

1. 转企改制、不断创新,促进对外经营的发展

2001 年,随着改革开放的深入,为进一步适应市场经济和转制的要求,四清

工程公司一方面及时调整内部管理机制，积极进行机构改革，成立了5个分公司，利用自身优势，努力开展汽车销售、汽车改装、汽车维修、配件销售、货物运输、机械加工制造，进行多种经营；另一方面转变经营观念，坚持“顾客满意第一”的发展理念，提高服务意识，改进经营作风，把满足市场和用户的需求作为公司总的经营方针和目标。

为充分发挥各经营部门的作用，解决竞争能力不强、管理形式单一的问题，四清工程公司在管理理念、管理模式、制度建设等多方面不断创新、积极改革。例如，公司打破陈规旧制，进一步划小核算单位，实施单独核算效益承包，与各基层单位签订“单独核算效益承包”责任书。承包经营进一步调动了部门的积极性，促使经营部门加强管理，降低成本，在更深层次参与市场竞争，提高了经营意识，锻炼了经营队伍，促进了对外经营的发展，实现了从“要我干”向“我要干”的转变和从“争”向“挣”的转变。

新的体制形成新的力量，为四清工程公司的对外经营的发展注入了新的活力。新体制下的公司员工更新观念，立足现实，以顾客满意为工作导向，提高服务意识和服务水平，增强顾客满意程度，提高对市场的适应能力和应变能力；新体制下的领导干部一方面放开手脚，抓管理、谋效益，使人力、物力、财力得到初步整合，一方面从市场的实际需要出发，提高服务质量扩大服务范围，尝试新的营销方式，通过参与市政府采购中心的招标，取得了国务院机关事务管理局车辆定点修理单位的资格，维修业务扩大到海淀、朝阳等环卫系统及部队、高校。转制后的第一年，公司就形成了主业运输、对外经营齐头并进，整体实力快速发展的局面。

2. 直面挑战，再次创业，着力拓展新业务

2006年北京环卫四清面临新址建设、搬迁周转、设备老化、清运亏损等诸多困难和挑战，领导班子深入思考、冷静分析，提出了“再次创业”的口号，制订了“再次创业”的发展目标和计划，制订了切合实际的市场开发战略，通过加强管理深挖潜力，盘活资源，开发新产品拓展新业务，大胆进行改革探索。

3. 主辅分开，强化管理，由粗放型向集约型转变

北京环卫四清领导班子从更高的角度审视企业的发展，认清形势，成立了经营开发部，把主业生产和经营分开管理，加强对经营活动的管理力度。注册成立北京清四汽车销售服务有限公司，与神龙汽车公司重新签订了开设4S店的协

议,“清四”品牌焕发了新的活力。与此同时积极开拓环卫行业相关市场、研发新技术、增加经营品种,拥有自主知识产权的新产品一一问世,北京环卫四清还利用长达30年成熟的环卫设施运行经验、行之有效的管理措施以及行业领先的技术力量与京内外政府、部队、企业合作,实现了智力型产品的成功输出,这标志着北京环卫四清的经济增长方式由粗放型向集约型转变,经营活动迈上了一个新的台阶,步入了更高端的市场。

(二)创建诚信企业,开创低碳、品牌化发展之路

为应对市场的冲击和压力,北京环卫四清坚持“客户第一,用户至上”服务理念,为用户提供更优质的产品及服务、更广博的文化与价值,塑造“四清”品牌形象,走品牌化发展之路。

1. 以客户为本,培养稳定的客户关系

随着汽车进入家庭,客户汽车知识的丰富,客户正从感性消费向理性消费转变,因此,进行换位思考,从客户的角度去理解客户的需求显得尤为必要。

北京环卫四清为了便于与客户交流沟通,搭建了多重交流互动平台。成立了2个俱乐部QQ群,开通了新浪、腾讯两大官方微博,开办了车友讲堂,创建四清网站,开通了免费服务热线和短信提醒业务,向客户提供售前咨询、维修预约、紧急救援、投诉建议四项功能服务。同时设立专职的客户关系,代表面对面与客户进行交流,并对所有维修车主进行电话回访,征询客户的意见及建议,不断改进服务质量。

为更好的服务客户,北京环卫四清一方面积极构建完善的服务体系和标准化服务,制定了从咨询、销售、交付、售后的一系列制度和以服务顾客为中心的奖励制度。要求员工围绕客户满意练“内功”,一切以客户为中心,一切以满足客户需求为工作目标,努力为客户提供完善优质的售前、售中和售后服务。为客户提供独特、持续、有价值的服务体验,形成差异化的优势,培养客户忠诚度,稳定住客户关系。

2. 加快技术升级改造,走低碳发展之路

北京环卫四清抓住搬迁的契机,投入1360多万元购置汽车维修设备,其中花费500多万元更新添置了100多台(套)节能环保的维修设备。在各维修车间安装了废气抽排系统,保证了车间的维修环境和维修工人的身体健康,最大程度

地减少了有毒有害气体的排放；建立了中水处理站，将员工产生的洗浴、盥洗废水和洗车废水排入中水处理站，处理后用于洗车、绿化、冲厕等，将水资源循环利用；采用超声波清洗等绿色汽车维修技术，既达到良好的清洗效果，又节约汽油和人力，降低了维修成本，环保维修设备的使用具有明显的节能减排效果，北京环卫四清获得了 2011 年交通运输节能减排专项资金 60 万元。

3. 加强企业文化建设，开创品牌化发展之路

在围绕以经济效益为中心、聚精会神谋发展的同时，北京环卫四清从未忽视过精神财富的积累。30 多年的发展进程中，北京环卫四清形成了“奉献、开拓、优质、高效”的“四清精神”。

“四清精神”的形成源于企业文化的积淀与升华，它以强大的感召力和持久性，在潜移默化中增强了职工的荣誉感、归属感和凝聚力，形成了和谐的企业氛围，保证了企业各项生产工作任务的完成。正是在这种精神的感召下，四清人中涌现出了一批极具时代精神的劳动模范，他们的行为不仅为广大员工树立了学习的榜样，更为北京环卫四清的发展提供了持之以恒的精神动力。

依托卓越的汽车品牌、高品质的产品和超越客户期待的服务，加快品牌化建设的进程，不断向客户提供涵盖汽车生活各方面的优质、贴心、专业、超值的服务，促进产品的持续销售和售后服务的不断提升，打造“四清”品牌，引导客户认同品牌的价值，形成名牌效应，获取品牌收益。

三、转型体会

30 年来，北京环卫四清始终坚持内强企业、外树形象，着力打造“四清”品牌，走过了一条立足自身实际、攻克体制难关，既艰难曲折又振奋人心的发展道路。总结起来，主要有以下几点体会。

体会一，始终坚持以经济效益为中心是北京环卫四清发展的基础。

30 多年来，北京环卫四清始终抓住经济效益这个中心不放松，遵循市场规律，把握市场脉搏，使企业能迅速适应转企改制，在市场激烈竞争中不仅屹立不倒，反而规模日益壮大，经济实力日益雄厚，核心竞争力日益凸显。作为一个有社会责任感的企业，北京环卫四清在坚持以经济效益为中心的同时注重社会效益与环境效益相统一，全力实现各方平衡，多方共赢。

体会二，解放思想、创新改革是北京环卫四清发展的必然选择。

解放思想是要摆脱安于现状、固步自封的思维定式，敢于作为，敢与强者比高低，敢同勇者争位次。创新是企业之魄，是企业应对千变万化的市场形势的源动力。北京环卫四清保持活力的秘诀在于解放思想，锐意进取；北京环卫四清进步的秘诀在于大胆创新、突破自我。不断完善的现代化企业制度体系，规范的企业管理，调动了员工主观能动性，提高了企业的运转效率。

体会三，员工的支持和参与，是企业发展的内在动力。

北京环卫四清30多年的经营发展，有高峰，也有低谷，在改制、重组等每一次重大变革中，新旧两种体制、两种思想观念激烈碰撞，使公司发展遇到了很多困难和阻力。在企业的转型发展过程中，如果没有几代员工奋勇拼搏、不畏艰难、敢为人先的精神，北京环卫四清就不会可持续健康发展。因此，北京环卫四清始终坚持把企业可持续发展和促进员工的全面发展有机结合，把领导的业绩提升与员工收入稳步提高有机结合，让员工享受到企业发展的成果，不断提高员工的生活质量和幸福指数，从而赢得了广大员工的支持、拥护和参与。

案例8:长春金达洲
——打造汽车服务产业链 走规模化发展之路

长春金达洲集团有限公司(以下简称“长春金达洲”)坚持改革创新,转型发展,在吉林省率先打造多元化、多业态经营为一体的汽车服务产业链,以较强的区域品牌优势和综合竞争优势,成为吉林省规模最大、发展能力最强的汽车服务集团。

一、企业发展概况

(一)企业简介

长春金达洲成立于1993年,主要经营汽车销售、汽车维修、汽车租赁、旧机动车交易、出租车客运、驾驶员培训等。集团公司旗下现有1个汽车博览贸易中心;27家汽车销售服务公司(4S店)、4个汽车销售合营公司及多家汽车维修保养中心,主要经营上海大众、一汽大众、东风日产等14个品牌系列的汽车销售和售后服务;1家汽车租赁公司,主要经营汽车租赁、维修代步、商务代驾、商务领航、婚庆用车、场站迎宾等业务;1家旧机动车卖场,经营旧机动车置换、收购、寄售、零售业务;3家出租汽车公司,营运出租汽车3455台;1家一类驾驶员培训学校,占地30万m^2。

集团公司现有总资产50亿元,经营场地面积约100万m^2,从业人员1万余人,其中出租汽车驾驶员7000多人。2013年,集团公司共销售新车17239台,销售收入25.5亿元,销售量占长春市4S店汽车销售总量的10%;维修车辆18.66万辆,业务收入2.43亿元,分别比上年增长14.56%、23.34%;出租汽车年客运量7000多万人次,占长春市年出租汽车客运总量的20%以上。

多年来,长春金达洲获得多项荣誉,先后被评为“中国汽车业最大影响力的汽车经销商”、“吉林省汽车维修行业诚信企业”,曾2次获得“全国汽车维修行业诚信企业”荣誉，并“吉林省金牌汽车经销商”、“吉林省星级文明服务单位”、“长春市诚信单位”、“长春市十佳汽车销售企业”、“长春市出租汽车行业标兵单位”和“长春市十佳4S店”。

（二）发展历程

长春金达洲经历了一个由小到大、由弱到强、由单一经营到多元化经营的发展历程。

1993年，长春金达洲的士管理有限公司成立。几个人，几十台车，经营场所为$20m^2$的出租屋。同年，成立一个三类综合汽车快修厂，人员不到20人。这个经营出租汽车和汽车维修的小企业，就是长春金达洲的前身。2001年，上海大众金达洲汽车销售有限公司成立。2005年收购了东风日产凯立长春销售店，2010年连续收购了三家4S店。2011年至今，长春金达洲积极推进并购重组中，与北京市3家、哈尔滨市1家汽车销售公司组建合营公司，延伸汽车销售领域，并积极扩大汽车销售网络，在本市成立21家汽车销售公司的基础上，又在松原市、延边市设立了6家汽车销售公司。

经过20年的艰苦创业，调整转型，长春金达洲由一个名不见经传的微小企业，一跃成为多元化经营，多态化发展，经济实力雄厚，基础设施先进，具有广阔发展前景的大型汽车服务企业集团。在长春市这片沃土上留下的不仅是长春金达洲精心打造的汽车服务产业链，还有叫得响的“金达洲”优质服务品牌。

二、企业发展策略

长春金达洲把全方位打造汽车服务产业链，实现经营业态多元化，在汽车流通行业树立领航者地位作为发展目标，并采取以下发展策略。

（一）调整经营结构，发展高端项目

长春市汽车维修企业和出租车汽车公司市场竞争十分激烈。当多数企业为提高市场竞争能力和自我发展能力而发愁的时候，长春金达洲已经开始进行经营结构调整，全方位打造汽车服务产业链。集团在原有汽车维修服务、出租汽车经营项目的基础上，增加了汽车服务产业链中的汽车销售、汽车租赁、旧机动车交易、驾驶员培训等经营项目，市场竞争能力和综合经济效益明显提升。

长春金达洲调整经营结构，坚持高标准规划、大手笔推进，努力打造引领行

业发展的高端汽车服务产业链。成立的每个汽车销售公司基础设施都非常先进，无论是展厅规模、占地面积还是硬件设施在长春市都是首屈一指的。2010年建立的金达洲驾校占地46.68万m^2，内设体检中心、考试中心，拥有教练员500多名、各品牌教练车500余辆、训练道路35km、考场9.6万m^2，是东北地区最大的一站式园林驾校。

长春金达洲调整经营结构，坚持人无我有，开拓创新。长春市区的出租车数量已达1.5万多台次，但尚无为出租汽车驾驶员进行保障服务的配套设施。集团在经营结构调整中，率先在长春市乃至吉林省建成了一站式综合服务大厅、车辆完全检查维修服务站、电脑洗车线、“GPS”检测中心、驾驶员培训室等设施，全面提升了服务功能，也为打造汽车服务产业链填补了空白。

（二）推进并购重组，扩大企业规模

长春金达洲能够由小到大、由弱到强，实现持续发展，积极推进并购重组是一大策略。实施并购重组策略首先是从出租汽车版块开始的。1995年12月，集团抢占先机收购了利源、佳启、万佳、经协等出租汽车公司，增加了上千台营业车辆。1997年，又收购了十几家出租汽车公司及营运车辆。集团的出租汽车由几十辆猛增到3455辆，一跃成为吉林省内规模最大的出租汽车企业。

集团又将出租汽车并购的成功经验，应用到其他汽车服务产业链上。从2001年的上海大众佳运服务站开始，通过并购重组和积极参股，目前已经拥有27家4S店，正在建设投资的有32家4S店（其中有8家已经投入运行），形成吉林省内最大的汽车维修集团。

（三）整合优势资源，打造发展平台

随着经济社会的快速发展，长春金达州在更高层次上谋划企业转型发展，于2012年开始，启动集团战略核心项目——长春汽车博览贸易中心（汽车贸易物流国）建设项目（图1）。该项目位于长春市宽城区，总规划面积56万m^2，计划投资50亿元。项目以现代服务业为特色，以集中优势资源打造“一站式购车、一条龙服务”平台为特征，分期建设，一期总投资28亿元。项目建成后，每年可实现产值20亿元、利税3亿元，并可安排3万人就业。

长春汽车博览贸易中心在涵盖了集团目前所涉猎的经营项目的基础上，将实现产业区域化、经营专业化的新模式。该中心分为三个版块，第一版块，规划

建设32家4S店，以品牌4S店，大型车、特种车交易中心，旧机动车置换中心，出租汽车服务中心为主体；第二版块，以东北地区最大的汽车试驾体验场、大型商品车仓储中心、配件精品中心、信息中心、车管所、检车线、加油站等辅助功能设施为主体；第三版块，以工商、税务、银行、保险、宾馆酒店、商场超市、会议中心、休闲娱乐中心和公寓、住宅等服务配套功能为主体。从而形成功能齐全、业态多元的区域性专业批发市场，为客户提供一站式购车、一条龙服务，解决民众选车难，经销商存储难，购车者试乘试驾难的实际困难，还铺设了辐射全省的网络营销系统，为各地提供网上查询车辆库存、车型、价格、颜色、数量等信息。从而成为长春市乃至吉林省有很大影响力的汽车贸易产业集中区，实现长春市汽车存储、批发、销售及维修等汽车服务业发展提供最佳的平台。

图1　长春汽博贸易中心鸟瞰图

(四)创建优质品牌，提升竞争实力

为全面提升行业发展软实力，增强市场竞争力，长春金达洲努力创建高品质，有特色的优质服务品牌。集团公司各服务岗位，服务窗口内强素质外树形象，不断深化服务的内涵，拓展服务外延，积极推进规范服务，特色服务，诚信服务，便民服务，努力做到环境优美，车容整洁，仪表端庄，语言文明，行为规范。金达洲4S店、金达洲旧机动车卖场、金达洲的士、金达洲驾校、已成为被社会广泛认可的服务品牌。

集团坚持以文化引领品牌建设，着力提升品牌建设品位，大力弘扬“以人为本，文明诚信、和谐高效、奉献社会”的企业精神，通过创办《金达洲人》、《的士快讯》、《交通安全资讯》、微信平台，深入宣传社会主义核心价值观，展现企业发展成果和员工崭新的精神风貌。集团还与长春报业集团合办《长春商报——精品消费指南》,创建高端文化传媒品牌,引领品质生活,树立时尚传媒典范。

三、转型体会

回顾长春金达洲转型发展的实际,有以下几点体会:

体会一,改革创新,是企业转型发展的动力。

改革创新,包括经营理念,体制机制、经营模式、发展方式等方面的改革和创新,是企业不竭的发展动力。长春金达洲的发展实践充分证明了这一点。正是因为集团领导创新了发展理念,把打造汽车服务产业链作为转型的主攻方向,通过并购重组,优势资源整合等体制机制改革,企业才取得长足发展。改革创新不能停顿,必须与时俱进,这正是集团持续发展的动力所在。

体会二,市场研发,是企业转型发展的先导。

长春金达洲能够抢抓机遇,转型发展,一个重要原因是市场研发做得好。集团每做出一项重要举措、每新开发一个项目,都超前进行市场调查,反复进行讨论,为做出决策提供依据。长春汽车博览贸易中心项目能够被列为长春市重点建设项目和集团公司的核心项目,就在于市场研发非常充分。集团领导在长春深入市场调查的基础上,又先后考察了重庆汽博中心、福州海峡汽车文化广场项目,收集了大量建设、经营、管理方面的信息,又听取了有关专家的意见后,启动了长春汽车博览贸易中心建设。

体会三,克难攻坚,是企业转型发展的关键。

每个企业转型发展都会遇到很多困难,但办法总比困难多,只要坚定发展信心,勇于克难攻坚,就没有克服不了的困难。长春金达洲在面临资金短缺、企业用地严重不足等困难面前,积极想办法,通过盘活资产、银行信贷等渠道多方筹措资金,采取置换、收购、竞拍等方式扩大企业用地。长春汽车博览贸易中心首宗土地,就是集团筹措2亿元资金拍得的,保证了项目建设顺利进行。

体会四,强化管理,是企业转型发展的基础。

强化管理,是企业永恒的主题,也是转型发展的基础。长春金达洲制定了包括汽车销售、汽车修理、二手车交易、出租汽车客运、驾驶员培训等在内的一整套管理制度,使各项经营管理有章可循,有规可依,从而为企业转型发展打下坚实的基础。

体会五，关爱员工，是企业转型发展的保证：

企业员工是企业发展的主力军。为了充分调动企业员工的积极性，长春金达洲坚持“让用户满意、政府满意、员工满意”的经营理念，实施了多项关爱员工的举措。汽车销售岗位的员工有基本月薪、综合补贴、年终奖金、先进奖励、多项保险、休假等福利待遇。生活困难的出租汽车驾驶员可以得到公司扶贫助困专项资金补贴，贫困驾驶员子女升学可以得到公司助学资金资助。集团免费为驾驶员发放应季工装，组织优秀驾驶员旅游观光。这一切都极大地增强了企业的凝聚力和向心力。

案例9:吉油装备
——拓展服务类型　助推规模化发展

吉林石油装备技术工程服务有限公司(以下简称“吉油装备”)改制12年来,经历了油田重组分离时从单一的“汽车修理”的传统生产模式,到目前“工程机械及汽车维修、机械加工及特种车改型、地面建设安装工程、汽车销售和配件销售、油气开发及天然气加工”五大板块齐头并进的转变;经历了国企改制之初债台高筑,捉襟见肘的窘境,到如今的年生产总值3.88亿元,并保持年25%的持续增长,吉油装备实现了企业的创新发展和规模化发展。

一、企业发展概况

(一)企业简介

吉油装备(图1)是吉林省松原市唯一一家集工程机械、汽车维修、多品牌汽车销售、石油专用工程机械加工、石油工程技术服务以及石油、天然气开发,并在本地区享有较高声誉的大型综合企业。

吉油装备成立于2002年,由吉林石油集团公司汽车修理厂(以下简称“吉油集团汽修厂”)改制而来,其业务涵盖工程机械维修、机械加工和特种车改型、工程技术服务等油田生产的领域,而且各个板块已形成局部区域的优势。经过12年的经营发展,企业现有职工680名,下设分公司、子公司及直属生产单位11个,辅助生产单位3个,部门6个。企业注册资本5000万元,拥有资产共计1.98亿元,年生产总值达3.8亿元。

吉油装备连续10年被吉林省工商局评为“吉林省重合同守信用”企业;先后被评为“吉林省诚信维修企业”、“吉林省维护市场秩序信用承诺单位”、吉林省“五一劳动奖状”单位、“吉林省民营百强企业”和“全国汽车维修行业诚信企业”等荣誉称号。

图1　吉林石油装备技术工程服务有限公司

(二)发展历程

吉林石油装备公司成立于20世纪60年代初期,承揽扶余油矿运输公司汽车维修业务。由于缺少维修设备和工具,当时只能从事车辆一般故障的排除和简单的修理。伴随"七〇"石油大会战的开始,运输公司组建汽车修理三营,负责七〇会战指挥部所有机动设备的维修。1981年,更名为吉林省油田管理局运输公司汽修厂。

1995年12月份,汽修厂从吉林省油田管理局运输公司分离出来。此时轿车维修中心的建成投产,使吉油汽修厂初步形成了轻、重、轿、工程机械、检测服务和修配生产的专业化生产格局。1997年吉油汽修厂与国外3个汽车生产厂商和国内两大汽车集团,联合建立了6个特约维修站或服务站。

2001年,吉油集团汽修厂成为中国石油天然气集团公司首批改制企业试点单位并于2002年3月9日,更名为吉林石油装备技术工程服务有限公司,确立了"工程机械汽车维修、机械加工及特种车改型、地面建设安装工程、汽车销售和配件销售、油气开发及天然气加工"五大板块主营业务。

二、企业发展策略

(一)建立完善法人企业治理结构,构建企业科学发展的良好体制机制

2002年至2013年间,吉油装备严格按照《公司法》和《公司章程》规范运作,圆满进行了4次出资人大会的行政管理换届工作,制定了董事、监事工作制度,做到重大问题或决议按照规定必须经董事会、监事会或公司行政班子集体讨论

通过。通过成立董事会领导下的预算管理委员会和副总经理领导下的主营业务管理委员会，保证公司管理工作的有效实施和监督，以更有效、更科学地实施法人治理结构。吉油装备在《公司章程》和《出资人大会章程》两个公司大法的指导下建立和完善企业的建章立制工作，先后三次修订完善了企业规章制度，目前已形成包括生产管理、财务经营管理、人力资源管理、综合行政管理和工会管理在内的64项企业新规章，使公司各项工作更具科学化、程序化、标准化，为企业可持续发展提供强劲保障。

（二）推进技术产品升级，增强企业可持续发展后劲

改制12年来，吉油装备持续不断地加大对企业装备、先进设备的投入，先后购置多种专业生产设备。吉油装备坚持技术引领，大力开发油田高精尖技术设备的维修和高附加值产品，先后开发了新车型维修技术等近百种（图2、图3），这些新产品和新项目的成功开发，持续提升企业的专业化维修技能，为开拓油田高精尖维修市场奠定了坚实的技术优势。公司还成立了专门的研发机构，先后研发生产了几十种新产品，洗井车、自卸车、清蜡车、液罐车（图4）通过了国家验证，成功打造了“吉石”品牌，公司自主发展能力明显增强。

图2　特种车维修作业

图3　轿车维修作业

吉油装备在主攻产品研发的同时，还积极争取各项资质及入网，提升公司软实力。目前已取得抽油机大修和改造、压力容器修理、机械加工修理（图5）、压裂车组配套特车修理、修井机修理、防喷作业机及辅助特车修理，轿车、中重型及工程机械车辆修理（图6）、柴油发电机组修理和安装工程、技术服务、整车及配件销售、单井罐制造等项目的市场准入；取得了大庆油田汽车维修类、机械加工类、地面工程建设类市场准入。获得了“CJLPE”企业商标和“吉石”牌两大类产品商标证书，持续获得了 ISO 9001 质量体系认证、健康安全管理体系认证和环境管理体系认证。这些资质的取得，为公司的长远发展奠定了坚实基础。

a) 自卸车

b) 清蜡车

c) 洗井车

d) 液罐车

图 4　吉石牌专业车辆

图 5　机械加工车间现场

图 6　苏丹海外维修现场

(三)向现代服务业转型发展，不断提高诚信和规范化水平，树立公司良好形象

面对新形势、新任务，公司在不断配备先进设施的同时，还将“优质文明服务活动”与提高自身综合素质有机结合起来，提高员工服务质量外，力求服务内容

人性化。建立了业务经理定期回访制度，并在节假日对老客户送上温馨的节日祝福，同时询问客户需要解决的问题。

近几年来，吉油装备以客户满意为目标，牢固树立优质服务理念，不断提高全员服务能力，创新服务手段，提升服务品质，全力打造一流优质服务岗位，使客户满意度和社会美誉度不断提升。如前厅业务员在传统微笑服务的基础上，又提出客户“五满意”服务，即：在营业场所的整体视觉上让客户满意（图7）；在服务时间上让客户满意；在服务质量上让客户满意（图8）；在服务品种上让客户满意；在服务方式上让客户满意。

图7　吉油装备客户接待厅

图8　吉油装备规范的维修场地

吉油装备不仅注重外在形象，更强调内在的服务品质，通过立足岗位，强化各岗位职责，实行流程化管理，提供标准化服务，不断提高客户的认同度。一是牢固树立“以客户为中心”的服务理念，提升主动服务意识。通过落实“领导为员工，二线为一线，全员为客户”的要求，推行首问负责制和限时办结制，切实提高公司服务能力与水平。二是开展活动，培养员工良好服务心态。在公司范围内开展了“假如我是一名客户”的换位讨论活动，引导员工从“公司的服务”到“服务的公司”意识的转变。三是开展学习专业知识活动，教育员工培养良好执行习惯，提升工作效率与质量。四是抓好服务规范标准实施和考核。

（四）低碳发展、绿色维修，做节能环保的先导者，增加公司的社会效益

随着汽车技术的进步，吉油装备已采用不解体故障检测诊断技术（图9）代替人工经验诊断。公司在“绿色维修”创建工作中，重点放在采购新型环保维修设备、推广新技术和新工艺、建立科学维修体系上，维修新设备、新技术推广有高效烘烤节电技术、高效洗车循环水节水技术、无尘干磨技术、尾气排放净化技术

(图 10)、超声波清洗技术(图 11)、废弃物集中管理、处置、废水收集净化技术、集中供气系统、尾气排放检测、发动机诊断技术、空调诊断、冷媒回收技术、发动机、变速箱总成修复技术等,这些技术的应用,在减少维修成本,缩短维修时间,限定维修范围,避免资源浪费同时,更加注重厂房合理的划分区域、修旧利废的回收处理、垃圾分类回收、废物回收的资源再利用、处处彰显了“加强节能减排,发展绿色汽修”的工作目标,为企业树立了科学规范、绿色环保的服务形象。

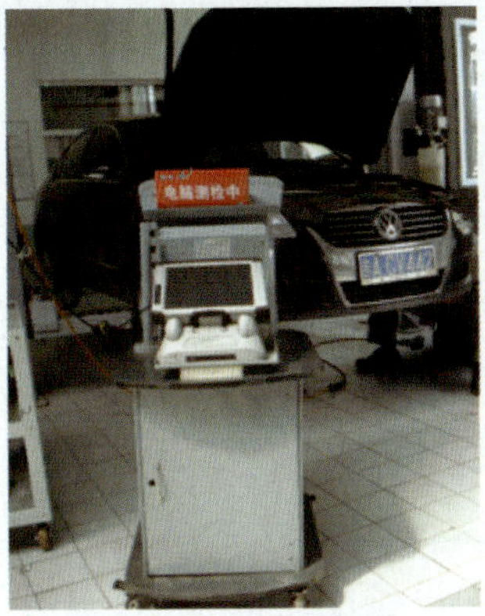

图 9　不解体检测

图 10　尾气排放净化系统

图 11　超声波清洗机

公司始终坚持“创建诚信企业、争做诚信文明员工”的企业经营管理理念,积极宣扬“以人为本、多元发展、敬业奉献、争创一流”的企业精神,开展了员工素质工程活动、岗位技术比武大赛、“问题与创新”金点子建议活动、岗位明星、优秀员工评选活动职工体育、娱乐项目活动,成立职工群众技术协会组织,激发广大员工的创造热情。利用多种形式多角度、全方位开展企业文化促进了企业和谐稳定发展局面。

三、转型体会

体会一，建章立制，成就企业健康发展。

吉油装备12年的成长与发展感悟颇多，出资人大会的举手表决改写了公司的性质，四次行政管理换届工作铺就了公司的方向，千名职工的坚定信念成就了如今公司的稳定健康发展。

体会二，抓住机遇，成就企业不断发展。

公司积极拓展汽车主机厂横向联合与扩大，先后签约了13家汽车主机厂的维修服务业务，同3个国家的汽车工程机械厂商和汽车制造集团建立关系，使之合作共赢、同步迈天下。打品牌、树形象、创优质工程，开展绿色维修，创建诚信企业，处处体现了吉油装备人争创机遇，稳步发展的雄心壮志。

体会三，技术引领，成就企业跨越式发展。

吉油装备坚持技术创新，全力开发高精尖设备的维修项目，提升了企业的专业化维修水平，提高了企业的自主研发能力和品牌影响力，创造了较好的经济效益和社会效益，为企业的跨越式发展奠定了基础。

案例10:东创建国
——立足西部　探索规模化发展之路

东创建国汽车集团(简称"东创建国")是具有200余家4S店的大规模区域性品牌集团,集团以构建"建国汽车梦"为蓝图,依托信息化建设和"绿色维修"实现持续稳定发展,不断扩大市场份额和影响力,在西南地区确立了规模化和品牌化的双驱动典范。

一、企业发展概况

(一)企业简介

东创建国(图1)是中国汽车销售服务领域的知名品牌企业,于1997年3月创立,经过17年的磨砺,始终坚持"用心创造、完美服务"的经营理念,倡导"开心工作三十年,幸福生活一辈子"的创业境界,构建了以上进心、责任心、事业心为特质的"用心"企业文化体系,努力打造汽车生活系统服务的品牌企业。

图1　东创建国汽车集团

东创建国目前有全资直属4S店200余家,包括一级代理宝马、奥迪、英菲尼迪、凯迪拉克、DS、克莱斯勒、长城汽车等国内外知名汽车品牌近40多个,员工近万人。

东创建国立足西南地区,着眼专业化基础上的多元化发展思路,规模迅速扩张,构建了整车销售、售后服务、配件供应、金融担保、汽车保险、汽车租赁、汽车旅馆、二手车经营、汽车装饰、汽车精品、车主俱乐部等关联链条,以实现从汽车经销商向生产性服务商及社会性服务商的转型。

(二)企业发展的社会背景

中国进入 WTO 运作体系后,汽车市场建立了全新的汽车营销模式,随着汽车品牌的增多和产品的多样化,中国的汽车市场逐渐由“卖方”转变为“买方”市场。品牌汽车 4S 店经营模式对我国高速增长的汽车消费市场做出了历史性贡献,并得到了大多数顾客的认同。然而,随着汽车“买方”市场的逐渐形成,人们理性消费观念逐渐增强,消费者的需求更多放在了售后服务、汽车文化、汽车生活等方面。

2009 年,中国汽车市场呈现“井喷式”增长,销量超过 1360 万辆,车市的快速增长,对整个经销环节产生了前所未有的巨大冲击。2009 年后,各大经销商集团都在积极谋划新的发展战略,汽车市场竞争加剧,国家产业支持政策调整,引发了各大经销商集团的迅速兼并与重组。庞大的汽车保有量,巨变的行业背景,促使经销商思考如何从经销商向售后服务商转型。东创建国开始筹划今后的发展之路,经过几年的探索,逐步走上了一条规模化发展之路。

二、企业发展的主要举措

作为一个规模庞大的汽车服务企业集团,存在着很多与一般中小型企业不同的特点,东创建国不但在全省建立了分布广泛的品牌店,而且着力打造了几个坚强有力的支柱,实现了统一协调,紧密联系、有效运作,良性发展。

(一)依托集团规模化发展的模式,整合资源,创新发展

东创建国以成熟的汽车产业园区模式复制发展,将覆盖汽车全产业链的园区几乎复制到了四川省每一个二级城市,打造了大规模的“东创建国服务产业园区”,占地面积均在百亩以上,东创建国服务产业园区分布与规模图见图 2。

依托集团的全产业链发展模式,每一个园区的业务都包含汽车维修在内的售后服务,实现了多元化的发展。“以过硬的维修技术促进维修量攀升,以优良

的服务和维修质量赢得良好的社会口碑，以良好的社会口碑促进新车的销售，以新车的销量攀升促进企业维修业务的发展。”良性循环，是维修类企业转型的根基。任何环节的疏忽都会对企业带来巨大的损失。

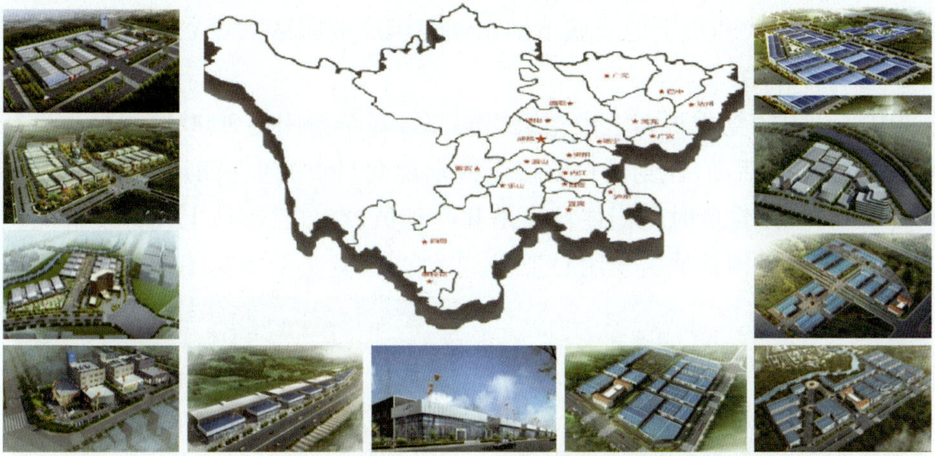

图2　东创建国服务产业园区分布与规模图

（二）强化党组织的保障作用，以特色企业文化助推转型

东创建国作为西南地区规模最大的汽车经销商，经过了十几年的发展，获得了诸多荣誉，例如中国汽车十佳经销商集团、中国服务业500强、四川省百强企业、成都市100强企业等。然而，光环之下，作为四川知名非公有制企业，东创建国高度重视党建工作，在民营企业中成为一大亮点，东创建国党建活动见图3。

图3　东创建国党建活动图

企业不断壮大，员工人数激增，机构愈加复杂。靠什么协调步调，引领队伍，

凝聚人心？这些都离不开集团党组织的有力保障。东创建国作为一家民营企业，先后接收了来自各单位的共产党员同志，他们分散在各个岗位，为了让他们在企业的发展中发挥积极作用，东创建国毅然决定在集团内部建立党组织。2009年，集团在总部所在地的上级党组织指导和支持下成立集团党委，并在集团的各个业务板块和每个地级城市的东创建国产业园区共设立了40个党支部，发挥了重要的作用。

2010年，集团党委根据上级党组织的部署在全集团近2000名党员中进行了“亮出党员身份”活动，让党员自觉接受群众监督，同时还在四川各个4S店设立了党员示范岗，让党员时刻记住自己是共产党员，在自己岗位上充分发挥党员的先锋模范作用，带领其他员工用心工作，东创建国党员活动见图4。

图4　东创建国党员活动

东创建国以党委为主，逐步打造以工会、员工关爱、历练培训中心、志愿者协会相互协作的“五位一体”综合体系，建立起“建国特色”的新型企业文化，并开展了“建国特色”的各类文化活动。

（三）建设绿色维修车间，低碳环保，努力实践绿色“建国汽车梦”

东创建国怀有强烈的社会责任感，时刻将科学发展观和可持续发展观作为企业发展的重点，并在环保和节能减排方面走在了行业的前列。东创建国发挥规模化的优势，在集团范围200余家企业推广节能减排，并产生了显著的效果，节能减排工作得到了政府的肯定。2013年，东创建国获得了交通运输部授予的“全国节能减排示范企业”的荣誉（见图5），同时还获得了交通运输部节能减排专项

图5　全国交通运输行业节能减排先进企业荣誉

资金支持。

传统的汽车维修行业，往往以牺牲环境和耗费大量能源来换取发展。东创建国打造的与节能展厅与“绿色车间”，自 2013 年投入使用至今，运行状况良好，节能效果显著。应用在 4S 店及综合维修车间的雨水收集系统、红外线电烤房、节能灯、水性漆、干磨机等节能设施设备，对于节约水资源和电能，减少噪声和职业病等都具有显著效果。

1. 开展环保培训，制定节能减排制度

1）环保入职培训

东创建国结合集团培训学校的课程，对新员工和在职员工进行环保培训，培养员工的节能环保意识，见图 6。

图 6　东创建国环保专题培训会

2）建立集团环境监察制度

借鉴环保部门的工作方法，集团制定了“东创建国环境保护制度”，成立了环保监察小组。监察小组在对日常行为进行行政督导的同时，还对环保和节能减排工作进行检查，并根据“东创建国环境污染行为处罚条例”进行处罚。

3）制定垃圾回收管理制度

集团大楼及 4S 店均设置五色垃圾桶，员工将危险废物、一般废物、可回收废物等分类。各类废物定期由专人使用有防护设施的车辆运送至园区的集中储藏间，并分门别类记录进台账。各类废物按累积量由专人通知具有资质的单位进行回收，最后集团或 4S 店取得环保部门的合法手续。

2. 投入新设备，助推节能减排

1）红外线烤漆房

在传统的喷漆作业中，依靠燃烧柴油的烤漆房是重点污染物排放源头。东创建国在改造前，传统柴油烤漆房平均每年使用柴油过万升，排放的有毒物质不仅污染环境，而且还需定期更换过滤棉及活性炭，增加了企业的经营成本。东创建国将旗下原有的柴油烤漆房全部替换为红外线烤漆房，不仅减少柴油费用支出，同时还减少了废气排放，提升了安全系数。

2）水性漆

东创建国在下辖的每个4S店的喷漆车间全部使用水性漆。该漆料用水作溶剂不含苯等有毒物质，无刺激气味，对人体危害小，对环境污染低。

3）太阳能光伏系统

东创建国为节约用电，引进了行业内少有的太阳能光伏系统，每套系统可以有效支持一个4S店的照明、空调、空压机、办公用电等电能消耗。每个展厅设专人对该系统设备进行随时监测，以保证设备处于最节能状态。

4）螺杆式集中供气设备

目前东创建国新建的4S店全部采用无油螺杆式空气压缩机，集中供气。该设备能够有效降低工作区域噪声，减少耗电量，减少废油污水，减少设备维护成本和使用成本，提高压缩空气质量，保证喷涂质量。

5）雨水收集系统

东创建国使用的雨水收集系统环绕在每个4S店的绿化带内侧，收集原来排进市政雨水管网的水，用于灌溉花草。

6）全自动电脑洗车

东创建国使用电脑洗车机，节约了人力资源，同时也确保了车辆清洗的质量。洗车机底部安装有水循环系统，将汽车废水经过沉淀、过滤再次用于洗车，节约了水资源。

7）干磨吸尘设备

传统的漆面水磨会造成水污染并易造成漆膜质量不达标。采用干磨吸尘设备不仅节约了用水，而且在打磨过程中打磨出来的粉尘全被吸走，保证了车间工作人员的身体健康，降低了职业病的发生。

8）LED节能灯

东创建国在集团办公大数与下辖的每个4S店均使用LED节能灯代替传统电灯，减少了耗电量。

9)其他节能减排维修设备

在集团旗下的维修车间中,还投入使用了其他节能减排绿色汽修设备,如超声波清洗机、免拆检诊断设备、整形介子机、发动机尾气分析设备、维修工位尾气回收装备、电子测量整形设备等。

(四)依托互联网,积极推进信息化建设

1.构建汽车电子销售及服务电商平台

电商的出现几乎颠覆了传统的零售模式。互联网用户的不断增加为网络营销发展奠定了基础,人民群众对汽车的需求也随着全球经济与贸易的快速发展而不断增加,特别是在我国网络购物快速发展的大环境下,我国汽车产品网络销售必将成为汽车营销的重要形式之一。互联网电子商务、移动互联是企业实现信息化发展必须要涉足的领域。但是,目前汽车产业在互联网、移动互联方面几乎还是空白领域。虽然淘宝等大型网站也在做关于汽车的网上服务业务,但是汽车产业的特殊性决定了淘宝的局限性,特别是汽车涉及安装维护等售后服务环节,需要有实力的实体支持。东创建国在四川全省覆盖实体店,能够做到完善的售后服务,为客户提供到店免费安装等一系列服务,不仅节省物流费用,而且产品价格更具竞争力。

2014年3月,东创建国启动了自己的电子网络平台——易可购。易可购平台不仅仅是一个电子商城,还是提供汽车售后服务、物流配送、仓储等服务的物联网平台。该平台主要包含以下内容:

1)车联网管理子系统

其主要内容如下:

①车联网GPS监控平台。

②设定车载终端功能:双重防盗、维修状态、禁止查询。

③提供增值服务:车辆免提电话、人工语音导航、车辆违章查询、车载电话余额提醒。

④网络、手机客户端:实现客户自主控制功能,对车辆进行定位、状态查询、远程开关车门、声光报警、远程启动车辆空调开关、车载电话转接、优惠和服务信息接收、车辆报警手机提醒等功能。

⑤远程读取OBD接口故障码,对汽车远程诊断,如油耗、里程、电瓶电压、水

温、发动机负荷及系统的故障诊断。

⑥重大事故自动报警及定位急救。

⑦周边娱乐、酒店、加油站、美食等消费信息查询功能。

⑧应用商店:提供车辆代驾、保养提醒、车辆租赁、生活小助手等秘书服务。

2)周到租赁及二手车业务子系统

为租车客户实现互联网在线选车、预订、支付服务,以及长租、短租、接机、送机、定点接送、代驾租车、以租代购租车服务等。同时为租赁车辆、试乘试驾车辆、客户车辆等二手车提供在线智能化评估、线下评估等服务。为建立并完善一套信息化的二手车评估体系标准提供实践数据支持。

3)用品配送仓储智能化子系统

智能化仓储管理最大限度地利用现有计算机的最先进技术,是集计算机软硬件技术、无线网络技术、互联网络技术、条码自动识别技术和数据库技术为一体的智能化管理。智能化仓储管理适用于电子商务管理子系统、采购管理子系统、仓储管理子系统、销售管理子系统、物流管理子系统,可做到整体资源共享,形成一个强大的信息共享平台,为集团与各企业以及一线终端的互联互通提供了畅通无阻的支持。

易可购平台的建立,为普通维修企业转型为全方位汽车服务企业引入了全新的概念,为汽车服务性企业树立了行业标杆,易可购网页见图7。

图7 东创建国易可购网页

2. 实施统一的电子系统化管理

东创建国在四川省21个地级市(甘孜藏族自治州除外)均设有全资公司和专业团队,构建了覆盖全省的销售服务渠道网络。4S店数量超过200家,传统的内部管理模式已经不能满足东创建国的管理需求,必须依靠互联网进行系统化的统一管理。

智能化协同办公系统(OA)的使用以"人"为中心,通过办公通系统把日常管理中的事务、事件按"角色驱动,流程引导、表单展现、集中共享"的方式协同关联起来,有效提升了办公管理手段,大大提高工作效率。系统有效地解决了异地办公问题,无论在异地还是在差旅中,协同管理让内部请示、审批、资料传递等日常办公不受时间、空间影响。

3. 使用财务结算系统(BQ)

企业在进行信息化建设中,通过ERP实现了企业业务流程的时时管理和优化,也在运行中积累了大量的财务、销售、生产、采购、客户、人力等相关数据,为企业经营科学决策提供了宝贵的数据资源。但目前通用的ERP产品尚有许多问题不能解决,如ERP解决不了哪条产品线的利润空间更大,哪种商业模式更有价值,企业的业务结构向哪个方向发展等问题。

因此,在当前激烈的市场竞争环境下,东创建国推进信息化建设,运用高效的财务结算系统(BQ)进行财务管理,做出更多的战略决策,以低风险的投资,带来最大收益。BQ系统具有低成本部署功能,与现有的IT环境集成,能够将集团现有数据转化为辅助决策信息,帮助集团做出正确的经营决策,BQ系统的运用,大大提升了集团的数据化管理效率。

(五)"想群众所想,做群众所做"努力提升服务效能

东创建国不断增强自身的服务意识,优化服务流程,提升服务能力。通过电话、互联网等手段,东创建国开展了"朝七晚九"预约式修车服务,最大限度满足群众的维修需求;通过多次的售后维修技能大赛提升修车时效(见图8),尽可能为群众节约时间;通过提供代步车、上门服务等,最大程度的方便群众。

东创建国早在2006年就设立了客户关爱中心,开通了服务热线"96667",全天24小时提供电话服务。以"统一平台、统一调度、统一服务、快速响应"的原则,东创建国建立覆盖四川全省的汽车维修救援体系。该体系包括了四川省各

地级市的救援网点，依托基本覆盖四川省的“东创建国产业服务园区”的网点优势，保证救援服务能够快速、高效。

图8 东创建国售后服务技能大赛

三、转型体会

体会一，“用心创造、完美服务”是东创建国从小到大，走向成功的法宝。

东创建国走到今天，从卖车逐步转型到卖服务。卖服务包含了金融服务、保险服务、汽车用品和二手车服务等多方面服务。面对新形势下的种种挑战，东创建国在汽车产业链努力开发创新，为老百姓的汽车生活提供更加全面的服务，践行“用心创造、完美服务”的经营理念。

体会二，坚持节能减排，推广绿色维修，汽车维修企业才能可持续发展。

东创建国在环保建设方面，投入了大量人力、物力、财力，以建“百年老店”的目标来打造低能耗的汽车4S店。为此，企业成立了专门的机构，制定了相关的规章制度，并加以严格的执行和管理。东创建国在经营过程中通过环保投资，引进节能环保设备，不仅节省了大笔资金，更重要的是推动了企业的可持续发展，得到社会公众的认可。

体会三，优化组织架构，奠定企业规模化发展基础。

传统汽车经销商的组织架构都是按照主机厂的规定设置的，在新的市场环境下，这种组织架构难以满足市场需求，如汽车金融、二手车、汽车租赁、汽车用品，行业内往往将其划分到汽车后市场。东创建国始终把这部分业务同汽车销售一样当主业看待，在组织机构上划归新车销售统一管理。在此基础上按照市场所需进行结构优化，调整流程、标准、方法、工具和制度设计，为东创集团规模化发展奠定了基础。

体会四，培养员工信仰，用信念指导企业发展。

“吃水不忘挖井人”，东创建国的发展离不开党的路线、方针、政策引导，离不开各级政府主管部门的支持。作为一个非公有制企业，东创建国秉承“用心”企业文化的同时，也拥有跟党走的坚定信念。大力发挥共产党员在不同的岗位上的先锋模范作用，让共产党员的先进性影响每一位集团员工。

第三篇

专业修理篇

专业化可以将有限的资源、精力集中在某一专业,有利于在该专业做精做细,成功的概率较大;有利于在自己擅长的领域创新,不断提高自己的竞争力;有利于提高管理水平,管理者可以根据熟悉的市场决定自己的经营方针。管理学中的专一化战略可以很好地指导汽车维修企业的实践活动。专一化战略是主攻某个特殊的顾客群、某产品线的一个细分区段或某一地区市场。正如差别化战略一样,专一化战略可以具有许多形式。虽然低成本与差别化战略都是要在全产业范围内实现其目标,专一化战略的整体却是围绕着很好地为某一特殊目标服务这一中心建立的,它所开发推行的每一项职能化方针都要考虑这一中心思想。

专一化战略的思想是:公司业务的专一化能够以高的效率、更好的效果为某一狭窄的战略对象服务,从而超过在较广阔范围内竞争的对手们。这样的公司可以使其赢利的潜力超过产业的普遍水平。这些优势保护公司抵御各种竞争力量的威胁。

专一化战略的核心是:取得某种对特定顾客有价值的专一性服务,要做到人无我有、人有我精、人精我专,掌握主动权。

《指导意见》指出,鼓励发展事故汽车、变速器、轮胎、玻璃维修等技术有特长、服务有特色、创造附加值高的专修企业,鼓励完善汽车安全状况检查、维护等服务内容，不断满足市场多样化、个性化需求。要加强新能源汽车维修服务能力建设，建立健全新能源汽车维修技术标准规范及认证体系，加大维修技术储备、推广力度，加快维修网点建设，不断满足新的市场需求；鼓励新能源汽车生产企业在各大中城市积极拓展特约维修服务网点，开展技术培训和推广，提供必要维修配件保障。要加强营运车辆维修服务能力建设，鼓励公交、大型客货运输企业建立健全专业化的维修机构或部门，为营运车辆提供可靠的维修服务和技术保障。

本篇案例企业杭州长运运输集团有限公司汽车修理分公司建立属于自己的技术体系，取得了延长润滑油的使用寿命，减少车辆使用费用的效果；大师钣喷（GRAFTSMAN COLLISION）集团走专业化发展道路，依托先进的维修设备和技术支持，构建拥有完善标准的服务流程和一流服务团队的钣喷中心，在客户心目中确立了“优质服务、顾客朋友”的良好企业形象；云南雄风汽车工贸集团有限公司实行名车、赛车专业化维修，延伸服务内涵、开展增值服务，不断探索经营模式创新；重庆奥丰汽车销售服务有限公司倡导“精细化服务、人性化关爱”的服务理念，促进企业发展。

案例11:杭长运汽修
——延长润滑油使用周期 促进商用车维修节能减排

杭州长运集团汽车修理公司(以下简称"杭长运修理")是由原来专业运输企业自有修理厂发展起来的,具有明显专业化技术特征的维修企业。在长期生产经营实践中走出了一条由传统的生产保障服务企业,转向具有社会专业化服务的特色的企业之路。从节约资源、建立环境友好型企业入手,积极探索视情修理、合理维护、杜绝过度维修的途径,并取得了一套成熟的技术方法。实现了有效资源的合理利用和车辆技术状况保障的双赢。

一、企业发展概况

(一)企业简介

杭长运汽修重组于2003年5月,是一家具有65年历史的杭州长运集团下属的全资企业,是从事大客车专业维修的一类汽车维修企业。公司下设4个修理分厂和1个配件经营部,建立了宇通、金龙和潍柴、玉柴发动机等13家国内知名汽车品牌特约维修和汽配供应中心,是浙江省、杭州市政府公务用车定点维修单位。

杭长运汽修现有在岗员工280名,其中教授级高级工程师1名、高级工程师2名,中级专业技术人员2名,高级技师32名,技师46名,高级维修技工90名。同时拥有全国汽车维修标准化技术委员会委员1名,浙江省五一劳动奖章、杭州市五一劳动奖章获得者各1名,并建立了杭州市首批"金文华汽车维修技能大师工作室",杭长运修理公司专家型的技术团队为汽车维修专业服务提供了强大的技术保障。

近年来,杭长运汽修获得众多荣誉。公司1999年—2013年连续15年荣获"杭州市汽车维修行业先进企业";2012年,荣获"杭州市维修行业服务管理规范示范企业”;2008年—2013年连续6年荣获“杭州市维修行业最具社会责任感企业”荣誉称号;2009年,获得“杭州市工人先锋号”荣誉称号;2012年,荣获“杭州市维修行业服务管理规范示范企业”;

“延长车用润滑油使用周期”课题荣获交通运输部2012年“交通运输行业第五批节能减排示范项目”。

(二)企业发展历程

65年的风雨兼程,几代长运修理人的不懈努力,各级领导的大力支持,与各车辆单位、定点维修客户的精诚合作,不仅造就了修理公司辉煌的今天,也为杭州长运集团造就了大批的优秀管理人才。杭长运修理走过的历程大致如下:

20世纪70年代,浙汽运杭州修理厂(以下简称“杭州修理厂”),主要承担车辆二级维护、三级维护工作和车辆大修工作。

1982年10月,杭州修理厂同时在杭州市古荡货运大队和武林门汽车站内建设货车修理车间和客车修理车间,分别负责200多辆货车和近100辆客车的小修和维护任务。3个修理厂车间共有修理人员达800人。

1996年10月,杭州长运汽车修理厂与杭州长运货运修理厂合并为杭州长运集团汽车修理公司。2001年5月,杭州长运集团汽车修理厂单独改制为杭州长运汽车修理有限公司。2003年5月,通过资产重组,杭州长运汽车修理有限公司与杭州长运集团客车修理厂合并重组,成立杭州长运运输集团有限公司汽车修理分公司。

二、延长商用车润滑油使用周期项目

(一)项目背景

在日趋激烈的市场竞争环境下,杭长运汽修以特约维修及维修技术、服务品牌为依托,以“打造道路运输第一品牌”为己任,居安思危,创新谋发展。在确保600辆快客正常维修的同时,积极参与市场竞争,努力争取进站客车、承包车、旅游车、大专院校车和大型企业车辆的定点维修业务。同时,从落实国家节能减排方针政策及自身可持续发展的需要出发,提出企业不仅要有一流的经济效益,更要在节能减排工作上勇担社会责任,不断走在同行前列,勇做行业的排头兵的目标。

《汽车维护、检测、诊断技术规范》(GB/T 18344)规定:汽车一、二级维护周期的确定,应以汽车行驶里程为基本依据。汽车一、二级维护行驶里程依据车辆使用说明书的有关规定,同时依据汽车使用条件的不同,由省级交通行政主管部门确定。对于不便用行驶里程统计、考核的汽车,可用行驶时间间隔确定一、二级维护周期。其时间(天)间隔可依据汽车使用强度和条件的不同,参照汽车一、二级维护里程周期确定。但无论是车用润滑油供应商,还是客车或发动机制造企业对发动机的维护换油周期的规定都不统一,就是同样的发动机安装在不同品牌的客车上,其制定的发动机换油周期也不尽相同(表 1)。过度的发动机维护,频繁的拆装发动机部件,不仅造成极大的资源浪费,也会增加发动机损坏的几率,严重的危及行车安全。另外,现在汽车 4S 店或修理厂通行的 5000km 换油是不科学的,理由是汽车厂家说明书中注明的 5000km,指的是车辆在最恶劣的环境使用,最保守的换油里程。目前道路条件已大大改善,若仍然按此周期换油将给车主造成资金和时间上的浪费,也不符合目前倡导的节能环保理念。

部分品牌客车说明书中规定的润滑油换油周期 表 1

部件	厂家、型号	油品规格	换油间隔里程(km)
发动机	潍柴 WP10	CF 级及以上	10000
	大宇 DL08	选用 CI 级	20000 ~ 25000
	上海日野	CF 级及以上	15000
	青年客车	CF 级及以上	10000 ~ 15000
	东风日产柴	CF 级及以上	10000
	安凯客车	使用说明书上没有具体的维护换油周期	
变速器、主减速器油		一般客车厂家 GL-5 齿轮油,换油周期为 90000km 或 6 个月(以先到为准)	

基于上述背景,2009 年 8 月,杭长运汽修成立了"延长商用车润滑油使用周期"项目组。项目组依据车辆使用条件、运行强度和润滑油的品质差异,选取不同品牌、车型、使用工况的营运客车,进行润滑油不同使用里程的运动黏度变化率、闪点、水分、总碱值、不溶物(铁、铜、铝金属磨损和硅含量)等质量指标的跟

踪检测分析，合理确定并适当延长商用车润滑油的使用周期，探索降低营运车辆的维护成本。该项目成果于2011年荣获全国交通企业管理现代化创新成果三等奖，2012年荣获交通运输行业第五批节能减排示范项目(图1)。

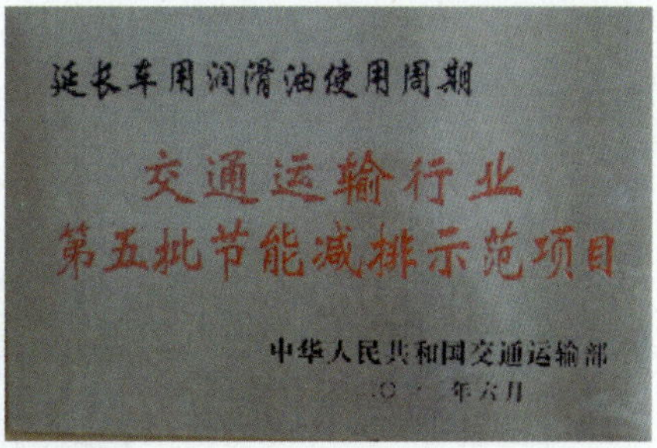

图1　节能减排示范项目证书

(二)项目节能原理

杭长运汽修通过对商用车润滑油油品性能的科学分析选择，以及目前营运客车的具体使用环境，开展了对商用车润滑油不同里程使用周期的跟踪测试试验，然后根据试验成果，在集团内部广泛推广应用。通过提高商用车润滑油的油品级别、延长其使用周期，不仅减少了换油次数和费用，提高企业经济效益，更有效地落实了交通行业节能减排政策，产生了良好的社会效益。该项技术在杭长运集团所有营运车辆上使用4年来，未发生因润滑油原因造成的任何机械事故。

(三)项目技术内容

1. 分析研究润滑油的使用技术性能

项目组首先对商用车润滑油的使用技术性能进行了研究。同时项目组根据营运客车的使用环境，以及各车辆使用说明书要求的用油级别和黏度要求，结合国内道路运输条件，营运客车车速一般都控制在100km/h以下经济车速运行等实际情况，通过对商用车润滑油的使用技术性能进行研究、市场调研、分析各品牌柴润滑油的性价比，得到的结果是，最高等级的CI级美孚和壳牌润滑油虽然在价格上比普通CG、CH级润滑油要贵一些，但这种润滑油的使用时间和里程相对普通润滑油更长，综合衡量是经济的，也起到了节能减排作用。

2. 发动机润滑油换油周期延长探索测试

项目组于2009年8月开展商用车润滑油跟踪测试工作，在测试过程中，根据统计学理论，分别确定了杭长运集团内的高速、客一两个公司的不同品牌、车型、使用工况的营运客车8辆，专门挑选确定跟踪驾驶员，要求驾驶员做好日常试验油品外观变化的目测记录。同时车辆所属公司的机务人员和修理工对油品也进行不定期的检查目测；在发动机机油使用间隔里程达到 10000km、20000km、25000km、30000km 和 35000km 不同里程周期时，分别进行采样、标号、封存（图 2）。然后分别委托壳牌香港青衣实验室和美孚澳大利亚化验中心亚太地区油品分析实验室对检测试油进行油品化验（图 3）。

图 2　项目组成员采集使用了 35000km 的润滑油样品

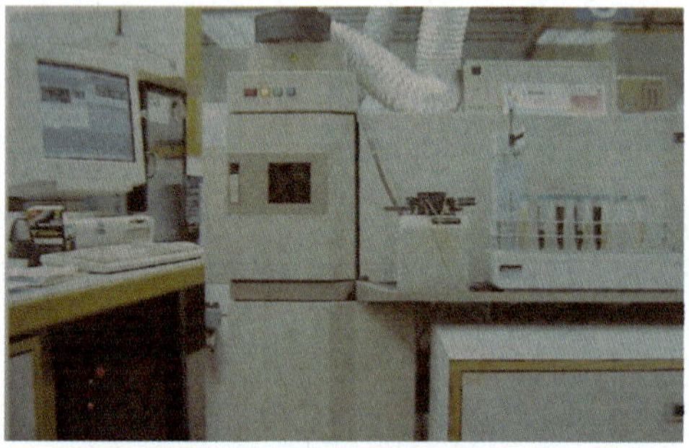

图 3　第三方油品化验机构专业检测设备

经过半年来的跟踪试验测试，以及专业的技术数据指标（表 2、表 3）分析，CI 级润滑油使用到 35000km 时，无论是美孚还是壳牌润滑油，其各项性能指标均符合 GB/T 7607—2010《柴油机油换油指标》标准。因此，从 2010 年 1 月开始，项目组确定，润滑油从 CG 级上升为 CI 级，换油周期从原先 20000km 延长到 30000km，且要求每行驶 3000km 发动机必须定期清洁空滤芯。

3. 变速器、主减速器齿轮油换油周期延长探索测试

在研究润滑油换油周期的同时，针对油品价格的节节攀升，为再次合理降低营运车辆的维护成本，探索商用车修理升级换代。杭长运汽修针对变速器、主减速器齿轮油的实际使用情况，又选用了 4 辆客车先后对变速器、主减速器齿轮油 120000km、150000km、170000km 进行了跟踪测试，美孚齿轮油 GL－5 级在使用 170000km 时，各项性能技术指标中有 2 辆车铁含量超标，还有 1 辆车铝含量超标；而在 150000km 时，上述各项性能技术指标均在正常范围。因此，从 2010 年 1 月开始，项目组确定选用美孚 GL－5 齿轮油，换油周期从原先的 90000km 或 6 个月提升到 150000km 或 9 个月（以先到为准）。

壳牌 CI 润滑油跟踪测试数据

表 2

油品化验指标	使用周期 10000km				使用周期 20000km				使用周期 35000km				GB/T 7607—2010 柴油机油换油指标(标准)
	1 号车	2 号车	3 号车	4 号车	1 号车	2 号车	3 号车	4 号车	1 号车	2 号车	3 号车	4 号车	
运动黏度变化率(100℃)/%	14.19	15.09	14.72	14.30	14.45	15.94	15.24	15.03	14.53	16.19	15.50	15.47	超过 20
闪点/℃	>190	>190	>190	>190	>190	>190	>190	>190	>190	>190	>190	>190	低于 130
总碱值/(mg/g)	11.99	15.09	12.16	9.32	7.89	12.57	8.89	8.03	11.27	12.15	11.89	11.55	下降 50%(或小于 4.5)
水分/%	<0.1	<0.1	<0.1	<0.1	<0.1	<0.1	<0.1	<0.1	<0.1	<0.1	<0.1	<0.1	大于 0.20
铁含量/(ug/g)	9.2	13.4	11.4	11.6	17.5	7.6	2.0	9.0	26.5	13.4	14.0	12.2	大于 150
铜含量/(ug/g)	<1	<1	<1	<1	5.0	1.2	<1	1.5	6.8	1.5	2.5	2.4	大于 500
铝含量/(ug/g)	<1	<1	2.0	1.5	<1	<1	<1	<1	<1	7.0	1.4	<1	大于 30
硅含量/(ug/g)	<1	<1	<1	<1	<1	<1	<1	<1	<1	<1	<1	<1	大于 30

表 3

美孚 CI 润滑油跟踪测试数据

油品化验指标	使用周期 20000km		使用周期 25000km		使用周期 30000km		使用周期 35000km		GB/T 7607—2010 柴油机油换油指标(标准)
	5 号车	6 号车	7 号车	8 号车	5 号车	6 号车	7 号车	8 号车	
运动黏度变化率(100℃)/%	13.8	14.2	14.0	14.4	14.1	14.7	14.2	14.2	超过 20
总碱值/(mg/g)	7.4	7.5	6.9	7.2	7.4	7.5	7.2	7.4	下降 50%(或小于 4.5)
水分/%	0.03	0.02	0.02	0.00	0.01	0.02	0.01	0.00	大于 0.20
铁含量/(ug/g)	35	31	41	39	42	43	42	42	大于 150
铜含量/(ug/g)	7	13	7	17	4	17	14	5	大于 500
铝含量/(ug/g)	3	3	3	3	3	3	3	3	大于 30
硅含量/(ug/g)	5	5	4	4	5	5	5	5	大于 30

2

(四)项目效益分析

1. 节能效果

根据杭州长运集团营运车辆运行情况,以单车日行程600km、年360天工作日为测算基数,则每年单车行驶里程为216000km。润滑油换油周期从20000km提高到30000km后,单车(4年)的发动机润滑油节约量计算如表4所示。

单车(4年)发动机润滑油用量对比 表4

项　目	成果实施前	成果实施后	备　注
总行驶里程	864000km		
换油间隔里程	20000km	30000km	润滑油24升/次
换油次数	43.2	28.8	减少14.4次
润滑油总量	1037升	692升	节约345升

变速器、主减速器齿轮油换油周期从90000km延长到150000km后,单车(4年)的齿轮油节约量计算如表5所示。

单车(4年)变速器、主减速器齿轮油用量对比 表5

项　目	成果实施前	成果实施后	备　注
总行驶里程	864000km		
换油间隔里程	90000km	150000km	齿轮油28升/次
换油次数	9.6	5.8	3.8次
齿轮油总量	269升	163升	节约106升

2. 社会效益

本项目延长了商用车润滑油的换油周期,节约了润滑油消耗及维护成本,项目技术成熟,处于国内领先水平。项目成果延长车用发动机润滑油使用周期50%,延长变速器、主减速器齿轮油使用周期67%,减少润滑油消耗50%以上,具有较大的节能、环保潜力。本项目若能在全国商用车维修行业全面推广,无论对于商用车节约运营成本、提高经济效益;还是对于整个社会节约能源消耗、提高环境保护都有不可估量的效益。

三、转型体会

节能减排是当今世界共同的宣言和课题,更是我国科学发展观的具体要求。节能减排不仅是企业提高经济效益的重要途径,也是企业必须要承担的社会责任。我国汽车的迅猛发展,加剧了能源危机,同时带来的环境污染越来越严重。汽车排放是大气污染的主要来源,为此汽车维修业做好节能减排工作责无旁贷。

对于道路运输企业,良好的车辆技术状况是确保营运商用车安全、舒适、快捷、经济、环保运行的前提和保证,是做好节能减排的重要举措,而商用车的维修工作是确保良好车况和运输服务的首要条件。同时,节约资源,保护环境是我国的基本国策。推进交通运输行业节能减排工作,是交通行业各部门的共同责任。

杭长运汽修从落实国家节能减排方针政策及自身可持续发展的需要,立足实际,积极探索维修方式转型,在维修设备、修旧利废、排放治理以及研究润滑油性能和人力资源管理等方面以制度、管理、技术创新作支撑,将节能减排、节约增效的理念和要求融入商用车维修生产环节之中,积极开展以倡导节约资源、保护环境为主题的绿色维修探索中。

案例12:大师钣喷
——从专业化到市场服务细分

大师钣喷集团(CRAFTSMAN COLLISION,以下简称“大师钣喷”)是北美最有影响力的事故车维修专业化连锁机构。在北美树立了汽车钣喷维修作业的精细化理念,坚持走专业化之路。大师钣喷进入中国投资建立了第37家事故车专业维修中心,根据中国汽车维修市场的特点,复制其北美经营模式并加以完善,采取了“你无我有,你有我优,你优我专,你专我细”的策略,凸显其技术优势、服务优势和能力优势。明晰的企业市场定位,严谨科学的营销采集分析系统和发展战略,以及坚定的特色化方向,助推大师钣喷快速成长。

一、公司介绍

大师钣喷是北美最大的独立经营事故车辆维修的机构。1977年,大师钣喷在温哥华开办了第一家汽车车身维修店,很快在大不列颠哥伦比亚省和亚尔伯塔省等北美城市发展到36家连锁直营店,集团拥有几百位专业人员和庞大的客户代用车队,年销售额近1亿加币(相当于6.5亿元人民币)。

基于中国市场需求及公司的前期开拓,大师钣喷决定扩大在中国的投资。苏州大师钣喷公司(以下简称“苏州大师钣喷”)作为加拿大大师钣喷集团在中国的全资子公司,成为中国区域的总管理公司。大师钣喷现已在苏州市凯马国际汽车城投资300万美元设立了一家外商独资事故车维修中心企业,它包括2000m^2的维修车间及1200m^2的培训中心,成为大师钣喷全资第37家事故车专业维修中心。苏州大师钣喷中心的成立,借鉴了国外已成型的快修连锁的成功经验,树立了专业化的服务理念,依靠国外先进的维修设备和技术支持,制定了完善标准的服务流程,构建一流的服务团队,打造出诚信、专业、方便、快捷的服务品质。

大师钣喷把自身的经营模式和管理理念复制到中国市场,但是如何做好本土化经营，细分市场并选择合适的市场定位，对经营模式进行转型，这是横亘在大师钣喷中国发展道路上的一个棘手问题。

苏州大师钣喷坚持走专业化道路，在事故车辆维修上不断精耕细作，车间内设置12个钣金工位，6个喷涂准备工位，2个水性烤房，2个机修快速维护工位，1个四轮定位仪和1个全自动洗车机。目前的营销模式沿用加拿大模式，即主要业务依靠4S店转包业务、保险公司推修业务和老客户推荐业务，所占比例分别是1：1：2。经过近1年的运营，现在每月营业额基本达到100万元，但继续上升遇到瓶颈。

在欧美相对成熟的维修市场，配件和服务营销比例约为3：7，而在中国，特别经过苏州大师钣喷近一年的运营分析，这个比例约为6：4。可见我国维修业务，配件销售还是占了绝对大的比重。

二、维修项目需求分析

考虑到中国当前售后市场专业分工并不完善，苏州大师钣喷主要提供的服务除了传统的钣喷维修，还包括洗车养护、简单机修和汽车维护。为了调研客户需求，苏州大师钣喷印发了服务反馈表，客户需要在离店距离、价格、维修质量、品牌因素、等候时间上分别选择首选考虑因素。根据随机抽选的2000份服务反馈表（其中4项业务各占500份），得到了如表1所示的一个结果。

现有客户行为分析表　　表1

项目	品牌(%)	价格(%)	质量(%)	等候时间(%)	距离(%)	毛利(%)
钣喷	36.6	8.6	24.6	29.6	0.6	50.9
机修	15.8	40.2	35.6	5.8	2.6	25.8
快速维护	19.2	45.4	8.8	15.6	11.0	33.6
洗车养护	0.2	13.6	16.8	12.8	56.6	15.3

我们由表1可以看出，在钣喷维修方面，客户选择大师钣喷主要是因为品牌因素，另外也非常看重维修质量并在意维修的等候时间。

在市场调查中，我们发现：一般在4S店，钣喷车间的规划设计和维修设备相对落后，不能满足客户质量高、时间短的期望，所以客户选择了具有流水作业能力的大师钣喷。由于事故车辆的维修往往都由保险公司进行赔付，自费的客户相对较少,所以消费者对价格不是特别在意。另外大师钣喷提供了上门取车、修完送车的服务,距离远近也不会成为客户选择的障碍,同时也显示出钣喷业务拓展不受距离约束的特点。钣喷业务的毛利很高,这是大师钣喷业绩快速增长的重要原因。

在维修方面,客户选择大师钣喷主要看中价格和维修质量两个方面。一般选择大师钣喷机修服务的主要是一些过保客户,他们不愿再承受4S店高昂的维修费用,而宁可选择其他维修企业,大师钣喷维修价格比4S店低,维修质量又远远高于其他社会修理厂,正好满足了这部分客户的需求。机修的主要问题是,目前关键零部件和技术由于整机厂垄断,大师钣喷在中国获得相对困难,技术实力方面难以和4S店相抗衡,有时一些技术问题还必须外包给4S店处理,直接影响了毛利率。

快速维护是指定期对车辆进行换油维护和易损品的更换，消费者选择大师钣喷主要是能够在品牌公司享受价格合理的快速服务。大师钣喷在快速维护服务方面推出了允许客户自带材料、只收取相应工时费的服务,而且客户可以随时在敞亮干净的车间内看到自己车辆的维护状况。相对而言,周边客户会因为方便选择大师钣喷,由于大师钣喷在材料上选择了品牌件，质量不是客户最关注的因素，价格实惠成了客户的首选考虑因素。虽然维护业务利润因为部分客户自带维修材料而有所下降,但由于维护业务工时少、操作简便,在人工上还是保持了相对较高的毛利率。另外,快速维护业务增强了客户的黏合度,增加了公司和客户的接触机会,增进了消费者和服务者的感情，为今后其他业务的拓展提供了感情基础。

从表1可以看到,洗车养护业务主要是服务于周边居住和工作的消费者,他们之所以选择大师钣喷,主要是因为距离近。在开业初期,大师钣喷的洗车业务能带来客流量,增大区域内的曝光率,但洗车养护无法为企业带来很好的毛利,相反,为了实现快速洗车的目标,需要聘请大量的洗车工人。因此,洗车业务不是大师钣喷今后主要推广的服务,公司可以清洗内部维修车辆,或是为老顾客提供便利,免费清洗。综上所述,苏州大师钣喷经过国内的试运营后,应当进一步强化自身的品牌优势,发挥钣喷维修的技术优势，兼顾推广维护业务,增大客户的黏合度。

三、消费者类型分析

1. 数据采集

本文所分析的消费者数据均由保险公司提供，考虑到不同保险公司覆盖的被保险人群体不同，因此大师钣喷选取了在苏州汽车保险市场份额排名前三的两家公司——苏州太平洋保险和平安保险。这两家公司提供了代表目前市场上主流车型的德系、美系、日系、韩系和国产系车型消费者是如何选择售后服务的数据。结果显示，消费者主要是在4S店和专业维修店维修车辆，另外，这些数据还涵盖车龄参数，大师钣喷分析时将车龄分为2年、2～5年和5年以上。

2. 分析方法

大师钣喷在两家保险公司所提供的数据中共挑选了20000份客户数据，采取样本调查法对数据进行分析。从两家公司各随机选取10000份样本，务求样本结构能接近整个研究区域消费者机构样本。

3. 数据地区

数据分析区域为苏州地区。

4. 分析对象

研究对象是到保险公司投保的私家车主，不包含公车。

5. 分析内容

针对前文所述目标业务，重点研究事故车辆维修(钣喷)和维护业务。针对不同车型和车龄，分析车主的消费习惯是选择去4S店还是非4S店维修，从而确定大师钣喷在苏州的目标市场客户。

6. 分析结论

通过以上的数据采集和统计分析，大师钣喷得出5个车系、3个时间段车龄，车主所选择的维修企业对比图(图1～图5)，通过对比图可以得出以下结论：

(1)在2年内，也就是汽车质保期内，车主一般都会选择4S店进行维修服务，这点适用于所有车型。造成这种现象的原因，一方面是车主比较爱惜自己的新车，在无法分清维修实质的前提下，相信4S店提供的维修服务要优于其他维修企业；另一方面，当前整机厂捆绑销售，并配合制定了一些垄断政策，如三包政策规定，如果在质保期内汽车在非整机厂指定维修企业进行维修，所维修相关零配件整机厂将不再提供质保。

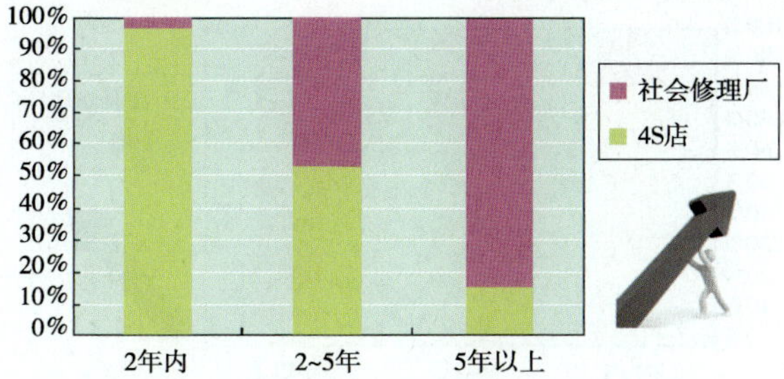

图1　德系车型车主服务选择对比图

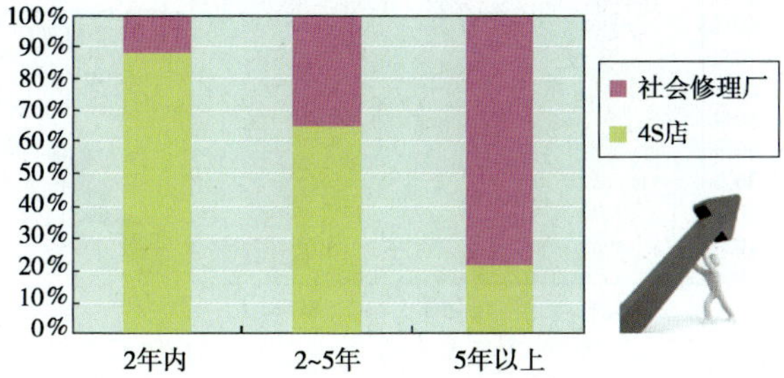

图2　美系车型车主服务选择对比图

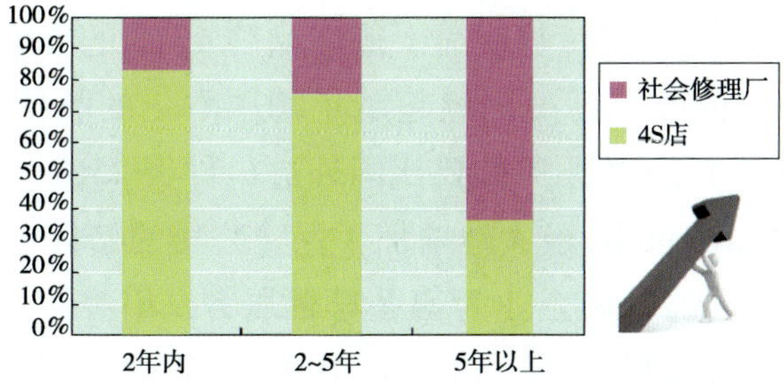

图3　日系车型车主服务选择对比图

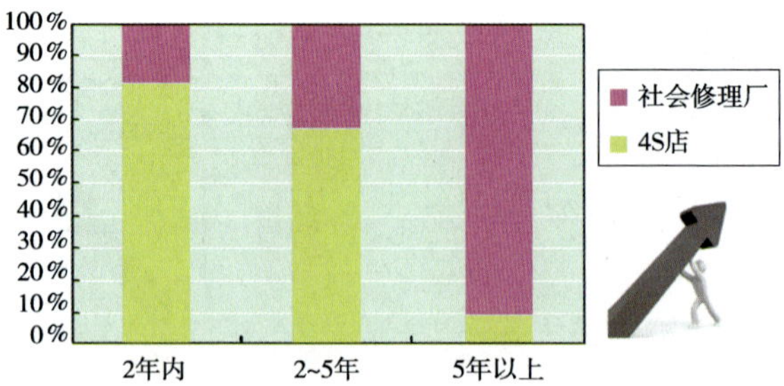

图4 韩系车型车主服务选择对比图

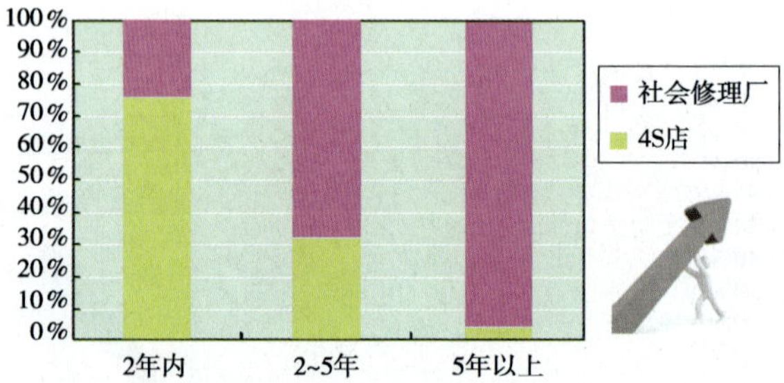

图5 国产车型车主服务选择对比图

(2)相比之下,2～5年内,不同车型的车主在维修企业的选择上产生了分化。大概50%的德系车辆都选择了非4S店进行钣喷维修,这是因为质保期后,4S店不再具备捆绑垄断销售优势,钣喷维修相比机修技术要求不高,非4S店维修等待时间较短,维修价格优势明显。德系品牌4S店的维修收费标准较高,以宝马为例,单位工时的收费标准已经超越了德国本土的收费标准,在零配件价格方面,印有整机厂Logo的原厂件要比国外进口件贵25%,比同一工厂生产的品牌件贵50%,高昂的价格,极大地增加了保险公司的赔付金额。保险公司也希望市场上有性价比高的维修企业为德系车辆服务。相对而言,美、日、韩系车辆4S店的收费标准要理性得多,所以这些品牌4S店2～5年车龄的维修份额占有率要相对高一些。而国产品牌的市场份额,都被一些社会修理厂占领,这主要是由购买者的经济状况决定的。

(3)5年以上车龄的车主要由非4S店维修公司进行钣喷维修。因为经过5年折旧后,车辆的残余价值不高,车主会从经济的角度出发,选择非4S店进行维修，这一市场份额主要靠拼价格。

四、大师钣喷服务市场选择及定位

1. 大师钣喷苏州市场细分

大师钣喷进入中国，主要在苏州市场发展，不可能把整个市场作为自己的目标市场，而应当基于自身能力和优势对市场进行细分，在相对较小的市场范畴内取得垄断竞争优势，争取这一目标市场的份额。企业应当针对这一目标市场，进行有针对性的服务设计，进行专业化营销。

从市场营销学理论分析，有效的市场细分要具备四个条件：一是细分后的市场大小和购买力容易衡量；二是细分后的市场要足够大且有获利性；三是存在适合细分市场的畅通的营销渠道；四是对细分市场具有足够的开发能力。

针对自身能力和苏州汽修市场的现状，大师钣喷选择出三个主要因素作为细分市场的根据：维修项目、车辆品牌和车龄。

维修项目：售后市场主要包括钣喷、快速维护、机修、洗车养护等业务。

车辆品牌：市场上的乘用车按照品牌主要可以分为德系、美系、日系、韩系和国产系。

车龄：2 年、2 ~5 年和 5 年以上。

这样，三个细分因素就把整个服务市场分为 60 个细分市场，苏州大师钣喷应该选择特定的细分市场作为其目标市场(图 6)。

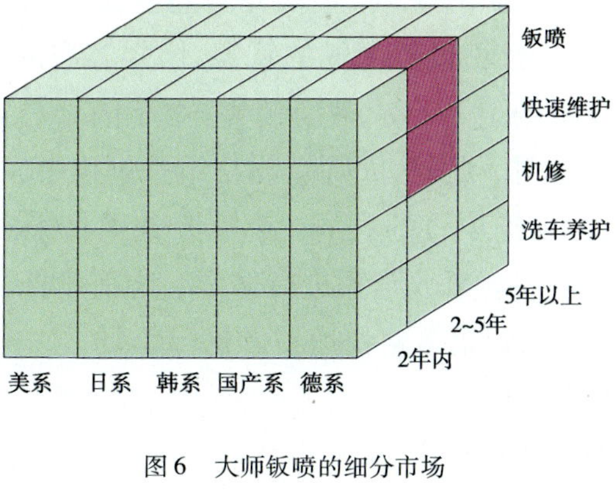

图 6　大师钣喷的细分市场

2. 大师钣喷的市场选择

根据对苏州大师钣喷竞争优势、已有业务和潜在市场消费者分析可以得出结论，公司可以利用外部良好的机会，利用自身的品牌优势和技术力量做利润相对较高的细分市场，即为 2～5 年车龄的德系品牌，提供快速维护和钣喷服务。

我们所说的德系车辆，主要包含保时捷、奔驰、宝马和奥迪(PBBA)。随着社会经济的发展，消费者除了通过开高档车彰显自己的社会地位外，对车辆的操控性要求也越来越高，再加上 PBBA 不断增加车型，进入中高级汽车市场，刺激了市场需求。目前，投资一家 PBBA 品牌 4S 店的成本现在动则上亿，这些投入最终会转嫁给消费者，在汽车销售毛利逐年降低的前提下，收取高昂的维修费用成了 4S 店的生财之道。这一高利润细分市场为大师钣喷提供了市场空间，虽然大师钣喷在零配件上不占优势，但在人工费上可以采取优惠政策，在提供相同或更好的维修服务的基础上，收取相对合理的费用，这样做既吸引了消费者，又保持了企业的利润率。

选择 2～5 年车龄的德系车，是因为这部分客户已经体会到 4S 店维修收费昂贵，对维修有一定的认识，在保证爱车维修质量的同时会追求维修价格的合理性。另一方面，由于在 4S 店续保保费高、代理费高，这一车龄段的车主通常不会选择在 4S 店续保，保险公司所忌惮的 4S 店建议车主更换保险公司的威胁不复存在，为了降低保险赔付额，保险公司会极力推荐这些车主去一些质量好、收费合理的品牌维修企业，从而降低维修成本。在近 1 年的运营中，苏州大师钣喷在这方面获利不少，维修了不少保险公司推修的车辆。

业务方面选定快速维护和钣喷，主要是看重这细分市场的高额利润。快速维护容易增加客户的黏合度，做好车辆的管家，增强客户的信任感。快速维护所需要的材料与配件在市场上不形成垄断销售，由于国外公司的前期进入，产品性能和价格已经非常透明。此外，大师钣喷在维护过程中，还可适时推荐一些高品质的养护产品，提高维护项目的利润。钣喷服务项目秉承了大师钣喷的品牌优势，能够快速、高质量地对事故车辆进行修复，这项业务也是大师钣喷的核心竞争力，可以依靠有效的营销策略快速占领区域市场。

3. 大师钣喷的市场定位

目前苏州的汽修行业竞争激烈，服务内容差别不大，目标群体多有重叠。许多维修企业不结合自身的发展战略和服务优势来研究市场、分析消费者的行为，不通过细分市场来对自己的目标进行准确定位，结果导致这些企业缺乏服务特色,淹没在市场中。分析具体原因,首先,由于目标市场定位含糊,认为所有车辆都是自己的目标客户,不顾自身情况,什么车都想修,造成维修业务入不敷出;其次,由于缺乏市场定位,不了解消费者的真正需求,无法提供差异化的服务,使得维修企业日益同化,到最后只能纯粹依靠拼价格赢市场;再次,由于缺乏明确的市场定位,无法形成自身的品牌,难以在市场上形成持续竞争力,导致企业寿命短。

大师钣喷虽然是外资企业,进入中国后的第一年也遇到市场定位不清晰的问题,走了不少弯路。由于加拿大汽车后市场相对成熟,手工劳动者的报酬高,足以支撑大师钣喷在当地维修各种车型。但是,国内市场和国外市场有明显差异,最直接的就是结算货币价值不同。苏州大师钣喷按北美单店的规模投资,用的维修设备和材料也与国内 PBBA 品牌 4S 店是同一级别,一开始为了树立口碑,吸引并建立客户群体,无论什么车辆来店都修, 但车价在 10 万元左右的车辆一扇车门喷涂材料成本价为 250 元,保险公司的赔付价是 300 元,价格与国外保险公司的赔付价数额一样,但后者结算的是加币, 按照 1∶6 的汇率,就是 6 倍的赔付额。大师钣喷高标准的设施、设备和使用材料,决定了其市场定位要高,目标客户必须是 PBBA 或同级别车辆。此外,国内豪华品牌车主也都有羊群效应心理,如果在一家维修企业看到维修的都是高档车,他们也就放心满意,如果维修车辆参差不齐,即使设施设备再好,他们也会心里打鼓,也许下次就不会再来接受服务。

另外一个弯路是维修服务的选择,同样由于专业化分工明确,大师钣喷在加拿大只从事事故车辆维修,其他业务或是不接或是转包给其他修理企业。大师钣喷进入中国后,一开始继续沿用此模式,造成的后果是, 公司业务发展缓慢。好比一家医院,如果只做手术,不设门诊或是体检, 病人数肯定不会多。在国内,消费者讲究的是关系,消费习惯也很主要,如果平时在一家维修厂维护车辆,那么当发生事故时,首先想到的还是那家厂。

综上所述, 大师钣喷在苏州市场发展,必须转变经营模式,利用自己的品牌资源,依靠先进的维修设备和维修技术定位高端市场, 以专业化的水准服务高档车辆,并为其提供日常维护服务,提高客户黏合度。此外, 还应把管理重点放在顾客关系上,建立良好的顾客关系,培养一批忠实客户群,在客户心目中确立“优质服务、顾客朋友”的良好企业形象。

案例13:云南雄风
——转变经营模式　探索专业化维修之路

云南雄风汽车工贸集团有限公司(以下简称“云南雄风”)坚持通过改革创新,转变经营模式,创建了雄风独有的品牌文化,激活了企业发展活力,实现了企业的跨越式发展,从一个小型汽车修理厂发展成为云南省乃至全国知名的汽车维修服务集团,为汽车维修企业通过转变经营模式促进企业创新发展提供了成功的范例。

一、企业发展概况

(一)企业简介

云南雄风(图1)于1991年2月成立,原名昆明市雄风进口汽车修理厂,目前已形成具有高端汽车维修、进口名车销售、竞赛汽车改装、汽车美容会所、汽车运动俱乐部、职业教育、汽车广告、汽车地产等产业的企业集团,2014年4月,雄风集团曲靖名车会所开业,标志着云南雄风开始向云南省地州市的辐射发展。多年以来,云南雄风的工作得到了各级政府和行业管理部门、行业协会的高度肯定,也获得了很多荣誉称号。1999年荣获“云南省私营企业百强企业”荣誉称号,2000年荣获“昆明市私营企业50强”荣誉称号,2001年荣获“交通部优秀企业”荣誉称号,2002年荣获“价格、计量信得过单位”称号,2003年获“昆明市2002年至2003年度守合同重信用单位企业”荣誉称号;2004年荣获“昆明市守合同重信用单位企业”称号;2005年荣获“中国诚信民营企业100强”,并荣获“昆明市2005年度安康杯竞赛优胜企业”荣誉称号,2006年、2009年两度荣获“云南省著名商标”(图2);2008年被评定为“昆明市首批AAA级质量信誉汽车维修企业”;荣获2009—2010年度和2011—2012年度“全国汽车维修行业诚信企业”称号;2013年7月,荣获“云南省成长型中小企业”称号。

图1　云南雄风汽车工贸集团有限公司

（二）发展历程

云南雄风的发展经历了三个阶段。第一个阶段（1991 年—1995 年），现集团公司董事长麻俊昆在昆明北郊小菜园成立了一家面积 500 多平方米的小型汽车修理厂——雄风进口汽车修理厂，修理厂规模虽小，“打造品牌，服务高端”的经营战略和服务定位非常明确，针对当时进口汽车维修力量薄弱的市场情况，培训了一支技术精，服务好的汽车维修队伍，很快就赢得了市场。

图2　云南雄风荣获 2009 年“云南省著名商标”

第二个阶段（1995 年—2009 年），以 1995 年 12 月成立雄风名车维修中心为标志，公司同时搬迁到新址昆明市学府路。

第三个阶段（2009 年至今），以集团总部在昆明世界园艺博览会旁的博海路 5 号建成为标志。这一阶段，集团经营规模迅速扩大，拥有雄风进口汽车修理厂、雄风奥斯腾汽车维修服务中心、雄风奥斯腾汽车销售公司、雄风名车维修中心、雄风汽车摩托车运动俱乐部、雄风世界名车销售店、泰赫雅特（云南）中心、云南风行广告公司、俊昆地产等数家企业实体，并与云南省机电职业技能技术学院合作开办了雄风班，定向培养高技术的汽车维修技术工人。此时，云南雄风已成为集科工贸于一体的综合性现代化企业集团，成为中国西南地区专业化、集约化的现代汽车营销企业之一。

二、企业发展策略

(一)创新体制机制,优化企业组织结构

随着企业的发展,原有的小规模企业管理方式已不适应企业的发展。因此,企业在发展壮大中,不断地调整和优化组织结构,逐步建立起一套适合企业自身发展的管理体制和营运机制。

(二)融入汽车文化,打造企业品牌

随着云南雄风技术水平和服务能力的提高,如何通过创新经营模式,打造雄风集团的维修服务企业品牌,成为企业面临的一项重要任务。雄风集团没有采用传统的广告宣传方式,而是独辟蹊径,通过在企业经营的全过程中融入汽车文化,成功地实现了打造企业品牌的目标。1997 年,云南雄风所属汽车摩托车运动俱乐部组建了云南省第一支专业汽车拉力车队——“中国红云红河汽车拉力车队”(图 3),车队在 18 年全国汽车拉力锦标赛的奋战中,先后获得 5 个全国年度总冠军、23 个分站冠军,同时积极参加穿越东方(巴黎—莫斯科—北京)及达喀尔接力赛等国际赛事。通过这些赛事云南雄风打造了一张强有力的形象名片,大大提高了企业的国内外知名度,促进了企业的迅速发展,也为提高云南昆明的知名度做出了贡献。

(三)增强企业实力　实行专业化维修

1995 年,云南雄风建设了占地 7150m^2(约 10.7 亩),建筑面积 6675m^2,可同时容纳 72 辆车进行改装维修的名车维修中心(图 4),拥有美国、德国、意大利等多台进口汽车专用设备,运用先进的电脑诊断、检测仪,保证了对各款世界名车高效、优质的维护与修理,在业界素有“中国软件第一、西南硬件第一”之称。

云南雄风在整个维修环节中,从车辆入厂检测到出厂检验层层严格把控,确保车辆维修质量。为做到技艺求精,集团率先在云南实现维修行业的专业化分工,即整个维修过程被分为了钣金、底盘、机修、电工四个部分,既提升了维修速度又确保了维修质量,为客户提供优质高效的专业化服务。历经多年的积累,成就了“雄风汽修”这一知名品牌,集团于 2002 年通过了 ISO 9001 : 2000 质量管理体系认证。

图3　中国红云红河汽车拉力车队

图4　雄风名车维修中心

(四)延伸服务内涵,开展增值服务

云南雄风一如既往地秉承为客户提供优质服务的良好传统理念,建立完善的客户档案,实施电话、网络预约服务。对客户车辆进行环车检查,运用先进仪器诊断客户车辆的问题,提交诊断报告和专业贴心的维修建议,经车主确认后进行专业维修。在维修的同时还为客户提供接送服务、娱乐服务,先后引进多项增值业务，使客户进入集团的同时就能感受到温馨的服务。

诺贝德汽车之家，是引进德国皇家汽车俱乐部（ADF）的服务及管理理念、采用国际领先技术配以原装进口汽车护理产品而成立的一家专门为名车美容，装饰的机构。诺贝德汽车之家，以追求汽车美容的顶级技术为目标，在自身美容技术不断提升的同时，展现娴熟的技术和完美的作品，使更多汽车爱好者提升了汽车美容的审美意识。

（五）实施汽修百店连锁经营战略

2013年，云南雄风推出汽修百店连锁战略，目前正向云南省东区、西区、南区方向拓展，东区已承建曲靖分公司；后续将重点在西区大理、南区版纳做定向性区域筹建，以延伸雄风品牌在省级范围的整体覆盖面。

（六）开展科技创新，形成企业独有的竞争优势

20多年来，云南雄风重视对人才的培养和科技创新，坚持花巨资送管理干部、技术骨干到国内外学习，并设科技创新奖，极大地调动了员工的积极性。集团的赛车钢管底架、整体承载式钢管赛车车身、赛车骨架等科技创新项目陆续获得国家专利，这些专利的取得和应用，也形成了集团独有的竞争优势。

三、转型体会

体会一，强烈的危机意识是企业转型升级的内生动力。

随着汽车保有量的迅速增长，汽车维修市场也得到了迅速发展，目前汽车维修服务的市场竞争日趋激烈，在激烈的市场竞争中如何让企业立于不败之地，是每一个企业都面临的重要课题。正是因为有强烈的危机感，才促使云南雄风积极探索转型升级的发展之路，走出一条别人没有走过的路。

体会二，依靠融入汽车文化、打造企业品牌，形成企业的核心竞争力。

企业的宣传方式有多种多样，如何打造企业知名品牌，是对每一个企业经营者智慧的考验。云南雄风以汽车服务为依托，利用品牌资源优势，发展了汽车运动相关产业，迅速提高了企业知名度，拓展延伸了汽车服务理念，占领了行业的制高点，同时也促进了企业经营规模的迅速扩大，形成了企业的核心竞争力。

体会三，延伸服务内涵、开展增值服务，是实现转型升级的重要途径。

在企业转型升级中，云南雄风先后引进和创新了多项增值业务，通过延伸服

务内涵、开展增值服务，既满足了市场需求，也促进了企业的经营。

体会四，形成汽车服务产业链，实施百店连锁经营是企业转型升级的核心内容。

在当今大市场、大流通、大融合的背景下，一个企业要快速、稳定、健康的发展，仅仅依靠自身的力量是不够的。云南雄风在企业转型升级的进程中，把形成汽车服务产业链，实施百店连锁经营作为企业转型升级的核心内容，整合社会资源，实行强强联合，保证了企业转型升级的效率和质量。

案例14：重庆奥丰
——精细管理打造汽车服务新业态

重庆奥丰汽车销售服务有限公司（以下简称“重庆奥丰”），通过精准定位、细分市场、精细管理、资源整合，在整车销售、售后服务、精品美容、汽车养护产品、汽车技术培训、汽车再生资源利用等诸多方面发展强劲，引起重庆市维修行业的关注。

一、企业发展概况

重庆奥丰成立于2010年，是一家业务涵盖汽车整车（改装车）销售、精品美容、维修服务、零配件供应四个大类及保险、按揭、旧机动车置换、汽车技术培训、汽车行业管理咨询、车友俱乐部等增值服务领域的汽车服务连锁企业，现为一汽汽车（轿车）授权特约维修服务中心、重庆交通广播车友会指定维修专家联盟、中国人保等保险公司定点合作单位、公务用车定点维修单位、中国汽车后市场联合会副会长单位、中国汽车工业协会会员单位、重庆市维修服务质量AAA级企业，重庆市交通安全文明单位。

二、企业发展策略

随着我国汽车时代来临，汽车服务市场除了4S店、综合修理厂外，还需要更多的汽车服务业态，因此，重庆奥丰瞄准市场需求，找准定位，趁势而上，开创了崭新的盈利模式和汽车服务理念。

（一）勇敢定位：4S店和汽车修理厂之间的第三业态

2010年4月，从事20年汽车维修业务的重庆奥丰重新投入800万元，打造拥有先进设备、优秀人才、良好环境的汽车销售服务企业，新企业具备4S店的硬件并提供与4S店相媲美的服务，但只收取普通修理厂的费用，解决了消费者在

4S 店等待时间长、收费偏高，而普通修理厂环境较差、设备和管理落后、维修技能较差、可信度不高的双重矛盾问题，创新了一种介于 4S 店和普通修理厂之间的第三业态。重庆奥丰统一的店面形象和员工形象如图 1 所示。

图 1　统一的店面形象

（二）微观管理：精细化服务，细节化体现

为了让精细化服务更加合理，重庆奥丰把整厂分为 6 大板块、36 个项目、2009 个点实施管理。

首先，重庆奥丰在接待环节就对客户进行细分，将客户以人为单位分配给每位服务顾问，要求服务顾问留下来店客户的照片，当客户再次来店时，在第一时间称呼客户的姓氏，增加客户的亲切感。客户档案里须留下包括客户及家人生日，身份证、行车保险单复印件等诸多有价值的个人信息，这样细致的准备让代办年审、保险变成了保姆式的服务，为客户切实提供便利。

其次，车间维修技师按车型分班组，每周两次专业培训和技术交流，统一标准化作业流程。重庆奥丰将其分为了 8 个固定流程，技师像呵护自己的家人一样呵护客户的车辆，不放过检查的每一个细节（图 2），为客户带来了深刻的价值体验。

图 2　维修技师专注地检查车辆

再次，配件部定期建立客户档案，按车型、里程编制维修零件需求表，主动联系客户沟通维修方案以及备件情况，实行客户定制化库房管理，既减小了库存，又满足了客户的需求。

此外，在洗车美容环节，玻璃毛巾、门边毛巾、室内毛巾分开管理使用，当车辆到店，重庆奥丰会先清除泥沙，然后再打上美容店都很少做的水腊，超越很多专业4S店和美容店的服务标准。专业的洗车设备和细分化的洗车毛巾分别如图3和图4所示。值得一提的是，公司维修完毕的交车环节也做到精益求精，夏季和冬季工作人员会提前开启车辆空调，再将车交付客户，提升了客户的舒适度。

图3　专业的洗车设备

图4　细分化的洗车毛巾

(三)增值服务：人性化关怀，全身心关爱

为了让服务标准能满足客户需求甚至超出客户期望，公司每个季节都会为客户提供价值不菲的免费维修项目。夏天提供空调系统杀菌除臭服务；冬季提供前风窗玻璃除雾服务；如客户有外出自驾的需求，会免费赠送油箱除水剂；雨季送上制动装置深度维护，保证车辆行驶安全；提供24h市内免费救援服务；夏天为客户准备湿纸巾，冬天为客户准备热毛巾；就连收银员都为客户准备好了维护小手册和代表平安的苹果，前台的增值体验和一系列微观服务让客户记住了重庆奥丰。

到重庆奥丰的顾客，除了能享受到免费的饮料茶点与美味午餐(图5)，各部门领导还会亲自为客户沏上一杯茶(图6)，让客户感觉到家的温暖。客户从忠诚到客户价值的实现最重要的不是价格，也不是服务，是心理的满足，所以重庆奥丰客户管理的理念是把每位客户当成贵宾，当成朋友，让客户得到最大的心理满足。

图5　为客户免费提供免费茶点与午餐

图6　与顾客分享功夫茶

（四）吸引关注：超越传统宣传形式，运用信息技术拓展新媒体

在市场营销方面，除了小区平面广告、发放宣传单等传统方式，重庆奥丰与重庆交通广播电台合作，打造维修专家门诊——奥丰专属节目；与重庆交警总队合作开展普及汽车维修知识的公益讲座，开辟多种宣传渠道。重庆奥丰还率先在重庆引进 M4S 微信客户管理系统，改变了以往电话、手机短信等简单的沟通方式，定时发送维修信息，实现了车辆数据全程监控。先进的营销工具、管理工具引领重庆奥丰成为汽车之家在重庆第一个尝试网上维修体验的合作单位。

此外，重庆奥丰通过建设企业网站，推广企业微博、企业微信，专业售后团队在线交流，陆续吸引到奥迪、奔驰、越野 E 族等专业汽车群，并通过不间断的团购活动提升客户群人气。目前，奥丰江北店开业 4 年时间，客户数量以 50% 的速度递增，客户档案达到 7000 多个，年维修产值达到 2000 余万元。

三、转型体会

体会一，重庆奥丰通过组织专业技术团队，实行规模化采购、标准化作业，运用信息化技术实施门店统一管理、配件统一载送的模式，极大地降低了成本，确保在技术水平和服务品质与 4S 店同等的前提下，为客户节省更多的维修费用。

体会二，重庆奥丰投资人一直有一个共同的心愿，那就是诚信经营，做长久生意，开百年老店。为了赢得客户的认可，企业帮助消费者普及爱车知识，了解维修误区，树立理性维修理念。为了提升企业的公信力，公司与重庆交通广播电台合作，在提供规范服务的基础上，率先提出并开展“汽车医生”和“配件药房”

分开活动,让客户到店免费享受诊断服务,定期获取合理维修方案,明明白白消费。

体会三,客户的细分是一切市场活动的基础,只有真正了解客户需求,站在客户的立场为客户出谋划策,才能赢得客户的信任,获取最大的市场价值。

体会四,重庆奥丰的转型离不开协作单位的支持。企业在发展过程中得到了银行等金融保险部门、零部件供应商和主流媒体汽车网络营销机构的支持和合作,为企业发展注入了强大的动力。

体会五,重庆奥丰坚持一切以客户体验为中心的经营理念,以准确的定位、细心的关怀、一系列的增值服务以及 209 个服务细节成功实现了企业转型。

第四篇

品牌建设篇

“品牌”是一种无形资产；“品牌”就是知名度，有了知名度就具有凝聚力与扩散力，就成为发展的动力。品牌建设包括品牌定位、品牌规划、品牌形象、品牌扩张等。品牌建设的核心是让企业品牌的良好形象深深镌刻在消费者心中，提升企业产品知名度。企业品牌的建设是一个持久的过程，需要时间的沉淀。而企业品牌建设的本质还是需要企业提高自身服务的竞争力，严把质量关，在此基础上加强推广宣传，提升企业品牌的知名度、美誉度，培养客户的偏好度和忠诚度。企业通过有力的品牌营销策略和有效的客户管理，来增强客户对企业的功能体验和情感体验，巩固和加强与目标客户的联系，吸引更多忠诚的品牌使用者，这也是企业获得持久利润、走向持久成功的重要法宝。

汽车维修品牌化是指针对汽车用户的需要，在某一思想指导下，给特定的服务赋予特定的内容、程序、标准，并加以命名，使之成为一个个性化、符号化的服务项目。借用品牌管理思想，通过定位、包装、宣传、实施，在用户中形成预期的知名度、美誉度和认可度，最终达到促进企业提高市场占有率的目的。

《指导意见》指出，要按照“政府引导、企业创建、社会满意”的原则，积极推进企业品牌建设。要建立健全行业品牌培育、发展、激励、保护的政策和机制，营造良好的品牌成长环境。要着力扶持、培育一批维修服务质量高、质量信誉优（AAA）的企业尽快成长为地方品牌，提升品牌价值和效应并逐步向区域、全国扩展，发展品牌示范保护作用。鼓励企业增强品牌意识，提高品牌创建内生动力；鼓励优质企业依法进行商标注册，加强商标保护，不断提升品牌价值和形象。鼓励企业积极开展维修技术人员亮牌服务，打造企业核心竞争力，树立企业品牌和形象。

本篇案例企业哈尔滨成功汽车服务公司把握市场机遇，打造品牌形象，实现转型发展；包头华源众诚汽车销售服务有限公司引入汽车售后服务的交互式接待模式，探索创建新型品牌；华宏汽车集团秉承民族传统美德，提炼出“诚信至上，锤炼百年华宏”的企业宗旨，形成了独特的企业文化和品牌意识；大庆多田野进口吊车大修厂秉承“诚信为本，服务油田，多元开发，健康发展”的理念，逐步从业务单一的维修小厂发展成集汽车修理、起重机修造、工程机械及油田各种专用车辆维修于一体的现代化、专业化、品牌化的维修企业；江西广甸汽车集团坚持以客户为本，提倡并实施“专业值得信赖、服务创造价值”的品牌建设理念。

案例 15：成功汽服
——倾力品牌建设　成就成功企业

成功汽车服务公司（以下简称“成功汽服”）位于黑龙江省哈尔滨市香坊区文昌街，是黑龙江省一类汽车维修企业，省、市、区政府采购定点单位，是黑龙江省汽车维修行业中专用设备、技术力量各方面都较为雄厚的大型专业化汽车服务企业。成功汽服现在主要的经营项目包括，汽车维护、汽车钣金喷漆、汽车销售、汽车配件供应、汽车保险兼业代理、汽车美容、汽车改装、汽车精品销售、车友俱乐部等，是黑龙江省第一家一站式汽车服务机构，成为区域知名品牌。

一、企业发展概况

成功汽服创建于 1990 年，当时的主营业务是汽车配件零售，从业员工只有几人，1994 年 9 月正式将公司名称定为“成功汽车配件公司”（图 1），并将公司的经营业务扩大为面向全国的汽车零配件批发和零售。在公司扩大经营业务之后几年，我国的经济进入了快速稳步发展的阶段，人民生活水平不断提高，汽车开始逐步走入家庭，汽车保有量逐年上升，中国的汽车时代已经来临，成功汽服看到了公司发展和转型的契机。

图 1　1995 年成功汽车配件公司

2000 年，成功汽车维修公司应运而生（图 2）。公司成立初期从沈阳、广州等地高薪聘请了高水准的技师，这些外聘的技术骨干，把当时最先进的维修技术带到了成功汽车维修公司，公司整体技术实力得到了提升，技工和学徒通过不断学习，迅速地成长起来，成了公司发展壮大的中坚力量。在公司的发展过程中，公司经营者意识到传统的修配厂模式已经无法满足现代人的服务需要，客户越来越重视服务质量,原始的小作坊式的管理方式已经落后,要发展就必须要转变现有观念,在维修质量、客户服务方面加大力度。在全员的共同努力下,成功汽服于2004年通过了ISO 9001:2000质量体系认证,并逐年通过年审。同客户长期保持的互助互利关系,以及在服务质量上的优秀口碑,使很多企事业单位成为了公司的固定客户,为公司赢得了社会认可。

2007年,是成功汽服变革的一年(图3)。这一年,公司将经营地址从原来的宣化街搬迁到文昌街,公司的运营规模也大幅扩大,从原来一层车库式厂房,变成了面积2800m²,拥有40个大型专业维修工位的维修厂房,办公面积达到12000m²,停车场面积达到1400m²。经营规模的扩大,同样意味着运营成本的增加,而面对激烈的市场竞争,企业要想不被淘汰、要想进一步发展就不能安于现状,被动经营,而应该想方设法去谋求更广阔的生存空间,扩大企业经营范围,通过多元化经营来抓住市场主动权,才能在激烈的市场竞争中求得生存之地。

图2 2000年成功汽车维修公司接待大厅

图3 2007年的成功汽车服务公司

二、企业发展策略

成功汽服经过反复调研和规划后认为要不断创新、不断去接触和满足新的市场需求,实现产业优化和升级,扩大经营项目,打造一个专业的一站式的汽车服务机构,创立自己的汽车维修服务品牌。

(一)加盟大型企业,进行强强联合

成功汽服于2007年年末正式加盟了博世公司,成为博世公司在黑龙江省唯一的、最高级别的中心维修站,这迈出了公司转型的第一步。公司得到了博世公司全面的支持,包括专业检测设备的升级,专业的配件供应,高端的技术支援,管理流程的优化及相应的培训,这是一个全新的合作平台,更是强强联合,成功汽

车服务公司携手博世公司，将多年成功的国际服务经验带给了车主。

（二）创新维修理念，启用新型技术

转换传统的汽车维修理念，引导公司本着节约资源、保护环境的原则，开展“绿色汽修”，树立科学修车的理念，建立健全“绿色汽修”生产管理体系是公司转型的第二步。首先，公司斥资购进汽车干磨设备，启用了新型的环保的汽车干磨技术（图4）。

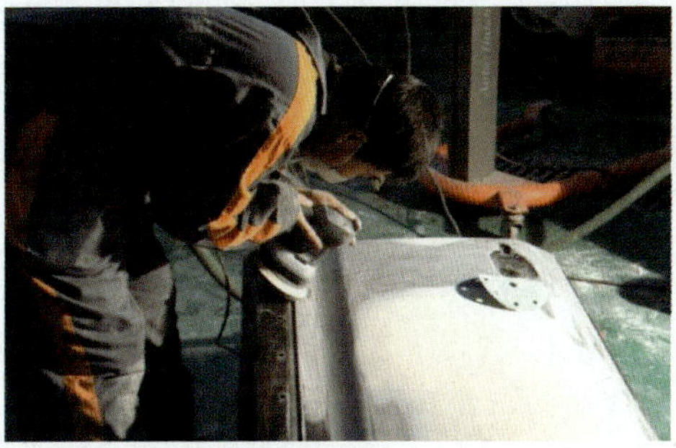

图4 工人使用汽车干磨技术

公司外聘干磨技术讲师对车间员工进行为期两个月的培训及实践操作。初期，工人对设备的使用，工作的流程及原理，有了一定的了解，但由于工人技术不够纯熟，开始工作起来十分生疏，原来水磨时只用10min就可以完成的工作，使用干磨要用30min甚至更久，部分人员开始质疑并排斥这项技术。公司领导对车间工人进行了又一次的培训，向员工明确了公司推行干磨政策的目的，干磨技术的好处，以及流程顺畅之后能够为公司及个人带来的突破，让员工从内心真正地意识到此次技术革新的意义，并愿意参与到这一活动中来。随着员工干磨技术的提高，喷漆车间的维修效率几乎达到了水磨时期的1.5～2倍，工作效率高了，产值上来了，薪酬也提高了，员工对于这次干磨技术的普及都竖起了大拇指。至今为止，成功汽服在汽车干磨技术的使用方面，仍然是黑龙江省汽车维修企业中的佼佼者。

其次，公司与哈尔滨市环保局签订了环保协议，自愿把公司回收的废弃机油交给环保局低价收购，虽然这会让公司损失一部分利润，但是，把废弃机油交给环保专业人员回收处理，降低对水资源、土地资源的污染，是造福千秋万代的功德。公司投资使用新设备、新工艺、新材料，加大技术创新力度，形成一套维修废弃物和有害排放物少、资源利用效率高的工艺规范，更成为黑龙江汽车维修行业的标杆企业。

（三）扩大经营项目，促进全面转型

扩大公司经营项目，将公司打造成提供全面汽车服务的大型机构是公司转型的第三个方面，即成立成功汽车美容装饰店（图5），作为公司旗下的第三个品牌。成功汽车美容装饰店是集汽车美容、维护、改装服务，音响防盗，四轮定位，动平衡，日式洗车和汽车精品销售于一体的销售服务店。三层的店面包括 $500m^2$ 的洗车区域、1000 余 m^2 的美容施工车间及 800 余 m^2 的汽车精品超市，同时汇聚了数名省内尖端的汽车美容维护技师。公司是威固、3M 专业汽车美容正式的授权施工中心（图 6）、日本威臣 WILLSON 专业汽车美容养护旗舰店、米其林轮胎 EMBA 店，经销嘉实多 CASTROL 润滑油全套产品。成功汽车美容装饰店的成立，使公司的服务项目进一步扩大，全面满足了广大车主的各方面需要，成功汽服也真正从一个汽车配件销售商转变为专业全面的一站式汽车服务公司。因为公司对汽车了解入微，从外到内，由简单到复杂，所以可以为客户提供全方位的汽车维护、美容的解决方案。成功汽车美容装饰店依托成功汽服的强大实力，从成立之日起即在黑龙江省汽车美容市场上占据主导位置。

图 5　成功汽车美容装饰店

（四）专注品牌，提升企业服务规模

致力发展品牌汽车服务项目，即人们常说的汽车 4S 店，是公司改革转型的第四步。2008 年后，成功汽服先后投资上亿元，设立了欧宝、比亚迪、一汽通用三个品牌 4S 店，从进口车到国产车到商用车，涵盖了不同种类不同价位的车型。从汽车销售到汽车维修、从汽车保险到汽车定损、从汽车配件供应到汽车美容维护，成功汽服形成了从汽车销售到汽车售后服务的完整的汽车服务产业链条，成为黑龙江省最具代表性的综合性

图 6　3M 授权施工中心

汽车服务机构。

(五)员工的管理与培养

随着公司规模的逐步壮大与品牌形象的提升,对企业从业人员服务意识上的要求也在不断地提高中。成功汽服树立了"以人为本,求实创新"的企业精神,在致力于培养及加强员工业务素质的同时,更加注重提升员工潜在的创造力,提高其工作热情和主人翁责任感。因此,建立和完善员工培养机制,通过制订有效的后备人才甄选计划,在职培训等员工培养与开发计划,合理地挖掘、开发、培养后备人才,坚持"内部培养为主,外部引进为辅"的培养原则,建立公司人才梯队,为企业建设的可持续发展提供智力支持。

1. 在职辅导

各部门、车间每年年初都制订在职辅导计划,前台主管负责本部门员工的在职辅导;技术主管负责车间内工人的在职辅导。

2. 在职培训

员工在职培训计划由厂长负责。每年十二月份由厂长根据年度培训需求计划制订下年度培训计划,并组织实施。

3. 员工调配

通过员工的调配与轮换,把各类员工分配到最能发挥他们专长的岗位,做到员工的人尽其才,同时也能增长员工的技能水平。

4. 本科及大中专学生的培养

大中专学生的培养目标为高级技术工人,根据大中专学生所学专业及个人意向设置不同培养发展方向。本科生的培养是以公司的培养方案为基础,并结合技术、管理的情况,有针对性地为每个实习生制订培养计划。大学生实习培养期间所在实习部门为大学生配置辅导老师,进行一对一的培训与辅导。

5. 员工培养的考核评价

公司针对员工培训结果,每季度进行一次小规模的考核,每年进行一次大规模的考核,同时进行员工与员工之间的评价以及员工的自我评价,从而使员工在认识到自身问题后再次有针对性地提升自己。

6. 提高员工的满意度

公司对于员工工作之余的文化生活,如食堂的饮食、员工的休息室、部分员工的宿舍、文体娱乐设施、员工家庭生活、节假日员工福利等方面一直都非常重视，提高员工满意度是公司经营理念中的重中之重！

（六）加快构建企业诚信体系步伐

（1）从企业诚信的思想、制度和保障体系三部分入手来构建企业的诚信体系。加快建立员工人才的培养、使用和激励机制，使企业拥有管理、服务和创新人才群体，再强化对其管理，使其自觉履行职责、担负责任和发挥潜能。

（2）注重培植先进的企业文化，采用信息化管理，增强员工的自律意识，培养团队精神，营造和谐的凝聚力和共同奋斗的向心力。

（3）品牌的建设首先是公司的员工必须坚持重诺守信，抛弃过去不诚信的竞争手段，建立"专业、专项、100%履约和真诚服务"的品牌，牢固树立"客户为本，客户至上"的一站式服务理念，树立企业外部的良好形象，坚决杜绝售假或制假的违法失信行为。企业每年都会对诚信度好的员工给予表彰、奖金等精神和物质奖励，让员工为自己守信行为得到肯定与实惠。

三、转型体会

体会一，只有不断创新维修理念，改进技术，提高维修质量，才能保持企业品牌的长盛不衰。成功汽服在开展绿色维修，推广干磨技术上取得成功，使大家充分体会到技术创新带来的品牌效应。

体会二，必须在专注品牌的同时，通过扩大经营项目，做专做精和做大做强交替推进，螺旋发展，才能不断为企业品牌增添新的内容，在巩固原有品牌的基础上，靠增强实力发展品牌。

体会三，企业的诚信是维护企业品牌的永恒主题，诚信建设是企业增强核心竞争力的重要途径。市场经济条件下的企业要谋得发展，关键在于打造诚信品牌。企业讲诚信，社会信誉度就高，内外形象就好，客户和消费者用其品牌、接受其服务就放心，企业就能在市场竞争中立于不败之地，就能得到可持续发展。构建企业诚信体系，是打造企业诚信品牌，增强企业核心竞争力的必经之路。构建企业诚信体系意义重大，一是有利于提高企业员工思想素质，加强人才队伍建设，营造求真务实、创新的社会环境，提高企业信息传递的真实性和市场快速反应能力，塑造企业良好形象。二是有利于企业进一步提升规范化管理制度，减少经营成本,提高品牌质量,增加无形资产值,增强核心竞争力。三是有利于提高对企业的监管水平,确保企业依法行政和规范经营,给企业创造一个宽松的内外发展环境。

体会四,员工是企业品牌的创造者、演绎者和维护者。企业必须持续不断地加强引导、规范、监督工作,管理者要身体力行,为人师表,让品牌理念与企业的荣誉感有机融合、薪火相传,并将其发扬光大。

综上所述,成功汽服秉承了“尊重实现价值,诚信铸就品牌,创造塑造未来”的企业理念,以专业的技术,诚信的服务,蓬勃的团队和信誉的承诺为客户服务。选择“成功”就代表选择了最高品质的服务模式和生活方式!“成功”愿与您携手,共同开拓广阔的成功天地!

案例16：华源众诚
——借助品牌优势　促进企业可持续发展

包头华源众诚汽车销售服务有限公司（以下简称“华源众诚”）坚持品牌发展之路，从机制建设入手，将品牌战略融汇到企业运营过程中的每一个环节，无论从制度建设到技术装备，还是从人员素质培养到企业精神；无论从服务能力到服务质量，还是从维修技术水平到服务环境，都贯穿着品牌创新意识，借助品牌优势助推企业可持续发展。

一、企业发展概况

（一）企业简介

华源众诚经过20多年的技术积累，企业现已拥有一支素质优良、技术精湛的员工队伍，其中喷漆团队骨干人员曾经在荷兰国际大赛上获得金奖。目前，华源众诚已实现从业务接待、销售服务、维修服务、配件管理、顾客档案、跟踪服务、电话回访、信息管理及数据统计报表的全程计算机网络化管理。企业在2002年、2010年先后通过了ISO 9001：2000，ISO 9001：2008质量体系认证。

华源众诚经历20年的发展和积累，在企业自身得到发展壮大的同时也得到了广大用户的高度认可和评价，成为包头市汽车维修行业中的领头羊。2013年，企业完成业务收入3.10亿元。目前，华源众诚是数家保险公司定点维修单位和政府公务车采购和服务供应商，两次被授予“全国汽车维修行业诚信企业”荣誉称号，同时也是内蒙古自治区汽车维修业优质服务达标企业的第一名。

（二）发展历程

1988年，作为包头光华化学有限公司（中核北方核燃料元件有限公司的前身）下辖民品单位之一，内蒙古华源汽车出租有限公司成立；1991年，该公司下辖单位包头华源汽车行成立；

1994年,上海大众汽车包头特约维修站组建完成;2000年,更名为上海大众汽车包头销售服务有限公司;2002年,与包头华源汽车行合并为华源大众汽车维修服务中心;

2005年至今,应中核集团公司要求,改制更名为包头华源众诚汽车销售服务有限公司。

二、企业发展策略

华源众诚改制转型后,企业在新的体制下,认真分析企业面临的经济形势和行业现状与发展趋势,全面总结企业20多年的发展经验,以改制转型为契机,摒弃传统守旧的思维模式,以"科学、合理、严谨、高效"的态度和服务理念致力于打造本地知名品牌,提出了企业由做精做强到做大做强的发展方向。

(一)管理体制改革巩固品牌的基础

华源众诚通过企业管理体制改革,不断提升企业实力,使企业综合实力大幅度提升。

1. 深化分配制度改革

华源众诚实行年薪制、岗位制、工时制多种分配机制,将员工按岗位职责、风险、技能、劳动强度等因素评定工资奖金收入水平,充分体现效益优先、按劳分配、多劳多得的原则。同时按实际工作表现和获得效益情况设计科学可行的考核体系,严格按考核制度执行。企业还建立绩效导向的薪酬体系,用绩效考核与薪酬结合激励员工,奖效挂钩,绩效决定薪资水准,鼓励员工积极创造价值。

2. 深化人事制度改革

华源众诚形成以考核评价为基础,岗位责任与工作业绩挂钩,物质奖励与精神鼓励相结合的人才激励机制。通过对岗位业绩、工作态度等多方面的量化考核,规范了月度考核,强化企业奖优惩劣、重在激励的分配制度,并成为激励人才成长的重要手段和管理方式。企业注重人才梯队建设,各部门根据当年的绩效考评结果及各岗位任职的评价,确定出各部门的人才梯队的初步候选人,通过素质测评和综合考察,选定候选人名单。企业针对不同候选人为其量身制订培养计划,并对梯队建设候选人实行动态管理,定期进行人员更替。

同时,企业还推行竞争上岗和末位淘汰机制,在保证核心人才队伍基本稳定的前提下，继续推行人员竞争上岗制度，优胜劣汰。

（二）技术与能力提升增强企业发展硬实力

华源众诚通过引进国内外先进设施设备，对员工进行新技术、服务等培训，提升员工综合素质和能力。企业根据发展需要和各部门岗位培训需求，制定年度培训计划，从基础的新员工文化培训、岗前安全培训、基础管理培训到岗位技能、理论培训等，并实行定期考评制度。

（三）服务质量改进提高企业核心竞争力和品牌建设

华源众诚通过建设落实服务流程、服务制度和完善沟通机制，有效提升了企业的服务质量。

1. 建设完善细致的服务流程

汽车维修行业是一个技术性较强的服务型行业，在向客户提供一系列修理、维护、技术咨询等服务时环节较多。此外还有客户预约服务、电话跟踪服务、救援服务、客户投诉等。华源众诚将各个服务环节遇到的问题和服务事项进行分析，并流程化、标准化处理，在实践中丰富流程内容以及流程再造，保障了良好的售后服务。

2. 建立健全各项规章制度

良好的制度是各项流程能否贯彻执行的保障。为此，华源众诚制定了各项规章制度、奖惩措施，让良好的制度为各项服务流程的贯彻执行保驾护航。自企业改制以来，华源众诚除健全管理制度外，还提出了全新的“全员参与式绩效管理”，不仅要管理和制度考核，而且要注重过程控制，目标分解、使每一位员工都有目标，在完成目标的同时进行绩效沟通，促使每一位员工都能完成自己的目标管理，从而完成企业目标，也提升了企业的管理能力。

3. 建立完善的沟通机制

华源众诚与每一位消费者及维修客户建立一个便捷、通畅、有效的沟通渠道，通过这种渠道及时满足不同客户的多样化需求，并在此基础上和客户建立长期、稳定、互信、互利的合作关系。企业还提出“一对一终身贴心服务”的理念和服务机制、服务模式，通过为所有的客户提供一对一终身贴心的服务，来提高客户满意度和忠诚度。

（四）塑造企业品牌形象为企业发展注入持久动力

良好的企业形象会对客户产生很强的号召力。华源众诚通过构建形象工程，将企业的经营理念、特性，以动态和静态的传播方式进行宣传，引起了广大客户的关注，树立了一个“正直诚信、服务优、质量好、技术装备精良”的良好形象，得到广大客户对企业产品及服务的信赖和好感。

“华源众诚”品牌，主要体现在企业的内在精神和外观形象两个方面：

1. 内在精神

内在精神指的是企业的精神风貌、气质，是企业文化的一种综合表现，是构成企业形象的脊柱和骨架。

（1）培养创新的营销文化。培养创新的营销文化关键是建立科学、合理、有效的企业愿景及核心价值观。华源众诚以“成为本地区最值得用户信赖的汽车销售服务商”为愿景，以“诚实守信、行业领先、客户满意、关爱员工、创造价值”为核心价值观，这些成为企业员工的精神动力源泉，对企业的经营行为发挥着重要的引导作用。近年来，华源众诚通过创新营销文化建设，并将其贯彻深入到每个员工，使企业形成了向心力与凝聚力，员工与企业同舟共济，自觉遵守公司的各项规章制度，主动开展创造性地工作。

（2）加强员工队伍建设。员工队伍建设是企业经营管理的重中之重。华源众诚创建了一套规范的、制度化的培训体系，使企业成为学习型企业。企业培训主要分为三个阶段：第一个阶段是企业有组织的安排学习，让所有员工参与各种培训，以使员工掌握好本职工作所必须具备的知识与技能；第二个阶段是员工自觉的学习，学习变成员工自发的、主动的、积极地行为，鼓励员工更好的完成本职工作；第三个阶段培养学习型组织，即知识管理，即把知识当成“人、财、物”中最重要的环节来对待，把个体的智慧变成集体的智慧。

（3）全员积极改善客户服务。为提高客户满意度，留住每一个客户，华源众诚成立了客户关爱部，其主要职责：一是实施销售和服务客户满意度调研，收集客户的服务感受；二是实施客户关系管理，提高客户忠诚度；三是协助客户总监组建和运营车主俱乐部并负责日常运行和完善。企业通过建设全面客服体系，做好客户回访调查情况，确保客户问题得到及时处理。客户关爱部制定了相关的车主俱乐部策划和运营工作计划，并通过与市场部合作制定出各种关爱活动，为客户提供丰富多彩的关爱活动，不断提高客户满意度，扩大忠诚客户群体。

(4)多平台进行企业推广。华源众诚秉承“以用户为导向”的主动营销理念，探索电子商务营销，为公司提供了一个主动开拓市场，为客户提供一个多角度、多方位选择的网络营销平台，不仅成为开发高价值潜在用户的主要渠道，而且成为维系老客户、不断挖掘客户价值的有力手段。

2010年以来，华源众诚与包头市交通广播牵手，开展媒体营销，转变传统营销策略，尝试情感式营销和事件营销。以打造包头市品牌自驾游的营销为契机，依托包头交通广播的优势平台，拓展华源众诚品牌的辐射领域，为企业汽车销售开拓了潜在客户群，有效提升了华源众诚的品牌价值。

2. 外观形象

企业形象的树立主要是靠其内在精神素质的显现，同时也得力于外观形象的精心设计。近年来，华源众诚在提升硬件形象方面着重以下三个方面开展：

(1)企业办公区域形象改造。为了顺应市场需要，应对市场与客户的需求，2009—2013年，企业先后对现有的办公区域及汽车销售展厅等设施进行形象改造。

(2)企业计算机运行网络改造。随着企业的业务拓展及规模扩大，原有网络已不能满足发展需求，为避免因网络故障给生产服务和销售带来的不便，及时将系统内信息传达至各个相关部门或人员，企业对服务器主干网交换机以及内网实行全面改造与升级。

(3)企业监控系统改造。为加强企业的安全生产管理，企业陆续在销售展厅、售后服务区、配件仓库、维修车间及行政办公区域和车辆出入主要通道等处安装监控摄像头，对企业内外的现场进行监控，使企业的管理更透明，同时也为企业现代化管理提供了强大有效的工具。

三、转型体会

华源众诚在强企发展的道路上，果断实行改革，主动走向市场，以企业改制转型为契机，摒弃传统守旧观念，以创建一流企业为目标，以满足客户需求为出发点，通过建立完善的现代企业管理管理制度和生产流程规程，有效激发了企业员工的工作积极性，不断提升企业的技术水平与服务能力，铸就了“华源众诚”的企业品牌。

体会一，必须全面完善企业的经营管理体制，建立科学、规范、有效的运行机制，才能为企业品牌建设打下牢固的基础。

体会二，与时俱进的优质服务是维修企业发展的核心竞争力，以客户需求为导向，严把服务流程各个环节，建立制度保障是创造企业品牌的基本途径。

体会三，兼顾企业的其内在精神和外在形象，“两手抓”，才能不断提升企业的品牌形象，让维护企业品牌意识融入每个员工心中，成为自觉行动。

案例17:江西华宏
——铸造品牌　构建新型汽车文化产业

回首成立后的20年,“转变”犹如华宏汽车集团(以下简称“华宏”)的生命线,始终贯穿于企业发展之中。华宏成立至今,已分别获得奔驰、奥迪、沃尔沃、一汽大众、北京现代、东风标致、别克、雪佛兰等中高端汽车品牌授权,旗下已拥有20家4S店、6家城市展厅以及旧机动车置换、汽车租赁、保险销售等子公司,业务已涵盖整车销售、零配件供应、售后服务、信息反馈、旧机动车交易、汽车租赁、汽车美容、汽车保险等,经营范围覆盖江西全省,华宏品牌愈加响亮。

一、企业发展概况

华宏始创于1994年8月15日,2002年进入汽车销售服务行业,同年成立江西华宏汽车有限公司,2011年成立华宏汽车集团,华宏现已成为全国知名的中、高端汽车品牌的经销商集团,为客户提供从新车销售到旧机动车置换的“一站式服务”。华宏汽车集团致力于“为大众提供高品质汽车文化生活”,立志成为“汽车销售服务业最有影响力的企业”、“员工眼中最有吸引力的企业”,秉承“诚信至上,锤炼百年华宏”的企业宗旨,诚信经营,开拓创新,提高客户满意度,不断完善品牌,从而持续赢得客户青睐,不断稳步向前发展。

二、企业发展策略

华宏汽车集团的品牌建设和稳健发展靠的是先进的管理体制,独具特色的汽车服务商业模式,强大的体系运营能力,以及深厚的企业文化。

(一)诚信经营 务实发展

言之所以为言者,信也,言而不信,何以为言?信之所以为信者,道也,信而不道,何以为道?——《春秋》

纵观中华传统文化,“诚信”是一以贯之的价值取向、是华夏民族传统文化的精华。“诚信”文化源远流长,是推进民族进步的源泉。无论是做人还是经商,诚信永远是基本理念、基本规则、基本能力,而华宏正是秉承着这一优秀的民族传统美德,提炼出“诚信至上,锤炼百年华宏”的企业宗旨。

华宏汽车集团始终恪守诚信经营的原则,坚持诚信是企业发展的根本,把关乎消费者切身利益的服务放在首位,努力提高服务质量,让客户满意,让客户惊喜。华宏始终传承着“三不”原则:不假件(对客户车辆维修时不使用副厂件)、不假赔(对厂家索赔不做假)、不假案(对保险索赔案件不做假),对客户及合作商家负责。

凭借诚信经营、业务创新,华宏成为各大集中采购单位的汽车定点采购协议单位和定点维修单位,获得广大客户的一致认可和好评。从 2005 年开始,华宏陆续荣获“江西最佳经销商奖”、“汽车售后服务满意度评选 A 级企业”、银行业“AAA 级信用单位”等多项荣誉,由此,奠定了华宏汽车集团在江西汽车市场诚信和优质服务的口碑,品牌形象就是在这个过程中塑造的。

(二)打造平台 汇聚精英

华宏汽车集团始终坚持“人才是企业经营之本”,重视人才的引进和培养,秉承“品质为本,因才适用”的用人理念,通过充分发挥员工的聪明才智使企业发展壮大,通过企业的发展壮大体现员工的自身价值。为了实现“成为员工眼中最具有吸引力的企业”的愿景,让集团的发展成果惠及广大员工,集团独创性地提出“322 员工激励基金工程”和“530 员工住房工程”。其中“322 员工激励基金工程”的基本内容是:在公司工作 2 年以上且符合条件的员工可成为基金会员,会员争取在 3 年内实现总体收入提高 1 倍;“530 员工住房工程”基本内容是:计划 5 年内实施员工安居工程,在公司工作 3 年以上且符合条件的员工,公司将为其提供由公司开发的零利润商品住房一套。这两项基本工程通过提高员工收入和保障员工安居,把员工利益与公司利益紧密结合,实现既定的经营目标,既是华宏社会责任的体现,也是实现华宏壮大并可持续发展的基本保障。

华宏汽车集团致力于将企业打造成学习型组织,通过实施名校合作方略,为集团员工提供更多学习深造的机会,不惜花重金支持员工到北大、清华等各大名校不断学习深造,不断提高员工自身的文化修养和综合素质,使员工视野更加开阔，思考问题更加理性。华宏建立了集团三级培训体系，对高、中、基层员工进行常年持续培训，搭建了日趋完善的管理岗位晋升通道、专业技能晋升通道等，为各类人才提供符合自身发展需求的事业方向，为广大员工提供广阔的事业发展平台。现在的华宏汽车集团汇聚了全国乃至于海外行业精英，为打造百年华宏建言献策。投之以桃，报之以李，今天，已有2000余人的精英团队把华宏当做自己的家，为这个共同的家园、共同的品牌不懈努力。

（三）强化理念 塑造品牌

华宏汽车集团一贯秉承“诚信至上，锤炼百年华宏”的企业宗旨，在此宗旨的引领下，不断提升和完善经营管理理念，形成了独特的企业文化。“诚信是基础，满足客户需求是根本，传承和创新是灵魂”，正是凭借这一经营理念，华宏从摩托车商发展成为中国百强汽车经销商集团。

诚信是基础。华宏拥有完善的制度规范，通过问责机制来约束管理者和员工的行为，以诚信为基础，打造服务品牌。在华宏有一个讲诚信、讲责任的特殊节日——1117员工责任心纪念日（图1）。

图1 1117员工责任心纪念日

满足客户需求是根本，在华宏这是常态化的要求，体现在每一个流程和细节中。华宏不断提高员工的满意度和规范制度流程，某种意义上，员工满意度的高低就决定了客户满意度的高低，而制度流程就是用来保障和规范员工的行为。

传承和创新是灵魂，是能够实现华宏品牌的最佳方法和手段。传承说到底是经验的积累，华宏实施一系列人才战略措施让事业合作伙伴工作和生活稳定，实现真正意义上的传承。服务行业的创新是通过更有特色的产品或服务来保持特色。华宏通过一系列流程创新、工具创新、服务模式创新，让客户真正体会到华宏品牌所带来的独特体验。

(四)践行公益 回馈社会

华宏汽车集团的发展,离不开国家的宏观政策支持,离不开广大客户的信赖,离不开社会各界人士的帮助,离不开员工的共同努力。多年来,华宏深入贯彻落实科学发展观,积极响应各级政府发展经济的号召,牢牢把握发展机遇,充分发挥汽车行业领军企业的模范带头作用,顺应江西汽车行业的市场发展需要,依托专业化的管理团队,大力发挥集团优势,将高品质汽车生活服务的理念传递给广大客户,为促进人、车、社会和谐担负应有的责任。华宏发展不忘社会,积极践行公益事业,修炼企业品格,这既是华宏社会责任感的体现,也是实现华宏可持续发展的基本要素(图2)。所以华宏一直积极践行企业公民的社会责任,依法纳税,力所能及地回馈社会,向需要帮助的群体伸出援手,为我们的家园种下一片绿色,为中国梦奉献自己的力量。

图2　华宏参与公益事业

三、华宏的未来战略

随着国内汽车市场竞争日益加剧,华宏也面临着新的形势。为了立足长远,谋划未来,使企业能够做强做大,实现企业可持续发展,公司制订了华宏汽车集团“2015战略规划”。

(一)人才战略

华宏千方百计提升员工收入,通过实施员工安居工程等有力措施,使华宏人生活得更加有品质;华宏不断加强对员工的培训和培养,让员工树立正确的人身观和价值观,为员工建立良好的职业发展规划,让员工在华宏事业征途上实现梦想,让员工活得更有尊严、更加自豪。为培养更加适合华宏的人才,在未来的几年中华宏将与江西省内十余所高等院校合作,开办20个华宏班,招收华宏班学员共计800余人,为华宏的发展源源不断地输入新鲜血液。

(二)品牌战略

诚信是基础,满足客户需求是根本,传承和创新是灵魂。华宏规范企业组织,强化员工自我责任意识,形成企业的诚信口碑;建立完善的客户服务体系;不断总结、提升和创新,形成良好的企业文化(图3)。

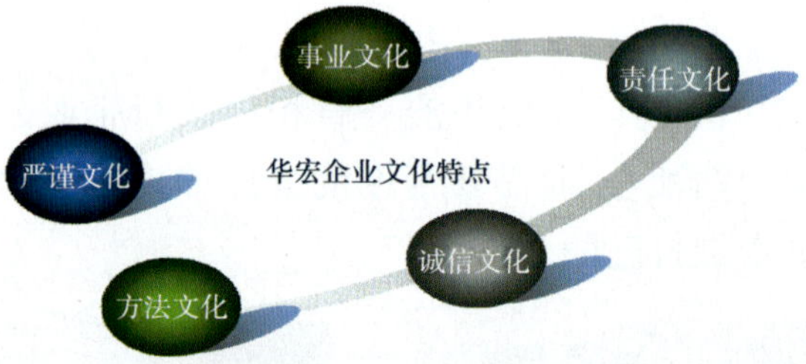

图3 华宏企业文化特点

(三)资本战略

企业做强靠体系,做大靠资本。资金是企业生存和发展的血液,华宏通过良好的资本运作,使企业健康发展,将企业打造成为基业长青的"百年老店",获得社会认同。

(四)产品战略

华宏竭尽全力为广大客户创造专业、优质、尊贵的服务,为广大消费者提供更多更全的中、高端及豪华本主流品牌。

四、转型体会

体会一,企来只有不断适应市场发展变化,调整所选择的商业模式,丰富品牌的内涵,才能长盛不衰。在进入21世纪的10多年来,中国的汽车市场也进入了一段爆发性增长的黄金时期,华宏汽车的飞速成长,当然也与汽车市场的飞速发展息息相关。公司清醒地意识到,汽车市场不可能永远地飞速发展下去,传统的汽车商业模式成就了一批优秀的汽车经销商集团,但不足以支撑它们一直走下去。当下中国,城市道路建设跟不上汽车消费的增长速度,导致城市交通拥堵、停车难,催生出一系列用车问题。随着购置税优惠政策退出,节能补贴标准提升,部分城市下发限购令等一系列政策颁布,对传统汽车商业模式提出更高的要求。

体会二,汽车服务业必须随着社会经济转型而转型升级为民众日常生活服务,明确自身的社会责任。在转型的路上,华宏一直走在汽车经销商集团的前列,公司冷静地意识到,汽车数量的飞速增长,除了改善我们的生活之外,也将对城市建设和城市管理提出新的要求,汽车经销商在通过汽车赚取利润的同时,也有责任为市场、为百姓培育健康的汽车文化产业。汽车已经成为生产生活的必需品,作为汽车经销商,更有责任为促进经济和社会各项事业的协调发展做出贡献。

体会三,必须融汇中外企业的智慧,结合企业自身情况,打造自己的商业模式,塑造自己的品牌。面对新的挑战,华宏审时度势,在经营中不断积累、总结和研究,经过多年的不懈努力,探索出汽车销售服务行业独具特色的商业模式。

案例18:大庆吊修厂
——从专业化到多元化　创建一流服务品牌

大庆多田野进口吊车大修厂(以下简称“大庆吊修厂”)是大庆油田特种设备专业修理厂,从1984年成立至今,已走过了30年的发展历程。在30年的创业征程中,大庆吊修厂始终秉承诚信的理念,准确把握国家政策要求,紧盯油田内外市场,努力适应油田发展需要,积极探索企业发展之路。近年来,大庆吊修厂与时俱进,提出了“诚信为本,服务油田,多元开发,健康发展”的经营理念,在这一理念的指引下,全厂上下团结一心,共同奋斗,逐步使企业从业务单一的维修小厂发展成现在集汽车修理、起重机修造、工程机械及油田各种专用车辆维修于一体的现代化、专业化维修企业。企业年经营收入近5000万元,上缴利税400余万元,成为大庆市汽车维修行业知名厂家,企业走上了有效益可持续的健康发展之路。

一、企业发展概况

(一)企业简介

大庆吊修厂隶属于大庆油田萨南实业公司,成立于1984年,固定资产420多万元。厂区占地面积20000m^2,主修厂房8000m^2,辅助工种、厂房、设备配套齐全,拥有国内外生产的专业修理设备及工装器具69台(套),专用检测设备、仪器、仪表74套(件)。企业现有从业人员110人,其中拥有中级以上专业技术职称的6人,拥有初级技术职称的5人。主营各种进口、国产吊车修理,工程机械及修井机修理,客、货车辆修理,危险品运输车辆修理,车辆二级维护,起重机制造及维修等业务。企业具有国家质检总局颁发的桥、门式起重机制造B级资质,黑龙江省质监局颁发的特种设备安装、维修资质,油田专用设备维修资质。大庆吊修厂1991年取得黑龙江省一类汽车维修企业资质,2004年被指定为大庆市特种车辆、危险品运输车辆、普通货车二级维护定点厂家，多次被评为省、市汽修行业先进单位、诚信单位，2009 年—2010 年度荣获中国汽车维修行业协会颁发的“全国汽车维修行业诚信企业”称号。

（二）发展历程

大庆吊修厂与众多国有企业一样，既历经了计划经济与市场经济的风风雨雨，也体味到了创业打拼后的喜悦和甘甜。企业发展历程大致可以分为以下四个阶段。

1. 第一阶段（1984 年—1998 年）。

大庆油田处于高速发展阶段，油田起重设备急剧增加，为了解决这些设备的维修问题，1984 年，大庆油田下属单位采油二厂与北京起重机制造厂联合成立了北大吊车修理厂（吊修厂前身），由北京起重机制造厂负责技术及人员培训，采油二厂负责场地、设备及 10 万元启动资金。当时该厂隶属于大庆油田采油二厂机修厂，主要业务为流动式起重机维修，在这期间，北大吊修厂培养了第一批自己的技术工人。1986 年，由中国机械进出口总公司牵头，北大吊车修理厂与日本多田野株式会社达成合作协议，对大庆地区的多田野品牌进口吊车进行售后服务及保养，并改名为大庆多田野起重机维修站（图 1）。1991 年，维修站成为独立法人单位，更名为大庆多田野进口吊车大修厂。

图 1　大庆多田野起重机维修站成立时场景

2. 第二阶段(1998 年—2004 年)。

在经历了油田重组改制之后,企业由原来计划经济时期的"给饭吃"转变为到市场经济中"找饭吃",大庆吊修厂重组领导班子,全厂员工在新班子的带领下,外拓市场,内提素质,企业依托品牌的影响力,初步达到了盈亏平衡,在市场经济的大潮中站稳了脚跟。

3. 第三阶段(2004 年—2008 年)。

这一时期是大庆吊修厂的高速发展阶段,在第三任领导班子的带领下,企业依托品牌优势,积极发展新业务,先后增加的业务有工程机械及修井机修理,营运车辆二级维护,起重机制造及维修,企业年产值由原来的 500 万元增长到 2800 万元。

4. 第四阶段(2008 年至今)。

新一届领导班子依照"资源共享,目标经营"的管理模式,对全厂业务进行专业化重组。设立了吊修车间、二级维护车间、修井机车间、起重机车间、综合车间,使各车间实现了专业化生产与维修。经过不懈的努力,如今吊车维修业务已占领大庆油田市场的一半以上,企业年产值达到了 4750 万元。

二、企业发展策略

经过 30 年的风雨历程,面对汽车维修行业多年来激烈的市场竞争态势,注重诚信的大庆吊修厂历任领导班子始终坚持传承大庆优良传统,立足油田,依托油田,服务油田的信念,靠诚信立身,靠管理夯实发展基础,靠创新拓展业务领域,使企业发展规模和综合实力不断攀升。综合起来说就是企业的发展既需要脚踏实地,又需要勇于创新;一流品牌的打造,既需要企业坚持诚信经营,又必须辅以专业的生产和服务来保障。

(一)发扬优良传统,坚持诚信经营

众所周知,在市场经济发展的今天,诚信已经成为企业的一种无形资产,讲不讲诚信已经成为判断企业是否具备竞争力的重要依据。大庆吊修厂从建厂之初就把诚信作为企业的追求,坚持用信誉赢得客户,争得市场。"人无信不立,企无信难存",这是现任厂长徐仁常说的一句话,他是这样说的,也是这样做的。诚信经营首先是建立以诚信理念为中心的企业文化体系,作为扎根于大庆这片沃

土的油田企业,历代吊修人都受到过“大庆精神”、“铁人精神”的熏陶,“三老四严”、“四个一样”等大庆优良传统的教育。在此基础上,大庆吊修厂提出了“诚信为本,信誉至上”的经营方针;倡导“说老实话、办老实事、做老实人”的企业作风;全厂员工普遍形成了“爱厂、创新、共赢、奉献”的企业价值观。其次是着眼于宣传教育,着力于诚信意识培养,全厂在上级主管部门的支持和指导下,充分利用板报、宣传栏、企业文件等载体对企业文化内容进行不间断宣传;厂、车间两级领导带头学习,组织开展了传统教育、知识培训、法制讲座、技术咨询、参观铁人纪念馆等活动;选树先进典型,用榜样的力量感染员工。

(二)加强企业管理,提高创效能力

“管理出效益”这是人尽皆知的道理,大庆吊修厂作为大庆油田曾经的存续企业(2000 年,大庆油田改革分开分立后,非油、非主业、未上市企业的统称),因历史条件等客观因素的影响,管理方式粗放,管理水平较低。为了改变这种落后的局面,吊修厂着重做了如下工作。

(1)规范内部管理,合法经营。首先认真贯彻执行国家及省市的相关法律及规定,合法经营。其次,要求对企业运营的流程形成制度化、流程化、表单化以及数据化,使管理模式更加科学。最后,建立以责、权、利对等为基础的管理框架,优化组织结构,使企业的每一个岗位、每一个活动、每一份资产、每一个时刻都处于受控之中,以此提高工作质量和效率。通过规范管理,大庆吊修厂切实降低了经营风险,从而使企业创新发展得到了强有力的保障。

(2)完善规章制度,严格落实。制定岗位职责、考核标准,把《汽车维修服务行为规范公约》作为座右铭,狠抓诚信经营,规范服务,提高维修服务质量,变被动应付为主动服务,正确对待客户抱怨和投诉,赢得了客户的信任和理解。

(3)坚持以人为本,“修车先修人”。大家知道,只有把企业从业人员的整体素质提高了才能推进汽修企业的健康发展。针对这一点,大庆吊修厂对企业员工实行“先修人、再修车”的观念转变。做好从业人员综合能力的提升,以外训加内培、理论加实践相结合的方式来强化维修人才的队伍建设。目的是让维修人员具备较高的理论素养和实践经验,熟悉设备故障产生机理及原因分析,对零配件质量优劣具备一定的鉴别能力,能够更好地为用户提供服务。2012 年为了体现多劳多得的分配制度,企业把日常的管理纳入到每月工资奖金考核中,这种

做法大大激发了员工的工作积极性，提高了工作效率，也让员工尝到了甜头，2013 年职工人均收入增长了 10047.6 元，同比增幅 15.22%。

（三）以顾客为中心，提升服务水平

汽车维修行业属于服务行业，维修企业服务水平的高低直接体现了其市场竞争水平的高低。如何提高服务水平，为客户提供个性化服务，是摆在每个汽车维修企业面前的一道难题。对吊修厂而言不但面临着服务水平要提升这个难题，还存在着服务不好将会影响油田原油生产的隐忧。最终，“有条件要上，没有条件，创造条件也要上”这句铁人的名言给他们指明了方向。

（1）秉持“亲近顾客”理念，大力提升客户满意度。企业改革以来，始终注重培养员工“亲近顾客”的服务理念，一切工作都围绕客户满意度这一中心来开展，从客户的角度考虑问题，给客户提供更多个性化、细微化的服务。2002 年大庆吊修厂开通了 24 小时维修服务热线，为客户提供免费的电话咨询及现场维修、救援服务。

（2）改善工作作风，努力提高客户美誉度。多年的经营发现，价格并不是客户对企业评价的唯一标尺，顾客对价格的抱怨仅仅是表面现象，真正的担心是被欺骗，真实的需求是希望能够享受到透明的服务。“金杯银杯不如客户的口碑”，在维修过程中，客户抱怨最多的问题主要集中在返修率高，价格不合理，维修时间长，维修工态度差等方面。针对这些情况，大庆吊修厂自 2004 年开始推行厂领导每天下车间制度，要求每天最少要有一位厂领导要亲自与客户面对面沟通，了解客户需求，再想办法满足客户合理要求。对全体员工提出了“机关为基层服务，内勤员工为一线员工服务，全体员工为客户服务”的要求，制定了自上而下、由里到外以服务为核心，客户美誉度为考核首要指标的服务质量考核体系。通过长期的努力实践，吊修厂由客户原来口中的“马马虎虎”转变为现在的“专业大厂”，客户美誉度由原来的 83% 提高到目前的 99.2%。

（3）建立诚信企业机制，努力增强用户信任度。大庆吊修厂严格执行行业管理部门各项诚信经营措施，挂牌经营、明码实价，除在服务场所公示向行业管理部门报备的配件及维修工时报价外，还公开承诺和严格执行免费服务项目。实行合同维修制度和维修质量三检制度，严格执行国家对维修车辆的相关规定。设立客服中心投诉电话，设立投诉箱，及时处理客户的抱怨和不满。这些举措大大缩短了与客户之间的距离，在为客户排忧解难的同时，也为企业带来了好口碑。

（四）多元开发，专业管理，促进企业快速发展

企业发展到不同的阶段，就会面临着不同的任务，而要实现这些任务，就必须弄清自身情况，找到适合自己的发展之路。企业要在日益激烈的竞争中找到发展之路，关键在于与时俱进、勇于创新、实现企业的升级与转型。大庆吊修厂就是在这种理念的指导下，走出了一条多元开发，专业管理之路。

2004 年，大庆吊修厂通过市场调研后发现，随着油田吊修市场的逐步放开和油田整体形势的发展，多品牌、多型号、多设备的修理市场正在逐渐被瓜分，光靠单一的吊车修理，企业将无法生存。面对生存问题厂领导班子认为依托大庆多田野这一品牌优势，在原有的流动式起重机修理的基础上逐步开展相近领域的业务，将是企业的一条生路。按照这个思路，大庆吊修厂一年开发一个新项目，并保证平稳推进，到 2008 年，大庆吊修厂已由原先的业务单一的小修理厂发展为年产值 2800 万元的综合性修理厂，企业走出了困境。2010 年，吊修厂针对大庆油田原油 4000 万吨持续稳产的要求，以服务油田保稳产为企业发展方向，进一步开发市场，维修业务已拓展到多类型油田专用设备维修，企业年产值达到 3600 万元。

吊修厂的多元化发展之路也并非一帆风顺，随着企业业务越来越多，规模越来越大，管理混乱等问题也暴露出来。能否解决好这些问题，已经直接影响到企业的发展。大庆吊修厂作为一家特种设备专业修理厂，其企业特性中的“专”启发了厂领导——专业的人做专业的事。按照这一思路，大庆吊修厂提出了“资源共享，目标经营”的管理模式，对全厂业务进行专业化重组。目前，吊修厂各生产车间目标明确、业务专业、管理到位，发展良好，2013 年企业年产值达到了 4750 万元。

（五）坚持品牌战略，追求强企名厂目标

大庆吊修厂前身是日本多田野起重机的大庆维修站，在当时特定的历史条件下，大庆吊修厂的知名度很快就建立起来了，但是品牌的打造与维系是一项长期工程，要保住拿稳“大庆多田野”这个品牌，既要在管理规范上下工夫，更要在道德规范上严格要求，经过多年的经营发现，如果品牌是“金字招牌”，那么诚信

二字就是“试金石”，要以诚信铸品牌，诚信服务的质量越高，品牌的含金量就越高。

诚信服务在维修行业，涉及服务态度、维修工时、配件、质量、价格及客户的满意度等诸多方面，因此，服务无穷尽，没有最好只有更好。大庆吊修厂充分发挥企业的技术优势、培训优势和服务优势，秉承真心、诚心对待客户，树立服务无止境的理念，通过开展跟踪服务、定期回访、温馨提醒、亲情告知等多项服务措施，认真听取客户的意见与建议，不断完善和提高企业的诚信水平，实现了“以服务感动客户，以真诚赢得市场”的经营目标。多年来，厂内各项公示内容齐全，厂区环境整洁优良，坚持一切以客户利益为中心，信守诚信承诺。认真执行配件采购“三把关”，严格从厂家进货，杜绝从市场上外购配件；建立健全客户车辆的维修档案，及时进行跟踪回访；积极推行24小时值班服务，满足客户白天工作繁忙无法送车维修及夜间的紧急需求服务，深受广大客户的好评。同时，牢固树立“客户就是上帝”的服务宗旨，健全管理制度、落实岗位职责，改造检测设备、提升维修质量，严格执行标准、完善档案管理，优化经营环境、创新服务手段，建立了设施齐全、服务优良的客户接待室、规范的车辆档案室。近五年来，大庆吊修厂始终坚持实行“预约检车”，“提前一小时上班”，“不留一辆车过夜”的服务举措，始终践行着“严格标准、热情服务”的承诺，在社会上树立了文明诚信、优质服务的企业形象。

三、转型体会

回望过去，大庆吊修厂历经风雨，可圈可点；展望未来，吊修厂信心百倍，大有可为。风物长宜放眼量，30年的创业艰辛，30年的收获与喜悦留下的不仅仅是一串串骄人的数字与坚实铿锵的脚步，更有深深的启迪去昭示开启未来发展之路。

体会一，以市场需求为导向，科学经营。

企业改革转型是关键时期，要“摸准脉”、“下对药”、不能凭空想象，要对地区及周边的市场需求进行调查分析，在了解周边同行业核心项目、核心竞争力的基础上，依据所获得的信息结合本企业当年或当时的状况做出决策，找出自身的优势，创造自身优势，在维修服务项目上要与同地区、同类企业有一定的差异性，并在实施过程中能充分体现，制定企业近期发展规划及长期发展目标，制定企业经营策略、应急方案来应对周边市场对企业经营不利的变故，决不能盲目决策。

体会二，加强人力资源管理，以人为本。

在汽车维修行业中，人的技术素质与业务素质是最重要的，特别是现代汽车的高科技含量和实施维修工艺规程化的今天。员工培训要定期化、常态化，员工的技术、管理理念、服务意识等相关知识都需要定期更新与提高。可通过外培与内培相结合的方式实施，提高员工的整体素质，为企业进一步发展储备人才。另外，要注重营造企业文化、完善分配制度，制定合理的、公平的、具有激励性的分配制度，经常性地开展有利于员工身心健康、团队凝聚力的活动是企业健康发展的必要之举。

体会三，强化树立品牌意识，诚信经营。

品牌是企业的无形资产，有时甚至超过有形资产。目前，维修企业之间的竞争已经从传统的价格竞争、售后服务竞争过渡到现在的品牌竞争。现在的竞争是全方位的竞争，是企业形象等综合实力的竞争。毫无疑问，品牌经营能增强企业在市场上的竞争力，帮助企业规避风险。技术、销售方式与技巧很容易模仿与学习，可企业的品牌价值却不是模仿得来的，它集中体现了企业长期的形象与经营理念。从一定程度上说，品牌就是市场。

案例19：江西广甸
——品牌赢得信赖　优质服务赢得市场

江西广甸汽车集团（以下简称“江西广甸”）是由一家进口汽车维修小厂发展起来的，具有区域性品牌优势的大型汽车企业集团，从难以寻找汽车维修技术资料到汽车制造厂直接提供技术资料、配件和培训的历练过程，从一家小企业到目前拥有多品牌4S店并形成区域性品牌的综合企业的发展历程，使我们更加珍惜有效资源的整合与充分利用，更加珍惜品牌和服务赢得的市场。

一、企业发展概况

（一）企业简介

江西广甸前身是1992年成立的江西广电进口汽车修理厂。发展至今，集团不断壮大，先后设立了二十几家标准4S店，业务网络遍及江西省各地市。最令业界赞叹的是，江西广甸连续15年保持江西车市销量前三甲，其中上海大众品牌连续12年蝉联中南汽车市场销售冠军，广甸汽车作为“中国百强汽车经销商集团”、“江西最老车商”，以其专注的态度和专业的服务，赢得厂商与客户的广泛信赖。

江西广甸是个有理想、有思想的企业。集团自成立以来，其下属公司先后被授予“全国汽车维修行业诚信企业”、“上海大众中南区唯一技术中心站”、“上海大众六星级特许经销商”、“斯柯达全国钻石级经销商”、“斯柯达全国技术中心站”、“进口大众 j. d. power 卓越经销商”、“海马汽车全国销售技能竞赛冠军”等荣誉称号。

（二）发展历程

1992年，江西广电进口汽车修理厂成立。1997年，成立江西大众汽车销售维修服务有限公司（简称江西大众店）。2003至2009年，先后成立了海南马自达、德国大众和上海大众斯柯达品牌的4S店或销售公司。2009年,广甸汽车集团组建完成。

2011年,江西大众汽车销售维修服务有限公司正式更名为江西广甸宝德汽车销售服务有限公司(简称广甸上海大众宝德店)。在此前后2年间,又先后开设7家广甸品牌的公司,代理克莱斯勒、上海大众、斯柯达品牌汽车。

二、企业发展策略

企业的生存法则是"优胜劣汰",跟不上时代进步的企业终将被市场所淘汰。江西广甸历经20多年,依然茁壮成长,以至深入江西民众心中,这些都归功于江西广甸坚持并实施"品牌赢得信赖,服务赢得市场"的经营理念,江西广甸的成功是对企业的转型之路及发展方向的最好肯定。

(一)规范维修服务,扩大品牌知名度

较长一段时间来,传统的汽车维修厂正面临着汽车4S店的冲击。以往传统的修车方式正在被高科技的电脑诊断检测、维修设备所代替。既然在硬件设施上顺应了社会的发展,那么从软件上也应该配备相适应的服务流程,让单一的维修完美升级。为了更好地为顾客提供服务,江西广甸制定了一套完整的维修服务流程:

1. 客户预约

随着现代社会快节奏的发展,时间对任何人来说都变得尤为重要。对汽车维修来说,减少维修工时,缩短客户的等待时间,预约便是最有效的方法。到江西广甸进行维修或维护的客户可以通过电话、短信、网页等方式进行预约。接收到客户预约信息同时,企业将为客户配备服务顾问,在第一时间与客户取得联系,向客户提供可选的预约时间段,提醒客户携带好行驶证、驾驶证、《使用说明书》和《维修保养手册》等资料,为客户做好到店前的解答。

2. 到店接车

接车环节是直接与客户进行面对面的交流沟通,能让客户亲身体验到人性化的服务。江西广甸要求所有的服务顾问在接车过程中使用适合用户的称呼,让客户感觉亲切又不失尊重;询问客户到店的目的,以便更好地为其提供相应的

服务;重复确认客户的需求,并且提醒客户携带好车上的贵重物品;主动引导客户一起对车辆进行检查,包括里程表、油表读数,车辆外观、轮胎轮毂等,确认车辆进入维修区前的情况;询问客户是否需要将维修保养更换下来的旧件带走以及是否需要免费洗车服务;最后由服务顾问及客户在车辆检查单上签字确认,以保证及维护双方的权利义务。

3. 确认委托书

确认环节服务顾问会向客户展示《常用配件价格公示表》及《常规项目公示价格表》,为客户预估本次修理或保养所需费用,告知客户预计的交车时间等,并请客户在委托书上签字确认。

4. 维修等待

江西广甸下属所有维修店都设置了客户休息区,在那里我们为客户提供了优雅的休息环境及贴心的客户服务人员。客户在车辆修理、保养的同时,享用可以免费美味茶点,观看影视等,在预约的时光中等待。

5. 交车结算

维修完工后服务顾问会再一次带客户检查车辆,确认车辆故障排除后引导客户到结算处进行结算。维修流程接近尾声,而服务远未结束,服务顾问须陪同客户取车,欢送客户出门,并做到善始善终。

6. 后期回访

服务行业比得是谁更为客户着想,谁服务的更加周到。在维修后的第 1 天和第 5 天,会对客户进行回访,了解客户对此次维修的满意度,提醒客户用车安全,并发送客户关爱短信。拥有了完善的维修服务体系,江西广甸不仅为客户提供了人性化服务,而且大大地缩短了维修工时,减少了客户的等待时间和维修成本,真正地体现了服务创造价值。

(二)注重客户满意度,维护品牌美誉度

在汽车服务行业竞争中,产品差异化很小,市场也更加透明化。因此,培养企业忠诚客户成了各汽车服务企业的首要任务。江西广甸把做好客户的满意度作为工作重中之重,要求下属 4S 店做到以下几方面。

(1)售后服务部和销售部、客服部应按各自的业务范围和特点编制《顾客满意信息调查表》,并根据掌握的顾客信息开展客户满意度信息的收集工作。

(2)顾客满意度信息的收集可根据实际,采用电话回访、现场监察、现场填写调查问卷等方式进行。

(3)销售部应每日提供待回访客户基本信息,由回访员对其进行回访,对回访数据要按周、按月进行汇总分析并上报。

(4)调查表内容包含服务规范、维修质量、配件质量、服务环境、时间期限、服务态度和价格公道及其他服务满意情况。

(5)服务部和销售部应按规定的期限将收集的《顾客满意信息调查表》交客服部进行统计和分析。

(6)客服部应分别计算服务部和销售部的顾客满意率并计算单项的得分。

(7)办公室应对有关"形象分析"、"神秘顾客检测"的测评活动进行收集、分析。

(8)客服部应根据统计的结果针对调查和测评中顾客较为不满意的项目组织服务部或销售部进行原因分析,并根据分析的结果采取必要的措施。

(9)客服部应按《纠正和预防措施管理程序》的规定对纠正措施实施跟踪和验证。必要时,客户关爱部应将措施及结果再次回访告知顾客。

(10)顾客满意信息和"形象分析"、"神秘顾客检测"测评的统计和分析结果以及纠正和预防措施的状况由办公室提交管理评审。

(三)注重绿色维修、低碳发展,强化品牌生命力

为提倡绿色维修、低碳发展,建设资源节约型、环境友好型行业,江西广甸在烤漆房改造、废机油规范回收的基础上,在集团下属所有4S店开展了绿色维修创建工作。

1. 健全绿色维修设施

(1)设置排水设施,实行雨污管网分离,禁止将洗车废水、维修车间地面清洁废水,汽车湿磨产生的废水排入雨水管网或排入河流和土壤中。维修车间废水和洗车废水通过油水分离池进行隔油、过滤、沉淀处理后排出。

(2)设置废品收集区(图1),将维修废物集中收集存放,废品收集区设置在有屋顶、围墙,相对封闭的场所,危险废物与一般废物应分区存放,危险废物存放处标识清楚。

(3)车间内设置汽车尾气收集装置(图2),且收集装置又具备净化功能。

图1　废品收集区

图2　尾气收集装置

2. 更新和增添绿色维修设备

(1)汽车空调冷媒加注回收设备能够实现冷媒回收和加注、抽真空、循环再生以及冷冻油的排放和加注等功能,能有效防止空调冷媒的外泄。

(2)废油收集机(图3)具备废油收集功能,能有效防止废油外泄,便于废油转移运输。

(3)喷烤漆房及设备(图4)在环境保护方面具备排气净化功能,包括漆雾净化装置和有害挥发物净化装置。喷烤漆房及设备采用电或天然气加热,清洁环保。

图3　废油收集机

图4　喷烤漆房

(4)干磨设备具有粉尘收集装置和除尘设备,可有效吸收干磨产生的粉尘,并易于集中收集。

(5)制动液更换加注器可实现旧制动液的提取和新制动液的加注,防止制动液外溢。

(6)不解体诊断设备(图5)可在车辆不解体的情况下实施故障诊断的设备,杜绝盲目拆解造成人力和资源的浪费。

3. 健全绿色维修制度

江西广甸已在下属4S店建立了节能环保制度。一是健全网络,建立企业领导、节能环保管理部门、车间负责人和车间节能环保员组成的企业节能环保工作网络;二是明确职责,明确环境保护和节能增效体系中的各部门职责、负责人职责、责任人等要素。废气、废水、废物等处理设施、设备和存放地点实施专人负责;三是健全节能环保台账。包括节能环保制度文本、节能环保设施设备的保养台账、各废弃物的收集、处理、回收台账、职工节能环保知识的培训记录、企业节能环保事件记录等。

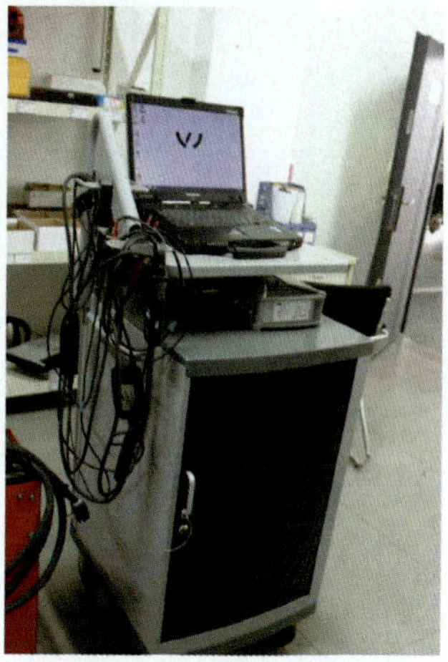

图5 不解体诊断设备

4. 强化维修人员教育

江西广甸持续加强维修人员的节能环保知识教育,并积极推广先进的维修工艺,提升节能环保水平。

三、转型体会

江西广甸通过坚持“品牌赢得信赖,优质服务赢得市场”的经营理念,持续加强品牌建设,坚持以客户为本,环保服务为主的发展思路,从精细管理的方方面面入手,不断突破自己,不断追求卓越,既适应了社会发展的大趋势,也为企业的发展开辟了新路径。

体会一,在战略决策上,江西广甸对行业发展有深入战略思考,从一开始就在同质化竞争日趋严重的汽车服务市场大格局下,必须通过转变和提升服务理念,创新服务模式,确立自身差异化、品牌化发展路径,才能为企业在行业竞争中立于不败之地做出很好的战略铺垫。

体会二,在日常管理上,江西广甸实行的集团化、精细化管理模式,通过组织变革、流程再造、激励优化,健全自身的现代企业管理结构,建立了包括岗位、责任分工、制度化、标准化流程、授权与控制体系等具体可行的考核办法。只有打造独具特色的企业管理体系,才能不断巩固品牌的根基。

体会三，在推广营销上，江西广甸将销售渗透到汽车售后的各个环节，包括维修、配件、精品、深化、贷款保险办理、旧车置换等，只有在全产业价值链的销售方式中全面贯彻品牌战略，才能不断做强，获取集团利益的最大化。

第五篇

绿色维修篇

绿色维修是综合考虑环境影响和资源利用效率的现代维修模式，其目标是既要达到保持和恢复产品规定状态外，还要满足可持续发展的要求，在维修过程及产品维修后直至产品报废处理这一阶段内，最大限度地使产品保持和恢复原来规定的状态，使维修废弃物和有害排放物最小，对环境的污染最小，资源利用率最高。

绿色维修兼顾经济效益和环境效益，最大限度地减少原材料和能源的消耗，降低成本，提高效益，对环境和人类危害最小，对生产全过程进行科学的改革和严格的绿色管理，使维修过程中排放的污染达到最小，鼓励使用环境无害化的产品，使环境危害大大减轻。绿色维修方式可以实现资源的可持续利用，在维修过程中可以控制大部分污染，减少污染来源，具有很高的环境效益，同时绿色维修可以在技术改造和结构调整方面大有作为，能够创造显著的经济效益，所以无论从经济角度，还是从环境和社会角度来看均是符合可持续发展战略的。绿色维修是一个涉及多方面的综合体系，推行绿色维修是符合可持续发展思想的，绿色维修是可持续发展和清洁生产在维修行业中的具体体现，是现代维修业的可持续发展模式。

《指导意见》指出，要按照《汽车绿色维修指南》要求，建立健全行业绿色汽修技术和管理体系，促进汽车维修业与现代城市、居民社区有机融合、和谐共处。企业要制定落实环境保护和资源节约的规章制度。要鼓励企业进行绿色汽修设施设备及工艺的升级改造，推广使用符合节能环保要求的新设备、新工艺和新材料，形成维修废弃物和有害排放少、资源利用率高的成套工艺规范。维修企业要做好废机油、制动液、制冷剂、废铅酸蓄电池等废弃物的回收处置，力争3年内实现全国一、二类维修企业危险维修废弃物规范处置率达到95%以上；要加大喷烤漆房废气治理设施建设，避免大气污染。要逐步建立维修企业环境保护责任环境保护责任追究制度。要不断拓展绿色汽修作业的深度和广度，促进绿色汽修常态化、长效化。

本篇案例企业上海幼狮高级轿车修理有限公司在上海维修业内首家采用VMAS汽车工况检测，创造性地将VMAS瞬间工况法检测与汽车维修相结合，提高了车辆维修质量，保证了车辆排放达到环保标准；无锡东方新纪元集团创新管理，将原先散点布局的4S店，就近进行集群经营调整，实行高效利用资源为目标的集约经营模式，共享配套设施资源，提高了土地利用率；南京宁宝汽车服务有限公司在全面进行技术改造的同时，加强制度建设，从一张纸、一度电做起，点点滴滴节约，值得称道；上海永达汽车经营服务有限公司秉承“诚信追求卓越”的企业精神，实现了由“传统型汽车维修特约店”向“绿色型汽车维修特约店”的华丽转身；连云港海通汽车保养总厂走专业维修的道路，开展商用车绿色维修，取得了可观的效益。

案例20：上海幼狮
——创新节能减排　实现绿色维修

上海幼狮高级轿车修理有限公司（以下简称“上海幼狮”）积极响应交通运输部“节能减排、绿色维修”的号召，以加强节能减排，发展绿色维修为目标，积极采用新型、绿色、节能、环保设备，应用绿色汽车维修技术，倡导科学修车理念，合理分类和处理汽车维修废品，提高维修效率与质量，减少了对环境的破坏和污染。积极推行从严过程控制，实施质量改进；推行绿色维修，预防环境污染；坚持以人为本，确保健康安全；提高员工技能素质，实现节能减排的指导方针。诚信经营，规范服务，狠抓维修服务质量，变被动应付检查为主动绿色环保，为客户提供绿色维修服务，正确对待客户抱怨和投诉，赢得了客户的信任和理解。

一、企业发展概况

（一）企业简介

上海幼狮成立于1990年6月。由某部队发起筹备，并正式成立上海幼狮高级轿车修理厂。因修理规模的迅速发展，1996年7月，更名为上海幼狮高级轿车修理总厂，2002年3月，改制成上海幼狮高级轿车修理有限公司。

上海幼狮是上海市机动车维修行业的先进单位，上海市的市级文明单位，曾被评为交通部的先进文明单位；2005年、2009年和2011年3次荣获“全国汽车维修行业诚信企业”称号；在2007年至2013年的行业诚信考核中，均被上海市交通运输和港口管理局评为AAA级诚信优秀企业；2009年、2012年被评为“上海名牌”企业；2011年、2014年荣获“上海市著名商标”企业。

（二）企业发展历程

上海幼狮成立不久，就修复了上海市工商联的一辆“劳斯莱斯”轿车，此事被美国《时代周刊》报道为“中国社会开放的一个象征”。

2001年10月，在上海召开的APEC高层会议期间，上海幼狮改装了30多辆会议专用警车，受到了上海市政府的表彰。

受公安部邀请，上海幼狮针对青岛一辆福特水星轿车火灾事故做出技术鉴定及调查报告，开拓了汽修与消防安全有机结合的科学新领域。

上海幼狮凭借雄厚实力和良好声誉，成为上海行政事业单位公务用车及驻沪部队的车辆定点维修单位；成为各国驻上海总领事馆等外国机构的定点维修单位。上海幼狮每年维修各款高级轿车4万~5万辆次，被业内人士称为“联合国汽修企业”，成为中国人了解世界汽车尖端技术的一扇窗口。

二、企业发展策略

上海幼狮积极创建绿色维修、节能减排项目，在技术设备上予以创新、改造，发挥了汽车维修行业中的示范标杆作用，为全行业发展做出了表率。在汽车维修行业倡导“科学修车，能修则修”的节能、环保维修理念，并积极做好维修过程中产生的废弃物回收再利用，实现对资源的高效、循环使用，建立起可持续的生产方式，契合低碳经济、循环经济发展的根本趋势。在日常维修各个方面，践行绿色维修理念，注重建立节能减排长效机制，在资源集约化利用和环保水平提升上取得了一些成效。主要表现在以下几个方面：

（一）公司内部倡导资源节约与回收再利用理念

对进厂维修车辆通过专业检测设备，仔细检测，查明故障原因，认真分析维修方法。以客户需求为原则，对问题车辆能修则修，改变过去对于零部件能换则换的错误理念，有效地减少客户维修支出，为企业赢得了良好信誉的同时，很好地体现了“绿色维修”理念。

（二）推广使用新技术、新材料、新设备、新工艺

（1）上海幼狮积极倡导绿色汽修环境，推广国际化的绿色汽车维修理念和现代汽车维修领域新技术的应用，坚持科技创新，控制汽车尾气排放污染，在上海汽修业内首家采用VMAS汽车工况检测，创造性地将VMAS瞬间工况检测与汽车修理相结合，保证了维修车辆的质量和车辆排放达到环保标准。这一VMAS瞬态工况检测技术现已通过上海技术监督局技术标准的

审核。

在车辆检测维修中采用WD40线路保护剂、摩圣发动机抗磨剂等(图1),既缩短了汽车维修周期,降低了维修成本,减少了资源浪费,又降低了能耗,减少废弃物排放,达到了节能、降耗和减排的目的。因此,提高了经济效益和社会效益,也提升了企业的文明素质和形象。

图1　WD40线路保护剂和摩圣发动机抗磨剂在维修中的应用

(2)维修车间统一使用螺杆式空气压缩机集中供气,此种空气压缩机具有工作可靠,维护费用低,智能高效的特点,在节能减排、减低噪声的同时,极大地提高了工作效率。

(3)喷漆车间全部选用SATA环保型喷枪,这种环保型喷枪雾化气压较低,上漆率普遍高于65%,避免产生不必要的污染和浪费,同时确保了雾化空气均衡,保证了涂料颜色的喷涂均匀。另外,公司还配套选用SATA喷枪清洗机清洗喷枪,减少了喷枪清洗过程中的稀料污染,提高了清洗效率,有效降低了维修成本。

(4)根据环保要求,选用符合国家标准的环保型烤漆房,并建立日常维护制度,定期更换过滤净化的过滤棉和活性炭,降低污染物排放水平,使废气排放达到国家规定标准。为了降低能耗,对烤漆房进行了全新改造,实施了红外线电磁波烤房技术升级,达到了明显效果。

（三）建立严格的维修废弃物管理制度

对维修过程中产生的“七废”（废油、废气、废水、废蓄电池、废轮胎、废零部件、废制冷剂）进行妥善处理。

（1）在维修车间内设立可回收废弃物、一般废弃物（不可回收废弃物）和危险废弃物的分类垃圾桶，垃圾桶标识清楚，对于所产生的废弃易燃危险品在现场设立专门的回收区域，并标识清楚。对于所产生的危险废弃物，由有资质的处理单位进行处置，并交给有关环保部门进行集中处理。

（2）管理部门负责每年委托当地的环保部门对喷漆/烤漆房排放的废气（苯、甲苯、二甲苯等）进行检测，保证废气排放质量达到国家规定标准，并每年对喷漆/烤漆房技师进行体检。同时，喷漆/烤漆房人员每次操作前均按照相关要求检查相关设备是否运行正常，是否需要清理及更换滤网、活性炭等，如发现问题及时报修，并保留记录。

在以上实践过程中，上海幼狮通过认真执行环保要求，践行绿色维修理念，收到了良好的效果，得到社会的肯定。上海幼狮“车辆维修红外线电磁波烘烤技术改造”项目获得了上海市节能减排促进中心（第二批）示范及推荐项目，在节能减排的道路上迈出了坚实的步伐。在深入贯彻落实科学发展观，提高从业人员节能减排意识与技能，转变发展方式、实现转型升级，践行绿色维修上为全行业树立了良好典范。

案例　车辆维修红外线电磁波烘烤技术改造

一、项目概况

上海幼狮采取用红外线电磁波加热方式改造升级燃油式汽车烤漆房，将原来的传导和对流占主导地位的加热方式升级为先进的以红外线电磁波辐射为主导地位的加热方式，在实际应用中明显提高了汽车烤漆的质量和效率。经改造加装红外线电磁波加热装置后的烘烤设备几乎无启动冲击电波，不仅达到节能效果，且整体加温烘烤系统寿命更久；经济价值显著，经测算，升级后的加温能耗平均低于原能耗的50%以上。

二、节能减排原理（略）

三、节能减排效果

（一）改造前

燃油式烤漆烘干设备是采用加热空气，经鼓风机将热空气注入烤漆房。通过“传导”、“对流”的传统导流原理把整个烤漆房加热升温，达到烘烤汽车表面涂层的目的。此方法存在大量的能量损失，即使是局部烤漆，也同样要把整个烤漆房空间加热后烘烤局部，十分浪费。据统计，局部烤漆车辆占全部需烤漆车辆的90%，而需要全车烤漆的车辆只有10%左右，传统烤漆房每小时耗油量5～6L（与环境温度、燃烧器功率大小有关），耗电5～10kW·h（与鼓风机、引风机等功率大小有关）。按油价6.00元/L，电价1.00元/ kW·h，耗油量按最低5L/h，耗电量按每小时最低5 kW·h计算，传统烤漆房工作1h的能源成本约为35元。

（二）改造后

新红外线电磁波烤漆烘干设备完全避免了传统导流方式存在的能量损失，是以极强的红外线电磁热辐射为热源，无需通过介质转换直接辐射被加热体，在空间沿涂层内形成宽谱波定向电磁热辐射，使被加热体由内层向外层快速干燥、固化，涂层与车体形成超强粘合力，无整块脱漆现象。红外线烤漆房全车烤漆每小时耗电24kW·h，按电价1.00kW·h计算，工作1h能源成本为24元；局部烤漆工作1h能源成本为8元（4组加热装置）或10元（5组加热装置）。且达到零排放，综合节约和节能效果明显。

上海幼狮在“摩擦表面再生技术”方面的探索也取得可观的成果。

三、转型体会

体会一，维修企业和从业人员节能减排的意识得到增强，尤其是企业管理人员对创建绿色维修的认识得到提高，逐步把创建绿色维修作为促进企业发展的重要内容。

体会二，企业的环保设施设备持有率、使用率、完好率得到了极大提高，有效地减少了企业废弃物的排放，减少了污染，保护了员工的身体健康。

体会三，企业积极投入和使用先进的节能减排设备和工艺，节约了大量资源。

作为一个行业领头的维修企业，上海幼狮将企业的可持续发展和环境保护紧密结合，全面开展绿色汽车维修的建设，进行节能减排设备、设施更新改造，严格执行节能减排工艺规范，这些也只是上海幼狮做好绿色维修创建初期的基础工作。从企业的长远发展来看，上海幼狮要在节能减排绿色环保的建设中投入更多的时间、资金、人力和物力，并探索更多地运用新技术、新材料、新能源、新设备，开展“绿色维修”项目，发挥引领汽车维修行业的示范作用。

案例21:东方新纪元
——开创集约经营绿色环保新模式

无锡东方新纪元集团(以下简称“东方新纪元”)经过17年的积累,已经由早期的综合汽车展厅,发展成由60多个品牌4S店和大型汽车用品超市、驾驶员培训、旧机动车市场等组成的大型汽车经销商集团,在规模发展的同时,东方新纪元注重企业的长期可持续发展。自2010年开始,本着“集约经营、绿色维修”的主旨,东方新纪元开始了企业战略创新转型,并于2012年被交通运输部列为交通运输行业节能减排示范项目。

一、企业发展概况

(一)企业简介

东方新纪元由无锡商业大厦集团东方汽车有限公司和无锡市新纪元汽贸集团有限公司组成,隶属于上市公司无锡商业大厦大东方股份有限公司,1997年成立迄今,已经有17年的发展历史。2013年营收规模突破78亿,年汽车销售总量突破6万辆,拥有62家子公司和标准4S店,经销品牌包括保时捷、宝马、捷豹路虎等豪华品牌,一汽大众、上海大众、上海通用等主流品牌,经营区域涵盖无锡、苏州、南通、镇江、常州、宿迁、湖州等地,是无锡地区规模最大的专业汽车销售和服务公司,2012年排名中国大型汽车经销商集团百强第31位,江苏省第3位。

(二)发展历程

1997年,首开百货行业售车先河,成为全国首批15家百货行业经销汽车的企业之一。

1998年,东方汽车销售量居全国商业企业首位。

1999年,作为全国内贸系统汽车信贷消费业务开展最成功的企业,分期付款模式被称为“无锡模式”向全国推广，中央电视台经济半小时节目对此进行专题报道。

2000年，东方汽车正式转型为完全独立、具有法人资格的股份制汽车销售有限公司，当年成为上海大众江苏省销售状元。

2002年，无锡东方汽车一城建成，打造华东地区最大的汽车销售服务基地，年销售额破10亿。2003年，无锡东方汽车二城建成，代理销售保时捷、法拉利、奔驰、宝马等原装进口品牌的东方进口汽车展示厅成立，开始全面涉足进口高端汽车领域。

2005年，东方驾校、东方旧机动车、东方租赁和东方汽车用品公司相继成立，企业向汽车后产业高速进军，具有4S店资质的销售品牌超过24个。

2008年，东方汽车和新纪元汽贸这两家无锡最大的汽车销售服务集团实现了业务整合，市场区域扩展到南通，走向新一轮的发展。

2010年，集团跨入中国大型汽车经销商集团百强，以51.88亿元排名全国大型汽车经销商集团百强第35位。

2011年，东方汽车新城正式投入运营，30个中高端品牌4S店构成的集群冠绝华东地区。

2012年，集团品牌高端化进入实质性阶段，保时捷中心，捷豹路虎，凯迪拉克，雪铁龙DS等高端4S店将相继建成投入使用，高端品牌的比重将上升到44%。

2013年，集团完成跨域发展布局，实现无锡、苏州、镇江、南通、常州、湖州、宿迁、宜兴、江阴等区域市场的全覆盖，排名中国大型汽车经销商集团百强第31位。

二、企业发展策略

汽车维修服务行业目前是典型的资源消耗型行业，首先是土地资源的消耗，由于主机厂对4S店建设的高标准要求，正常情况下，一家标准4S店占地面积在10000m^2（约15亩）左右。与此同时，4S店售后维修车间，由于建筑格局的局限，照明灯具高度比较高，电能的消耗也非常大。4S店的维修需要至少两次清洗车辆，对于水资源的消耗也非常惊人，一系列的资源消耗，无论从保护自然资源的角度，还是降低企业运营成本的角度，都需要我们引进绿色维修理念，对传统维修模式进行体制、物质上的转型升级势在必行。

另外，东方新纪元依据十几年的销售服务工作经验，判断出汽车市场必然进入一个新的时代，这个时代的特征包括：低毛利、产能过剩、4S 店运维成本和人力资源成本持续推高、4S 店关键岗位人员进入人才荒、品牌和 4S 店进入优胜劣汰阶段……这一切的特征，带来一个必然的结果：作为一个汽车经销商，或者经销商集团，要生存，必须要实现经营转型，而转型的核心要素，就是以集约化经营、绿色维修为推手，降低经营成本，提高资源使用效率。基于这样的认识，自 2010 年开始，本着“集约经营、绿色维修”的主旨，东方新纪元开始了转型。

（一）集约经营，高效利用资源

在东方新纪元发展的前十年，是建立在散点经营的基础上，不仅布局不尽合理，空间资源和配套功能也无法有效利用。2009 年，经过精心的规划，东方新纪元开始采取了第一个重大变革——以高效利用资源为目标的集约经营模式。具体的做法包括：

（1）将原先散点布局的各 4S 店，就近进行集群经营调整。在无锡本地，东方新纪元构建起了四大 4S 店集群（图 1），包括：位于城东金城东路的东方汽车新城（32 家 4S 店）、位于城中学前东路的东方汽车二城（7 家标准 4S 店）、位于城南的金城湾 4S 店集群（5 家标准 4S 店）、位于城西北部的凤翔路汽车 4S 店集群（6 家标准 4S 店）。在南通，形成了保时捷、宝马、捷豹路虎、沃尔沃、雷克萨斯、斯巴鲁等 6 家高端品牌 4S 店组成的集群。集群经营使资源共享成为可能，土地利用率也得到极大的提高。

（2）规划建设占地 40 万 m^2（约 600 亩）的东方汽车新城（图 2）。设计容量 26 家标准 4S 店，8 家城市展厅，合集 32 个品牌经营店。入驻的 4S 店都是东方新纪元集团控股，以前散点布局在无锡市内各区域的店，进入东方汽车城后，形成了汽车城北部超豪华和豪华品牌集群区（含保时捷、沃尔沃、雷诺、福建奔驰、雪铁龙 DS 等）、南部商务车区域（包括风行、瑞风、江铃全顺等）、中部主流品牌区（含上海大众、一汽大众、通用雪佛兰、东风标致等）。如此高密度的 4S 店集群，能够有效地共享汽车城的各类配套设置和道路、绿化等，做到土地资源和公共配套设施的共享，避免重复建设。

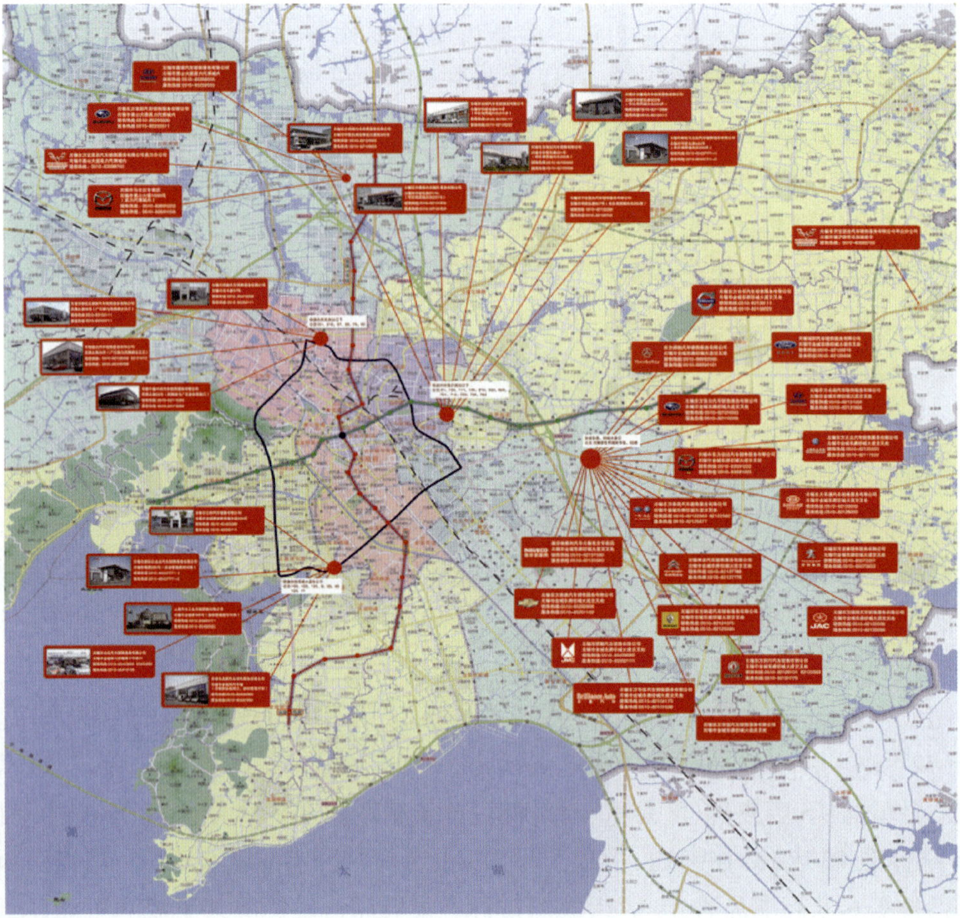

图 1　东方新纪元无锡地区 4S 店集群布局图

(二)绿色维修,节能环保

2010 年,江苏省交通运输主管部门在机动车维修行业率先推行《绿色汽修指导书》,无锡市交通运输局积极部署“绿色维修”创建工作。东方新纪元积极响应两级主管部门的号召,认真推广学习贯彻《绿色汽修指导书》,在东方汽车新城及近年新建或改建的近 40 家 4S 店投资规划过程中,充分考虑节能环保要求,积极采购绿色环保设备,采用新技术、新工艺提升整体环保节能水平。经过三年的努力,在绿色维修方面已经取得了实质性的进展,集团的“绿色汽车维修技术应用”,于 2012 年被交通运输部列为交通运输行业第五批节能减排示范项

图 2　东方汽车新城各平面图

目，并被列为江苏省、无锡市示范项目。

东方新纪元的绿色维修节能示范项目，主要包括如下实际运作内容：

1. 绿色维修车间技术应用

绿色维修车间技术主要是通过在维修车间整体配套设备设施进行污水分离、集中循环水清洁、集中供气、尾气收集净化等，有效地减少维修车间里有害废水废气的污染，减少对维修人员身体健康的危害，减少维修工人劳动强度、提高工作效率。

（1）螺杆式集中供气设备应用。目前集团新建 4S 店全部采用无油螺杆式空气压缩机（图 3）集中供气。该设备能够有效降低工作区域的噪音（供气房单独隔开），减少耗电量，减少维护成本和使用成本，使产生废油污水减少，提高压缩空气质量，保证喷涂质量。

（2）维修车间的尾气收集系统应用：集团在所有 4S 店的机电工位配备有可移动式的尾气收集装置（图 4），尾气过滤后排放。

（3）车间油水分离设施应用：每家 4S 店维修车间建有专门的污水回收管网，同时将车间污水与生活污水分离。将车间污水经油水分离后排放，大大降低对环境的污染。东方汽车新城建设初期就建设了集中收集污水的雨污分离管网等环境保护设施，目前该项设施已经全面投入使用。

（4）节能循环水洗车设备。东方新纪元充分考虑节约用水，在新城规划建设了 4 座绿色节能循环水洗车流水线，该项设备的投入可以将洗车水通过净化过滤装置循环利用,节水效率在73%以上。

图3　螺杆式空气供气设备

图4　尾气收集装置

2. 绿色机电诊断维修技术应用

绿色机电诊断维修技术主要是通过以机械、电子、液压一体化系统诊断维修为核心的不解体维修诊断技术,通过专用仪器设备检测,进行定量分析,制定科学维修方案,从而降低了维修成本,缩短了维修时间。

(1)采用超声波清洗零部件技术。超声波清洗机(图5)利用超声波在液体中的空化作用、加速度作用及直进流作用,使零部件上的污物层被分散、乳化、剥离进而达到清洗目的。

(2)采用制冷剂循环利用技术。集团全面使用汽车空调冷媒加注回收机(图6),实现冷媒回收和加注、抽真空、循环再生以及冷冻油的排放和加注等多种功能。

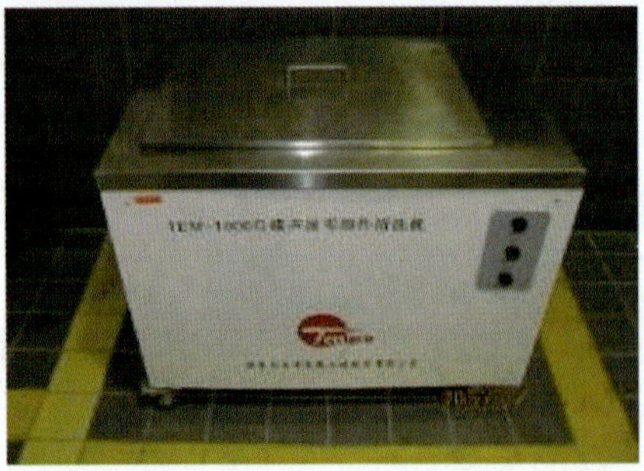

图5　超声波清洗机

图6　汽车冷媒加注回收机

3. 绿色钣金修复技术应用

绿色钣金修复技术主要是通过应用等离子切割、新型车身焊接、快速免拆卸整型、车身车架电子测量等技术手段,提高车身钣金质量及效率,减少车间噪音,降低员工劳动强度。

东方新纪元在车辆钣金修复中全部投入使用了各类、各规格新型的电焊机、二氧化碳保护焊机(图 7),以提升焊接质量,减少烟尘污染。

图 7　小型点焊机、大型点焊机、二氧化碳保护焊机

4. 绿色涂漆技术应用

绿色涂漆技术主要是采用世界上最先进的无尘干磨技术、先进的喷枪清洗技术和高性能能的喷枪使用,提高喷漆工序的生产效率和喷漆质量,降低工人劳动强度和环境污染。

(1)无尘干磨设备应用。采用国际水平的专业干磨设备,大大提高作业效率,减轻劳动强度,进一步降低粉尘污染,减少了对作业人员的身体危害。

(2)采用环保漆喷涂技术。采用水性漆和高流低压喷枪(图 8),提高漆料有效使用率。目前已逐步向所用 4S 店推广。

(3)采用高效烘烤节电技术。电加温、红外烤房(图 9)、烤灯等在行业中的领先运用。避免燃油式烤漆房使用柴油,能耗大、运行费用高而且造成燃气的排放污染等弊端。

图 8　高流低压喷枪

图 9　环保烤漆房

东方新纪元要求各店均配有环保烤漆房，该设备具有漆雾净化装置和有害挥发物净化装置，并定期更换过滤净化的过滤棉和活性炭，使排放废气达到国家规定标准。

5. 绿色维修废弃物收集处置应用

机动车维护和修理涉及品种繁多的汽车用品、油品及辅助材料的使用和更换，将产生大量的维修废弃物，如废弃的机油、轮胎、蓄电池等。由于汽车维修量大面广，各种废弃物产生的有害物质所造成的环境污染已经成为我们不可忽视的问题。为此，东方新纪元建立了一套绿色维修废弃物分类回收、集中处置的绿色回收体系。通过采用各种专业废液收集设备、公示废件分类标准，进行废件分类管理，危险类废件集中处置等方法，科学处置维修废弃物，既减轻了环境污染，又节约了大量资源。

6. 绿色维修管理体系应用

经过多年大力推广绿色维修，东方新纪元在节能减排方面取得了很好的成效，效益明显。项目投入绿色环保设备 1800 万元，回收期约为 3 ~ 4 年。其中仅超声波零件清洗、节能型烤漆房、集中供气系统、循环水洗车系统四项可量化节能项目的投入应用每年就可替代标准煤 76. 8t，减少二氧化碳排放 698t，替代标准油 263t，节约用水 1. 15 万 t。另外，水性漆的应用可减少 VOC 排放 50%。

三、转型体会

绿色维修转型发展，对于汽车 4S 店来讲，是一个相对较新的课题，没有现成的模式可以完全借鉴，在摸索的过程中，东方新纪元获得了如下经验和体会：

体会一，绿色维修转型发展，首要问题并不是技术问题，而是理念问题。

由于绿色维修并不是一个孤立的项目，而是贯穿了从新店规划一直到设备采购、配置的全过程，如果集团领导及分管部门没有一个明确而坚定的理念，那么，此项工作最终只能取得碎片化的成果，而无法产生系统化的效果，因此，形成一个明确的、系统化的理念，是转型工作的重要前提。

体会二，绿色维修转型，要作为一个投资项目来管理。

绿色维修，一开始很容易很简单地理解为一个单纯节能减排的工作，是处于保护环境的需要。而事实上，绿色维修转型是能够给企业带来巨大效益的，而产生效益的前提，是需要有科学的、规模化的前期投入。因此，这个项目要作为投资项目来进行管理,只有缜密地测算好投资规模、近、中、远期的节能效益,合理分配了经济效益和社会效益的比重,此项工作才能长久坚持下去,不然,很多企业因为一定量的前期费用投入,暂时看不见中远期的效益,很容易半途而废。

体会三,绿色维修是一个系统工程。

从宏观的层面看,绿色维修并不局限于用节能减排的设备达成我们的成果,其中还牵涉到设备的使用效率、人员工时的效率等。因此,对于东方新纪元这样以汽车城或4S店集群为主要经营模式的企业集团而言,跳出单一4S店的思维方式,进行设备、人员、技术的规划布局,才能最大程度地发挥绿色维修的经济效益和节能减排效率,有利于绿色维修转型工作的效益最大化。

案例22:南京宁宝
——通过生产方式转型实现绿色汽修

南京宁宝汽车服务有限公司(以下简称“南京宁宝”)积极响应政府“节能减排、绿色汽修”的号召,坚持可持续发展的理念,在全国汽车维修行业率先打造5S新概念品牌汽车经销商。目前企业采用的太阳能光伏供电系统、地源热泵系统、废水回收系统、LOW-E玻璃、LED照明系统、绿色汽修工具仪器等设备设施,大大降低了能源消耗,减少了有害物质的排放。

一、企业介绍

南京宁宝成立于2003年,地处南京市秦淮区大明路278号,交通便捷。服务中心占地9245m^2,主营业务为销售、服务宝马全系车型以及经营宝马零配件、加装附件和精品。南京宁宝是华晨宝马汽车有限公司和德国宝马汽车集团在江苏省的首家授权特许经销商(图1),同时也是在全球范围内首次升级为5S店的宝马经销商。

图1 绿色环保5S店授权书

作为一个有社会责任感的汽修行业领军企业,南京宁宝积极响应政府“节能减排、绿色汽修”的号召,响应宝马集团“可持续发展”理念,积极由传统汽车经销4S店转型为“可持续发展型”的绿色环保汽车5S店。在物质方面,南京宁宝投入巨资,于2010年1月申请立项宝马城市5S旗舰店,2010年9月开工建设,2012年4月正式投入使用。展厅建造采用节能减排的理念,使用了多项节能环保技术,至今运行顺畅,节能效益显著。在文化方面,南京宁宝加强内部管理,强化员工节能环保意识,带领每一位员工一起开展环保事业。同时大幅度提升员工福利待遇，组织多项员工活动，提升员工满意度，使内部运作井井有条。更重要的是，南京宁宝积极参与社会公益活动、慈善活动，在社会树立积极良好的企业形象，在同行业中具有显著的模范带头作用。

2012 年 4 月，宝马大中华区首席执行官史登科博士为南京宁宝颁发 5S 授权。同时，秦淮区区长为公司颁发了“绿色汽修店”的荣誉称号。这标志着南京宁宝走入了一个全新的发展阶段。

南京宁宝公司的绿色汽修项目，获得 2013 年交通运输部、财政部给予的“交通运输节能减排专项资金”支持。

南京宁宝的地源热泵项目，荣获 2013 年江苏省交通运输科技节能减排工作专项经费（第二批）支持。2014 年 3 月，南京宁宝汽车 5S 店被评为“绿色汽修南京标杆店”。

二、企业发展策略

（一）创建节能减排 5S 经销展厅与绿色汽修车间

在以往人们的眼中，汽车维修厂总是伴随着噪声、烟尘、污水排放等环境危害，但在南京宁宝打造全新概念的汽车 5S 店中，人们将会改变这一看法。南京宁宝节能型展厅与维修车间从 2011 年投入使用至今，运行状况顺畅，节能效果显著。应用于展厅与车间的雨水收集、地源热泵、LOW-E 玻璃、LED 节能灯、水性漆、红外线电烤房等技术，对于节约电能、水资源、避免噪声、光污染、职业病等都具有积极正面的效应。

1. 雨水收集与水资源再利用技术

南京宁宝所建设的雨水收集系统位于公司门前的花圃之下，是把原来被排走的雨水进行利用，投入到园艺的灌溉之中。水资源再利用系统收集全自动洗车机的洗车废水，经过处理之后进行再利用，节约 50% 的洗车用水量。

2. 采用 LED 节能灯

南京宁宝在汽车 5S 展厅中，使用节能型的 LED 灯源代替传统的白炽灯。依据表 1 可见，坚持使用 LED 节能灯管 1 年，可节省约 32.7 万 kW·h 的电能。

3. 采用太阳能光伏系统

南京宁宝为节约用电，采用了太阳能光伏系统，该系统每年发电 4.55 万 kW·h，可以有效支持整个汽车5S店的照明、制冷、供暖、压缩空气、办公用电等电能消耗。同时展厅拥有醒目的光伏系统显示器,时刻准确显示整个光伏系统的工作状态与节能数据。

LED灯与普通灯管使用比较表 表1

							(W)
灯管	15	1324	19860	52	1324	68848	48988
灯管	12	71	852	26	71	1846	994
日光灯	18	1013	18288	40	1016	40640	22352
日光灯	9	213	1917	18	213	3834	1917
室外灯杆	400	6	2400	1000	6	6000	3600
合计		2630	43317		2630	121168	77856

注:按照每天工作12h,每年工作350d,合计节省326974.2kW·h电能。

4. 采用地源热泵系统

南京宁宝为了节约空调系统方面的能耗,使用了先进的地源热泵系统。该系统利用地下水恒温的特性,通过埋入地下的垂直管获取深层土壤的热量,冬季把地能中的热量“取”出来,供给室内采暖,此时地能为“热源”;夏季把室内热量取出来,释放到地下水、土壤或地表水中,此时地能为“冷源”。公司自使用地源热泵系统之后节能效果明显,该系统比传统空调系统运行效率要高40%~60%,自投入运行至今,企业共计节省电能约8万kW·h,相当于节省煤炭86.9t;减少二氧化碳的排放量8.1t。

5. LOW-E玻璃

南京宁宝玻璃幕墙采用的LOW-E玻璃,是在玻璃中间镀上稀有金属,从室外观看,外观更透明、清晰,既保证了建筑物良好的采光,又避免了以往大面积玻璃幕墙、中空玻璃门窗光反射所造成的光污染现象,同时其隔热效果良好,能够降低空调的制冷损失,间接减少了电能消耗。

6. 采用水性漆

南京宁宝在喷漆车间大量使用水性漆,水性漆用水作溶剂不含苯、甲苯、二甲苯、甲醛、游离TDI等有毒重金属,无毒无刺激气味,对人体无害,不污染环境。

另外，使用水性漆能够提高喷涂质量，有效降低喷漆方面的客户抱怨与返工。

7. 红外线烤漆房

在喷漆作业中，一个柴油烤漆房无疑是很大的污染物排放源，改造前烤漆房平均每年使用柴油9000L，排放了一定数量的废气且具有一定的安全隐患。南京宁宝将原有的柴油烤漆房全部替换为红外线电烤漆房，大大减少了由于燃烧柴油而产生的废气排放，也提升了安全系数。

8. 采用全自动电脑洗车

南京宁宝使用电脑洗车机，节约了人力资源，同时也确保了车辆清洗的质量。为了节约水资源，在洗车机底部集成了水循环系统，将洗车废水经过沉淀、过滤再次用于洗车。利用水循环系统，每次洗车可节省用水50%，年节约自来水可达3360t。

9. 采用HVLP高流低压喷枪

南京宁宝在喷漆作业中采用HVLP喷枪，HVLP喷抢相对于原先的压力式喷枪更环保，有效使用率高达65%以上，降低了用料成本，减少了有机溶剂的排放量，提高了工作效率，改善了工作场所的环境，每年可节省漆料约800L。

10. 采用干磨吸尘设备

传统的水磨工艺劳动强度很大，且会造成水污染并易造成漆膜的橘皮、气泡、沙痕。采用干磨设备不会污染水源，且在打磨过程中吸尘设备会将打磨出来的粉尘吸走，确保了员工身体健康。

11. 采用空调制冷剂抽吸加注设备

南京宁宝车间配备先进空调制冷剂抽吸和加注设备，该设备不但能够确保制冷剂不会泄漏到空气中，对制冷剂进行有效回收与过滤，而且方便针对空调系统故障进行诊断，在一定程度上也减少了故障系统对于环境的危害。使用该设备，企业每年可以节约制冷剂315kg。

12. 采用制动液回收加注设备

南京宁宝车间的制动液加注设备，能够在维修制动系统的时候将整个车辆的旧制动液全部回收，避免了制动液内蓖麻油、乙醇、丁醇等成分对环境的危害并且在更换制动液的时候可有效防止空气进入制动系统危害驾驶安全。

13. 采用自制LED工作手灯

南京宁宝技术部使用废旧的手机电池、LED灯泡，研发制作了安全节能型

LED 工作手灯。目前该自制手灯已经在公司内部进行了“量产”，下发到每个维修班组中使用。经过核算，1kW·h 在白炽灯可用 16h，用自主研发的 LED 节能灯能用 500h。

14. 其他绿色汽车维修设备

在南京宁宝的维修车间中，您随处可见绿色汽修的设备，例如超声波清洗机、免拆检的诊断设备、发动机尾气分析设备、电子测量整形设备、维修工位尾气回收装备、整形介子机等。

南京宁宝以社会责任为己任，投入大量资金建设绿色汽修车间，大到地源热泵、太阳能供电的建筑层面环保设施，小到员工每天在使用的诊断仪器和工作 LED 手灯，无处不展现南京宁宝人的节能环保可持续发展理念。

(二)制定全面的节能减排管理规定

1. 可持续发展的教育培训

每当有新员工加入南京宁宝，企业就会对新员工进行入职培训(图 2)，介绍南京宁宝可持续发展内容，力求在新员工刚入职时就及时建立可持续发展理念，力求新员工的行为能够符合汽车 5S 的标准。

图 2　可持续发展教育培训

2. 节约用纸的管理规定

为了节约宝贵的森林资源，减少纸张的浪费，南京宁宝对于打印纸做出严格规定，首先，所有文件打印之前务必检查一遍，确保不会由于排版、文字、内容错误而造成误打印的浪费。其次，所有内部用纸全部采用双面打印，为此专门在每个打印机旁边设置了废纸回收篮，用于区分白纸、单面可用纸和废纸。

3. 垃圾分类回收管理规定

南京宁宝在维修车间、办公区、客户休息区等处全部设置了多个垃圾分类回收桶（图3），严格区分可回收垃圾、不可回收垃圾、可燃危险品垃圾、化学品垃圾等。

图3 垃圾分类回收桶

4. 照明、办公电脑、空调系统用电的管理规定

南京宁宝在公司区域内的所有照明电灯开关，全部贴上了绿、黄、红3种颜色的标签（图4）。对于绿色标签的开关，是属于日常照明供电的，可以在上班时间开启；对于黄色标签的开关，属于光线差、能见度低的时候才可以开启；对于红色标签的开关，属于一般不开启，仅仅在会议、参观时才会根据情况打开。由此，可以避免办公区域无意义的照明浪费。另外公司规定，下班之后每个办公室最后一个离开的，要负责关闭照明、空调、办公电脑等设备。夜间会有纠察人员巡夜，严格检查节能工作的实施情况。

5. 制定废旧电池的集中回收处理规定

南京宁宝在每个办公室内设置了废旧电池回收桶，并且倡议员工将使用过的废旧电池全部投入桶内，一起交由有资质的机构处理。经过公司不懈的努力和有耐心的监督，员工全部遵守规定，甚至有员工将自己家中的废旧电池也带到公司来，投入废旧电池回收桶。

图4　通过绿、黄、红三种颜色进行分级的照明开关

（三）积极参与社会活动

南京宁宝领导与全体员工认为，保护生态环境是每个人的责任，不单单要在公司工作的时候注意节能环保，同时，南京宁宝传递给员工的这种可持续发展理念与方法，应该运用到生活的方方面面，并且向我们广大的客户群进行辐射。

三、转型体会

南京宁宝作为东部地区最早、最大的宝马授权经销商特许维修单位，主动担当起环境保护的社会责任。不惜投入巨资，打造高效能的汽车销售展厅和维修车间，并且制定了严谨切实的节能环保管理规定。作为绿色汽修标杆店，到了政府和社会的一致好评。经过两年多的实际操作，南京宁宝对于企业转型有下列体会：

体会一，转型需要有超前的理念和意识。

在广大汽车经销商不断挖掘销售资源，不断开拓业务市场，不断扩大经营规模的前提下，南京宁宝独具慧眼，另辟蹊径，投入巨资，致力于可持续发展的建设。这是因为南京宁宝管理层认为，只有可持续的发展才是有价值的发展：可持续的客户源才能提供公司稳定的业务，可持续的员工才能带来稳定的业务水准，可持续的管理规定才是保障公司良性循环的基石。只有致力于公益事业、环保事业的企业，才会获得社会的认可，获得良好的企业形象，才能做到真正的可持续发展。

体会二，转型需要见到实际的效果。

在可持续发展战略实际运作过程中，每一位南京宁宝的员工、顾客都能感受到强大的变化。原本持续排放废气、噪声巨大的柴油烤漆房没有了，取代的是一个仅仅依靠电力运作，几乎没有废气排放的红外烤漆房；原本气味刺鼻的调漆间、油漆仓库没有了，取而代之的是气味温和、设施完备的环保水性漆工作间；原本不断飙升的电费水费，被太阳能系统、LED照明、废水回收系统、地源热泵系统有效地控制住了；原本车间内熏人的汽车废气没有了，高效能的汽车废气回收设备不间断运作，持续对车间空气进行净化；原本由于疏忽造成的忘记关灯、关空调的行为和不恰当打印造成的纸张浪费现象，都被有效的管理制度约束了，现在南京宁宝的员工都能自觉做到珍惜资源，绝不浪费。

体会三，转型不是光靠企业一己之力，要向社会辐射。

在南京宁宝进行转型的过程中，一方面公司内部进行改革措施，另一方面，公司利用市场活动、媒体宣传等方式，积极带动宝马车主参与到节能环保活动之中，例如我们的“童悦之家”和敬老院活动。公司相信依靠其自身拥有的感染力和号召力，能够带动我们的客户在自己的工作与生活中多为节能减排做贡献。

案例23:上海永达
——绿色服务决胜后市场

永达集团创建于1992年,是中国领先的一家专业性汽车销售服务集团。集团先后在上海、北京、福建、江苏、浙江、山西、海南等10个省、27个城市成立了近百家汽车销售服务网点,共代理了21个汽车品牌,包括宝马、保时捷、捷豹、路虎、奥迪、英菲尼迪、凯迪拉克等国际知名豪华轿车品牌。集团还率先在行业内形成了驾驶培训、汽车销售、汽车租赁、汽车维修、汽车检测等完整的汽车销售服务产业链,是中国网点分布最广、代理品牌最多、服务功能最全的汽车销售服务集团之一。

一、企业发展概况

上海永达汽车经营服务有限公司(以下简称"上海永达")作为永达集团旗下第一家4S店,成立于1999年4月,是由上海永达控股(集团)有限公司投资,经广汽本田汽车有限公司及日本本田技研株式会社授权,集整车销售、售后服务、零部件供应、信息管理"四位一体",专业销售和维修日本本田和广汽本田系列汽车的企业。上海永达从刚成立时的十几人到现在拥有156人的成熟企业,始终坚持高品质的服务态度和客户至上的服务理念,目前已经拥有世界先进的汽修设备、检测设备、本田HASS店的先进管理模式。

上海永达成立15年来,全体员工一直都秉承着"诚信追求卓越"的企业精神,紧密围绕客户和经营两个基本点,持续不断地进行管理改善和提高,始终保持优良的企业经营状态,始终在行业里走在前列。公司曾获得"全国交通行业文明示范窗口"、"全国汽车维修行业诚信企业"、上海市"著名汽车销售服务企业"、"上海市守合同重信用企业"、"汽车维修行业三星级诚信服务单位"、"上海市物价计量信得过金奖"、"最佳特色服务经销商"、"广汽本田汽车钣金喷漆样板店"等荣誉,并在2007年至2013年连续7年获得行业主管部门考核AAA级诚信企业,连续11年获得“广汽本田汽车优秀特约销售服务店”称号。

二、企业发展策略

上海永达经历了中国汽车产业的起步期,也走过了汽车产业的黄金10年,如何在大浪淘沙的市场环境中持续健康发展,一直是公司经营团队不断探索的课题。上海永达在企业战略转型方面有两个亮点,一是从“传统型汽车维修特约店”向“绿色型汽车维修特约店”的战略转型。二是“被动保障服务”向“主动关爱服务”的服务品牌转型。

(一)“传统特约店”向“绿色特约店”的战略转型

为了响应时代的要求和遵循企业可持续发展的战略,2005年,上海永达开始推行“绿色特约店”的经营理念。围绕这“四个绿色”,我们从建立绿色企业文化、制定绿色管理战略、发展绿色组织结构、研究绿色维修方案等方面开展一系列的经营管理活动。

1. 建立绿色企业文化

绿色企业文化是企业及其员工在长期的生产经营实践中逐渐形成的,为全体职工认同并遵循,具有本企业特色的,对企业成长产生重要影响的,对于节约资源、保护环境及其与企业成长关系的看法和认识的总和,包括价值观、行为规范、道德风尚、制度法则、精神面貌等,其中处于核心地位的是价值观。绿色企业文化既是绿色管理的重要内容,也是企业实施绿色管理的前提。

上海永达重视保护地球环境和人类健康,强调“没有安全就没有生产”,在生产经营、维修服务中,积极参与保护人类健康和地球环境的活动,在企业内部开展环境和职业健康安全培训、交流等活动;营造有益身心健康、安全的工作环境;积极参与环境管理活动,实施安全措施,与周围社区和谐相处;积极对外宣传绿色服务理念;绿色服务这个理念深深地植入到员工的心中。

2. 制定绿色管理战略

绿色经营战略是企业根据企业与自然、社会和谐发展,在促进社会经济可持续发展中实现企业可持续成长的理念,结合外部环境的变化和企业的实际情况,从总体上和长远上考虑成长目标,明确成长方向,并制定实现目标的途径和措施。制定绿色战略是企业长期稳定、持续实施绿色管理,避免一朝一夕短期行为，使绿色管理变成企业成长有力、持续、不可缺少的推动力量的保证，是企业采取节约资源、保护环境措施的纲领。9年来，企业始终遵循"与环境和谐生存"的原则，针对维修企业日常业务所产生的废物，包括废物的产生、回收、储存和转移等方面，以及能源、资源的节约、潜在环境影响的预防等方面制定企业管理战略，提高运作效率，降低成本。

3. 发展绿色管理组织

绿色管理不仅需要全体员工有绿色意识，还需要有具体的职能部门来履行绿色管理的职能。我们建有完善的绿色管理组织机构，对绿色管理系统的建立、实施、维持和持续改善进行管理。上海永达管理组织机构如图1所示。

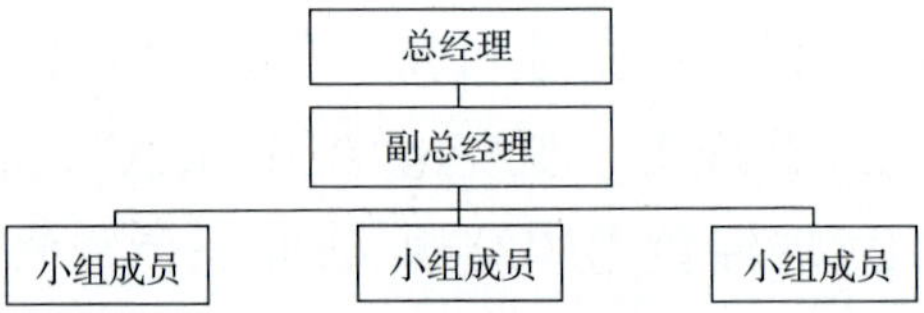

图1 绿色管理组织机构

上海永达绿色管理组织各成员职能如表1所示。

绿色管理组织各成员职能表 表1

总经理	(1)制定公司的绿色管理方针，并确保员工实施必要的措施 (2)确保资源落实到位
副总经理	(1)检查各项工作是否开展并得以保持，并对各种改进提出要求和必要的建议 (2)负责联系各小组，收集和提供相关信息
小组成员（部门经理）	(1)掌握组织的当前状况，并拟定改进目标 (2)负责人员的具体管理，并按要求完成相关任务和活动 (3)对改进目标进行检查

4. 积极研究绿色维修

传统的汽车维修技术既没有考虑到对环境的影响，也没有考虑到对资源的合理利用，更没有考虑到社会的可持续发展问题。结果造成了大量资源、能源的浪费和环境的污染,影响了社会的可持续发展。因此,合理利用资源、减少环境污染的绿色维修值得我们研究。

(1)开展水溶性涂料(简称水性漆)的引入和技术探索。水性漆作为加清水稀释的纯环保产品,比起传统的溶剂性涂料具有低甲醛、低芳香类碳氢化合物等特点,绿色、节能、安全、使用方便。根据专业机构测算,以每周平均混合4L底色漆的喷漆车间为例,使用水性漆每年可以减少115kg有机溶剂的排放,相当于100辆汽车一年的尾气排放量。上海永达在2011年引入了水性漆。在引进水性漆之前,传统底漆喷涂施工的工序工艺较成熟,油漆耗材率相对较低,但是油性漆的有机溶剂含量较高,对环境的污染严重。因此,尽管在引入初期,耗材成本与人力成本居高不下。但是,我们清醒地认识到随着全社会低碳环保理念的不断进步,使用水性漆是必然趋势。为此我们设立了如何降低水性漆耗材的课题,从人、机、物、法等寻找改善方法。一是针对员工喷漆技术和熟练程度不稳定的原因,制作喷漆操作手册,让喷漆作业标准化、规范化。同时对员工进行相关培训,促进员工专业技术技能的提升。二是改善工艺流程,通过改变边角打磨和整体打磨流程;利用水性漆覆盖力强的特点,简化色喷工序等方式,减少油漆耗材的使用,降低了生产成本。对比2010年至2013年油漆用量,企业仅油漆耗材方面就降低成本20%。

(2)建立长效的管理制度。上海永达汽车经营服务有限公司在“绿色特约店”的建设过程中,针对废物、废气、噪声、油品、化学品、资料能源等存在的问题,深入分析,制定了《废气管理规定》、《废水管理规定》、《油品、化学品管理规定》、《噪声管理规定》、《资源能源管理规定》、《防火应急预案》、《环境理念宣传规定》等,通过建章立制,建立和完善了管理的长效机制,使我公司在绿色管理上步入有法可依,有章可循、有违必究的良性轨道,各项管理工作更加科学化、规范化。2007年上海永达被广汽本田授予“绿色特约店”的称号,在9年多绿色特约店的建设和发展过程中,企业不仅节约了资源,提升了企业盈利水平;同时更受到了行业协会、周边社会团体、政府部门和客户的高度认可,提高了品牌形象。绿色服务转型让企业和社会双赢。

(二)“被动保障服务”向“主动关爱服务”的服务品牌转型

对于一家汽车4S店来说,消费者购车只是开始,售后服务则伴随着汽车的整个生命周期，因此优质的售后维修服务是企业可持续发展的关键。随着本田市场保有量的不断增加和客户的服务需求日益提升，服务转型势在必行。客户对我们的认可和接受不再仅仅是低廉的价格和服务，而是更完善、更专业、更人性化的服务体验的总和。愉悦的沟通，准确的诊断，快捷和高效的维修是优质售后服务的关键。因此传统的保障服务已经无法满足客户的需求，我们的服务必须是以顾客价值为导向的关爱服务。

1. 从客户需求出发，持续差异性服务

随着汽车4S店、快修服务店的日益增多，消费者的选择范围也越来越大，因此只有不断为客户提供高水平的服务才是留住客户的根本。心理学的峰值尾值现象告诉我们，只有从客户的需求出发，维持推进差异服务是提升客户满意度非常重要的方式。“如果你做不了第一，那就做唯一”，在差异化服务方面我们开展了如下服务活动。

（1）开展安驾活动。随着国内居民的经济收入逐年提高，越来越多的家庭购买了汽车，加入了车主大军之中。但伴随着越来越多的车辆在拥挤的道路上行驶，交通安全事故发生数量也似乎与GDP紧密地联系在一起，逐年上升。2010年开始上海永达导入“喜悦安驾店”体制。该体制旨在通过向顾客广泛开展安全驾驶培训，传播正确的驾驶知识，消除驾驶技能中的盲点与误区，从而提升更多车主的安全驾驶意识，减少交通事故的发生，真正做到对客户的关爱。从活动启动至今，已经有超过800多位客户享受专业安全驾驶培训，培训内容不仅包括了日常开车中常需要的自查项目、盲区认知、纵向停车、安全带使用等基础知识与驾驶技巧，还包括湿滑路面紧急制动及避障等各种危险情况下的驾驶体验与应对等内容，可以说是一项非常实用的增值服务。

（2）早八时晚八时服务。针对上班族和特殊人群上海永达推出了早八时晚八时服务，一是让客户可以错时安排车辆维修，节省时间。二是提前和延长服务时间，能够让客户有更充裕的时间来安排车辆的维护和修理，对于突发事故的处理也更便捷，多年来企业的早八时晚八时服务一直受到客户的好评。

（3）预约服务。为了更好地优化维修资源配置，节省客户等待时间，并有针对性地提供维修服务，提高客户满意度，上海永达推出了维修预约服务。设立专人负责客户预约工作，结合客户车辆信息、维修峰谷值工作量、人员情况等对客户进行电话邀约，让客户有选择性地进行车辆维修。我们更为客户专设了预约绿色通道和预约工位，让预约客户真正享受到快捷的差异化服务。

除了上面几个差异化服务外，企业在差异化服务上还有许多小的闪光点，例如在夏天为客户在维修好的车内放上一瓶矿泉水；洗车后往往有些隐蔽处会留有水渍，我们的售后服务人员会每人配备一块毛巾，为客户温馨一擦；客户休息室配备了万能充电器；设立了儿童天地。这些服务成本低廉，但是确让客户感受到我们服务的细致与用心。

2. 加强客户关系工作，了解客户感知，做好客户关怀

（1）通过日常的巡查、录音抽查、客服的电话调查等各种形式及时掌握客户对企业服务的满意度情况，改进服务工作。并每月进行总结分析，将月度发现的问题，相关部门已规避的问题、改善较大的项目、急需改善项目及下阶段重点工作等一系列事项形成书面总结报告，会同有关部门一起讨论、改进，不断提升企业的服务能力和质量。

（2）建立了多种途径收集客户意见，对客户的意见和建议坚持5个不放过：客户不满意不放过；原因不查清楚不放过；改善措施不落实不放过；责任人没有受到处理不放过；全体员工没有受到教育不放过。我们清楚地认识到良好的客户关系的建立是多么的来之不易，只有认真对待每个客户的意见，才能坚守住为客户服务的底线，才能提升企业的服务品质。

（3）加强客户关系维系，增加客户量。企业通过回访、招揽、各类日常提醒等各种形式与客户建立良好的关系，例如遇到特殊天气前，通过短信提醒车主一些安全注意事项、节假日会送上关爱问候，在点滴间让客户倍感亲切，从而提高了客户的忠诚度。此外，企业还每月举办车主讲堂活动，讲解车辆日常维护常识、突发情况下的应急对策、节油驾驶技巧、保险理赔常识等，客户互动热烈，反响良好，讲座后现场的互动环节能及时解答客户问题，也得到了大批客户的喜爱。此外，企业还不定期邀约客户参加自驾游活动等，给客户创造了一个互相认识的交友平台。

三、转型体会

现如今，汽车销售市场风起云涌，广汽本田在全国的4S店已经从15年前的十几家发展到400多家，同行业不同品牌竞争的激烈程度更加不言而喻。在此情况下，上海永达明确定位，在硬件有限的情况下，勤练内功，始终坚持以服务赢

得市场。年维修作业量从公司建立之初的1万辆次，到现在的年维修3.5万辆次，营业收入翻3番。总结企业转型发展的体会，主要有以下两点：

一是领导重视。“宝剑锋自磨砺出，梅花香自苦寒来”。回首企业转型之路，每一次的改变都非易事。绿色特约店建立初期，场地、设施设备、人员素质都存在一定的差异，员工对于绿色服务的理念也不甚了解，导致工作开展存在一定的难度。可在公司领导的重视下成立了转型领导小组，总经理指导转型工作，投入资金对硬件设备进行改善，确保符合绿色环保要求；积极宣传绿色服务在未来市场的可持续发展性。让员工明白转型是痛苦的，但是结果一定是好的；根据员工队伍现状，改变员工知识和专业结构，提高员工整体素质，逐步适应企业发展需求。

二是勇于创新。在一个行业中，创新决定了一个企业是引领者还是追随者，创新意味着改变，意味着付出，也意味着一定程度的风险。作为一家有着15年历史的服务型企业，上海永达在发展过程中始终坚持求变、求新，用创新的理念、细节牢牢锁定自己在行业中的地位。在销售和维修服务中，以客户为中心，实行差异化、个性化服务，为平衡维修业务量，减少客户等候时间推出的早八时晚八时和预约服务，既调整了员工的工作强度，又为企业赢得了更多的客户，更重要的是使客户得到了方便和实惠。

案例24:海通保养总厂
——打造高起点的客车专业维修基地

为进一步深化建立资源节约型、环境友好型汽车维修行业,促进机动车维修行业发展循环经济、建设低碳交通,实现可持续发展。连云港海通汽车保养总厂(以下简称"海通保养总厂")坚持以科学发展观为指导,以倡导"节约资源,保护环境"为主题,不仅在企业内积极营造绿色汽修氛围,加强从业人员培训,应用维修新技术,加快设施设备改造,严格操作规程,强化节能减排管理,提高维修人员绿色汽修意识,而且在苏北地区率先启动,尝试大客车、BRT客车绿色汽修创建工作。海通保养总厂已于2013年12月底顺利通过了省、市汽车维修行业绿色汽修创建示范企业的检查验收,成为苏北地区大型客车维修创建绿色汽修第一家。

一、企业概况

海通保养总厂隶属于连云港海通汽车服务有限公司,是国有一类汽车维修企业,企业组建于2012年,占地2.5万m^2,厂房投资1500万元,设备投资160万元,现有员工57人,其中高级技师3人,技师4人,高级工10人,中级工18人,配置了连云港市汽车维修行业最先进的软硬件服务设施和技术服务力量。是广西玉柴、潍柴的服务站,是宇通、青年、苏州金龙、厦门金龙、扬州亚星、桂林大宇等客车厂在连云港地区的唯一特约服务站,主要经营大客车、载货汽车、危货维修及多个客车厂在连云港地区的车辆维修、三包索赔、配件销售等业务,同时承担着海通集团内部1000多辆客车的维修,以及各客车厂出口车辆在连云港港口的整车装备及验车工作。目前,企业经营状况良好,各项经济指标稳步增长,不仅取得了良好的社会效益,而且在连云港市汽车维修行业中发挥了较好的示范表率作用。2013年,海通保养总厂在连云港市交通运输系统三大技术工种技能竞赛中荣获团体一等奖。

二、绿色汽修推动企业转型升级

海通保养总厂按照汽车维修行业绿色汽修指导，认真学习江苏省交通运输厅2011年印发的《绿色汽修指导书》，教育引导从业人员充分认识汽修行业传统维修模式急待改变，维修企业转型升级迫在眉睫的形势，增强从业人员的责任意识和大局意识，努力减少或消除汽修中的“五废”（废机油、废蓄电池、废包装物、废水、废气）对环境造成的污染，并明确汽车维修企业发展必须以倡导节约资源、保护环境为主题，以促进机动车维修企业转变发展方式为主线的绿色汽修为必然方向。正是在这种“科学修车、能修则修、以修为主”节能增效理念指导下，海通从筹建之日起就严格遵循绿色汽修理念，并按照《绿色汽修指导书》内容，结合建厂及经营业务实际情况，参观调研了多家乘用车的绿色汽修4S店及综合维修厂，最终决定在本企业实施绿色汽修转型模式。

（一）加大宣传，提高认识

（1）海通保养总厂高度重视汽车维修过程中产生的废气、废水、废机油等有毒有害物质对环境危害的严重性，及时将绿色汽修理念宣传并灌输到每一位从业人员中去，由领导干部带头做，同事之间、员工之间充分沟通，在企业营造一个人人保护环境，大家共同参与，共创绿色汽修的良好氛围。

（2）将节能减排、低碳环保的工作理念主动融入生产经营全过程，通过强化维修服务流程管理，改造废物排放设施，运用先进生产设备和作业方式，从回收一点废油、回收一点废水和回收一升废气做起，切实解决企业存在的资源浪费和环境污染问题。

（3）引导员工提高对绿色汽修重要性认识，通过主动做好汽车维修过程中废弃物的回收和再利用工作，员工亲身体验绿色汽修给企业带来的益处，增强员工环保意识，用行动解决汽车维修中存在资源浪费和环境污染问题。

（二）建章立制、规范流程

要搞好绿色汽修的创建工作，就必须严格按绿色汽修的要求，建章立制，规范维修作业流程、操作工艺和现场管理。

（1）建立完善了一整套符合绿色汽修创建工作的基础管理台账和规章制度，从常规财务制度到各种专项制度，从预约维修到跟踪服务，从配件发放到旧件回收,应有尽有。设备的操作指南和操作规范一律上墙,可以边学边操作,工艺流程人手一份,边干边学边纠正。

(2)建立由企业负责人、车间负责人、班组长、维修人员、后勤保障人员组成的节能环保工作网络,完善岗位责任制,明确岗位职责,实行奖惩考核。维修人员严格遵守"能修则修、以修为主"的科学修车理念,作业过程中坚持做到"三不落地"、"四清洁",废弃物品绝不随意丢弃,进行分类保管,定期回收处理。

(3)汽车维修人员通过锻炼,掌握各种不解体维修设备和电子解码器使用功能,提高车辆故障诊断效率。如空调冷媒必须使用可回收容器,减少空气污染;喷漆作业选用的电加热环保烤漆房(是苏北地区第一台大客车电加热环保烤漆房),同时改用环保水性漆作为喷漆原材料。

(三)优良的设施是确保绿色汽修创建的基础

绿色汽修创建首先要在硬件上加强投资,而且关键是要投的到位,否则绿色汽修创建只能是纸上谈兵。

(1)海通保养总厂建设时,就按照绿色环境的要求,对维修车间的设备设施进行了整体设计。集中供气系统,保证了喷漆作业中气源气压的稳定和干燥,没有水气产生,提高了工作效率,降低了车间的噪声,保护了作业及工作环境;对不合理的排放设施加以改造,如实行雨污分流,将各维修工序中产生的废水进行隔油、过滤、沉淀处理后再排入污水管;在维修检测工位和调试工位设置汽车尾气收集装置,减少尾气排放对环境造成的污染;车身涂装选用水性漆,采用无尘干磨设备,节能型环保喷枪、洗枪机、环保贴、溶剂回收机等,确保在喷漆工作中达到最大程度的低碳、环保和工作效率的不断提高;购置了移动式四柱大客举升机和六柱举升机,变速器拆装机,烟度分析仪,大客车四轮定位仪、空调回收加注机等,依靠现代化的检测与维修设备,促进传统维修产业向环保型的转变。

(2)在维修车间使用视频监控系统,进行实时监控,导入信息化系统建立维修网络控制平台,从预约维修到前台接待,从配件供应到竣工检验等信息系统联网共享,实现从车辆进厂、客户接待到车辆竣工出厂检验的全过程智能化流程控制,为真正做到低碳、高效、环保、为绿色维修,科学维修打下良好的基础。

(3)一个现代维修企业,除了优良的设施,精湛的专业技术外,优秀的服务团队也是必不可少的。为此,我们在专业化建设中努力出新招,采取聘请技能精湛的专业技师开展维修人员节能环保知识教育，提高维修人员技能减少因返修造成的资源浪费和环境污染，推广先进的维修工艺，完善标准化的服务流程，使用先进的维修工具与优质的零配件，建立持续改善的服务体制，实现维修过程节能环保的全程控制，为客户的爱车提供专业的高品质服务。如在实际维修中，汽车总成件的损坏问题，过去的做法是能换则换，能不修则不修。而实施绿色汽修创建工作以来，维修人员及时转变了维修思路，成立专项修旧小组，严格遵循“能修则修、以修为主”的绿色环保理念，在征得客户的同意，并达到相关技术标准要求时，使用修复零部件或散件，去年仅此一项就节省配件近 20 万元。在钣金焊接作业中，钣金工在作车身修复校正时，采用车身整形校正设备，减少手工锤击，提高工作效率，降低和减少噪声。

(4)空调维修状况明显改观。过去维修人员在维修空调时，用的制冷剂都是自行放掉，这就给大气带来了污染，也加大了维修成本。自从采购冷媒加注回收设备，经过专业培训后，维修人员在维修空调时采取“能回收则回收，缺多少补多少”的维修原则，大大降低了车辆的维修成本，同时减少了对大气的污染，单这一项一年可节省维修成本十几万元。

(四)采取有效措施，做好维修人员个人防护

海通保养总厂及时为汽车维修人员配备了呼吸机、防护眼镜、风镜、抗静电工作服、工作帽、安全鞋等防护设备。特别在关键工艺的操作中，如零件打磨抛光、清洗零部件或喷射防腐剂时，为防止有害气体吸入维修人员体内，企业还制定措施，及时督促维修人员在操作时正确佩戴防护用具。

落实绿色汽修创建责任，规范维修过程中各种废弃物集中点，妥善存放处理；加强对空调冷媒回收机、超声波清洗机等绿色汽修机具设备维护，充分发挥其在绿色汽修中的应有功能；明确生产场所卫生包干区，确保作业场所卫生无油污、无杂物；每天组织相关人员检查考核，落实工作责任。

(五)创建“零缺陷”服务保障机制

建立诚信服务承诺标准，通过建设客户休息室，体现人文关怀，开展客户满意度调查、客户回访、上门征求意见、座谈等举措，对服务质量进行全程追踪，把客户满意作为衡量服务品质的唯一标准，在企业内努力打造诚信服务品牌。

三、创建绿色汽修取得的成效

作为连云港地区打造客车维修绿色汽修的示范企业，海通保养总厂在提高员工节能环保意识，注重建立节能减排长效机制，特别在汽车维修资源集约化利用和环保水平提升上取得了显著的成果。

（一）创建绿色汽修，有利于促进车辆低碳、环保、节能运行

随着汽车产业的高速发展，机动车污染已成为危害人类健康与自然环境的最大杀手。为有效解决汽车行业的环境污染问题，政府对于车辆在低碳、环保、节能减排等方面的性能也提出了更高、更严格的要求。汽车维修企业创建绿色汽修理念，提高整体装备水平，使用低耗、高效的仪器设备，对故障进行快速而准确的检测，从而为客运车辆低碳、环保、节能运行提供有力的保障。

（二）创建绿色汽修，有利于促进企业转型升级

海通保养总厂组建以来，坚持“科学修车，能修则修”的节能维修原则，增强从业人员节能增效意识。生产过程中，企业逐步由传统维修作业，建立健全绿色汽修管理体系向推广新技术、新工艺、新设备、新材料的现代化维修方式转变，利用先进的节能增效设备，进行规范作业，提高维修质量和工作效率，推进企业由粗放型服务模式向集约型服务模式转变。

（三）创建绿色汽修，有利于提高生产效率

企业购置并投入使用了一系列先进的维修设备，极大地提升了生产效率，提高了维修质量，尤其在当前人力成本急剧攀升的环境下，提升了企业的竞争力。以使用超声波清洗机为例，通过使用超声波清洗机，企业年减少使用汽油可达2万升，节省维修成本10万余元。在节约资源和成本外，超声波清洗还大大提高了工作效率，一台发动机大修用汽油人工清洗，需要4小时才能完成，利用超声波清洗只需要2小时，而且超声波清洗的效果要远优于人工清洗。

（四）创建绿色汽修，有利于降低工人的劳动强度

绿色汽修推广使用的新技术、新材料、新设备、新工艺，还能有效降低工人劳动强度，其节约的成本有利于促进各类设备安全、经济运行，有利于建立以人为本，人文关怀的企业文化。

（五）创建绿色汽修，有利于增加经济效益和社会效益

首先，推广绿色汽修，运用专用的仪器设备检测进行定量分析，不仅改写了传统的凭经验判断故障，以机械修理为重点的手工操作历史，同时利用汽车不解体故障检测设备和仪器，还可准确判断故障，减少盲目维修，实现快速而准确的维修。通过科学诊断，制定合理的维修方案，对汽车维修人员快速排除故障，减少维修成本，缩短维修进间，限定维修范围，避免资源浪费，给车主树立了科学规范、绿色环保的服务形象，从而大大提升企业的良好服务形象，增加企业经济效益。其次，绿色汽修倡导的“能修则修，以修为主”的维修经营理念，从根本上推进了汽车维修节能减排工作，传播了节能减排理念，让全社会都能通过用车、养车、修车的过程充分体会绿色环保理念就在身边。再次，在绿色汽修创建过程中，行业管理部门将不断建立完善一整套有效的汽车绿色维修工程评价与考核体系和机动车维修节能减排长效机制，定期对创建工作开展检查考核，提高维修企业节能减排技能和管理水平，提升企业诚信、规范、绿色、便民的服务形象。特别是汽车维修新技术、新工艺的普及，对资源进行合理循环使用，在减少环境污染的同时，还极大地节约了自然资源和劳动力成本。

四、创建绿色汽修转型体会

绿色汽修的创建过程，使我们意识到绿色汽修、科学维修是环保、低碳、高效的绿色汽修理念，是符合节能、减排、可持续发展要求的，代表了现代汽车维修的发展方向。

体会一，绿色维修带来高效优质。采用现代的红外喷漆烤漆房，节省了大量的柴油。按每月作业 90 辆车计算，一年可以节省柴油 28.14 吨。采用先进的无尘干磨设备比传统水磨效率高出 4 倍，配上集尘式系统后，干净、环保，且不存在水磨常见的水气泡、橘皮等现象，一次性成功率高，减少了返工问题。

体会二，绿色维修带来减排节能。采用以上的设备设施、工艺和水性漆，在排放治理上的益处也是显而易见的，其一，水性漆属无公害产品，在生产过程中无毒无味，不存在环境污染。其二，采用干磨工艺后使车间不再产生水磨工艺带来的大量污水，车间环境得以改善，自然环境得以保护。其三，采用红外喷漆烤房和水性漆后，车辆涂漆作业时，既节约柴油减少对大气环境的污染，同时也提高了工作效率。

第六篇

完善机制助推转型篇

汽车维修业转型升级，不但要鼓励连锁经营、规模化发展、专业化修理、品牌化建设、绿色维修，还需要强有力的保障措施。

由于强劲的市场需求，全球范围内汽车维修业蓬勃发展。在许多地方，汽车维修业已成为仅次于饮食业而排名第二的服务行业。汽车维修业转型升级涉及理念的转变、模式的转型和路径的创新，是一个战略性、全局性、系统性的变革过程，必须坚持在发展中求转变，在转变中促发展。在汽车维修业转型升级进程中，企业可以运用SWOT分析方法，找出优势、劣势及核心竞争力之所在，从而将企业的战略与企业内部资源、外部环境有机结合，确定市场定位和发展方向。

企业要发展，人才是关键。在企业管理中要理解人，尊重人，关心人，用精神凝聚人，用机制激励人，用环境培育人。素质要提高，培养是关键。汽车维修正向着设备现代化、资讯网络化、诊断仪器化、管理电子化、人才专业化的方向发展，知识的密集性和技能的复合性已成为现代汽车维修职业技能的重要特点，迫切需要大批人才。

企业文化是创建品牌的基础，品牌是企业文化的外在形象。随着人民生活水平的提高，消费者对汽车服务的需求日益个性化与人性化。企业文化是诚信经营的源泉，是企业的软实力。企业发展理念、创新意识、现代化管理、生态文明建设和诚信经营等，都是企业文化的体现。

企业要从支撑经济和社会发展与构建和谐社会的高度，服务民生，从更好地满足人民群众日益提升的汽车维修服务需求的角度，充分认识加强汽车维修企业各方面建设的重要意义，增强积极性与主动型，加速推进企业转型升级，实现可持续健康发展。

本篇案例企业从多角度、多侧面介绍了做法和体会，对处在转型发展中的汽车维修企业具有借鉴作用。上海东昌汽车服务有限公司导入卓越绩效管理模式，提出了“车管家”服务理念和服务标准；南京新港汽车维修公司倡导以市场需求为导向，以顾客为关注焦点，以关爱培养员工为本，实行持续改进的企业经营管理理念；荆州市鑫强汽车维修有限公司主动牵手职业教育，通过深度的校企合作，开展订单式培养，既化解了企业发展中用工难的问题，又增加了技术储备，为企业滚动式发展奠定基础；牡丹江中信汽车集团坚持以人为本、顾客至上的经营理念，注重人才培养，深得公司员工和客户的认可；宁国隆鑫汽车销售服务有限公司通过建立人才激励机制，提倡通过发展人来发展团队的管理理念，不断谋求企业生存及新的发展机遇。

案例25：上海东昌
——超越客户期望　追求卓越服务

上海东昌汽车服务有限公司（以下简称“上海东昌”）是上海通用汽车在上海最早设立的特约销售服务中心和售后服务中心之一。公司坚持超越期望、追求卓越的经营理念，通过改革创新，已经形成了集新车销售、维护修理、配件营销、信息咨询、汽车贷款、续保服务、保险理赔、旧机动车评估和置换等业务涵盖汽车服务全过程的“车管家”经营服务模式。

一、企业发展概况

（一）企业简介

上海东昌成立于1998年9月，隶属于全国汽车服务业首家获得“中国驰名商标”的东昌汽车集团，经销和维修上海通用别克品牌全系列乘用车，具有一类汽车维修资质，拥有多名上海通用车系的顶尖维修技师。企业先后荣获“上海名牌”、“上海市质量管理奖”、“上海市服务诚信先进单位”、“上海市交通港航行业AAA质量信誉优秀单位”、“2009—2010年度、2011—2012年度全国汽车维修行业诚信企业”等荣誉称号，被上海通用汽车授予“五星级销售中心”、“五星级售后服务中心”称号。

（二）发展历程

筹建起步阶段（1998年至2003年）。上海东昌作为上海通用第一批授权经销商，经历了从无到有的起步发展阶段。快速成长阶段（2004年至2009年）。随着乘用车消费井喷时代来临，上海东昌进入了快速发展阶段。转型发展阶段（2010年至今）。乘用车销售、售后市场竞争日趋激烈，为适应市场变化、顾客需求，上海东昌审时度势，确立了“以顾客为中心，满足和超越顾客期望”的经营服务理念，公司跨入转型发展阶段。

二、企业发展策略

随着汽车服务业的迅速发展和顾客对服务需求的变化，汽车服务市场正在影响公司竞争地位的变化，其面临主要因素有四个，一是市场的变化，车辆服务市场虽大，但企业数量多，竞争加剧，机会和风险并存；二是服务成本的变化，在人工、能源、物料成本持续上涨的情况下，保证服务质量，保持竞争力，潜力与危机并存；三是技能需求的变化，满足新车型档次升级，老经验和新要求并存；四是顾客满意标准的变化，满足顾客对服务需求的日益增长，成绩和挑战并存。

面对市场的不断变化，上海东昌坚持改革调整，以满足顾客需求为根本，以超越期望，追求卓越为主线，积极转型，并从以下七个方面着手进行：

（一）推行卓越绩效管理模式

（1）坚持执行 ISO 质量管理体系要求，并以此为管理基础，逐项认真贯彻实行，每年组织内审、管理评审和现场监审。

（2）推行 5S 管理，做到全员动员、全员参与，通过整理、整顿、清扫，规范了工作流程，提高了员工的素养。在为顾客提供安全、舒适、明亮环境的同时，也提升了各岗位员工的工作效率，塑造良好的企业形象。

（3）不断改进和完善绩效考核体系。实行月评、季考、年中小结、年终总评。实行全过程跟踪考核，阶段性激励推进，PDCA 循环改进，以目标管理和阶段考核的方法作为企业绩效改进的保障。

（4）注重顾客满意度评价。组织多形式的自评活动，接受第三方顾客满意度测评，通过顾客满意度测评发现顾客需求，持续改进，不断提高服务质量。

（5）导入《卓越绩效评价准则》。用卓越的评价标准评估和诊断公司运营管理状况，树立标杆和竞争对手，不断寻找改进机会，以求企业达到卓越运营。

（二）建立以“车管家”为品牌的创新服务模式

经多年积累，企业形成并正式确定了“车管家”服务模式，提出了有上海东昌特色的“车管家”服务标准，内容包括提醒服务（维护提醒、续保提醒、验车提醒、置换提醒）、远程服务、咨询服务、紧急救援服务、代办理赔和事故车修复期提供替代车服务、机场接送代驾服务等增值服务。这一标准的推行，使得企业的服务理念、内容、方式、质量、绩效等方面得到全面提升。

(三)坚持以精益化管理为特色的规范作业管理

1. 实行维修车辆预约服务

为了解决各时间段维修车辆进站量不均而造成的维修工位不足或空置等问题,上海东昌大力推行了车辆维修预约服务。在接到顾客预约电话时,客服专员会根据顾客要求与预约排班情况推荐给顾客最佳的进站时间。当顾客在约定的时间进站时,服务顾问在第一时间接待,并安排车辆上工位,这样就大大地缩短了顾客等候的时间。

2. 设计、启用顾客电子服务系统

为解决顾客因维修项目差异导致的等待时间不一,进而引起顾客抱怨等问题,上海东昌设计了一套全新的顾客电子服务系统(图 1),在常规的排队叫号系统的基础上,根据自身的服务特点,进行了量身定制,将排队叫号、维修预约、指定服务顾问和服务呼叫等融入系统。系统的启用明显地改善了顾客等候的秩序和时间,使顾客感受到了公平、便捷的服务。同时,也提高了服务顾问的工作效率,减轻了工作强度。

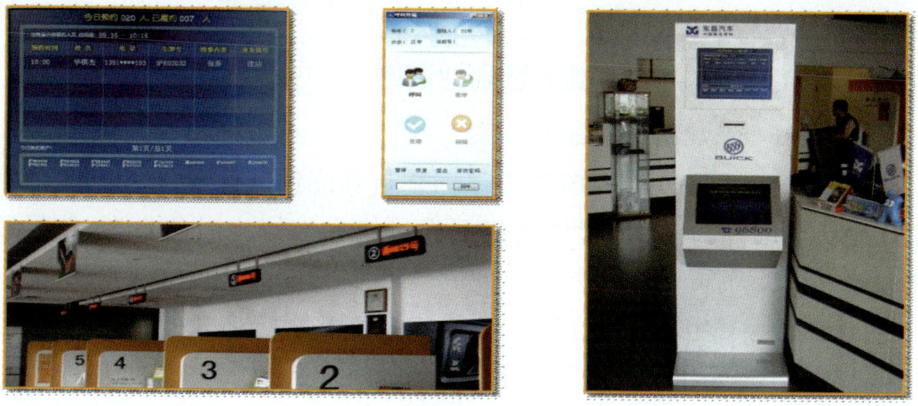

图 1　顾客电子服务系统

3. 设置快速维护通道,合理分配工位效能

以往维修车间派工流程只按先后顺序依次派工,并不对维护或修理项目进行筛选,这就经常导致只需要 40 分钟完成的例行维护,却因为工位被维修车辆占据而不得不等待几个小时的情况。为了解决这个问题,公司开设了车辆快速维护通道,设置专用工位,使例行维护的车辆能在第一时间上工位操作,大大提升了工位利用率。

4. 调整喷漆车间布局,提升整体生产效率

随着车辆喷涂业务量的不断上升,公司采取了以下两项措施缓解维修场地日显紧张的状况。

(1)优化油漆车间布局。减少烤漆房前的工位,腾出场地流转车辆。由于保证了通道的畅通,车辆进出烤漆房不再需要移动较多的车辆,大大缩短了车辆进出烤漆房的时间,整体效率得到提升。

(2)采用喷漆车间运作看板。采用运作看板,提前一天对烤漆房作业进行排班。油漆工按照排班表有序安排作业顺序,从而保证了烤漆房的不间断工作,提高了烤漆房的利用率。

以上两项调整措施实施后,整体工作效率提升了14.5%。

5. 大力推进5S管理,提高人员素养和工作效率

上海东昌大力推行精益化管理基础工作,即5S管理:整理(Seiri)、整顿(Seiton)、清扫(Seiso)、清洁(Seiketsu)、素养(Shitsuke)。通过规范现场、现物,营造安全、舒适、明亮的工作环境,培养良好的工作习惯,最终提升员工的素养,塑造企业良好的形象。

(四)建立诚信机制,铸就良好商业道德

1. 严格执行行业规范,提供诚信服务

(1)维修接待大厅公示维修工时、工时单价和配件差价率,张贴行业管理机构和行业协会的投诉热线,提供维修配件价格和维修工时的查询,接受顾客监督。

(2)按照行业规范开具由上海市运管机构统一规定格式的结算清单,收费项目工时费、材料费、质保期均在结算清单上明示,便于顾客查询与维权。

(3)维修接待大厅设置汽车正品配件展示,并与伪劣产品进行对照,便于顾客识别。

(4)维修业务收费全部提供机打发票。

2. 加强内部监管,确保诚信服务

(1)建立服务质量督导制度,配置专职服务质量监督员,对服务质量进行督导。监督员每天记录服务质量并直接向总经理报告服务质量状况。

(2)利用东昌汽车96800平台,接受顾客投诉,严肃处理操作不规范,损害顾

客利益行为。

(3)利用网站、微信等现代化工具,获取顾客意见,改进服务质量。

3. 接受行业监管,积极投入质量信誉考核工作

上海东昌每年积极投入上海市运管机构组织的机动车维修行业一、二类维修企业质量信誉认定考核工作,就经营资质、行业报表、经营行为、公示项目、安全工作、维修质量、环境保护、服务举措、投诉处理等项目进行全面自评,并针对自评中发现的问题落实改进,力求在考核中取得优良的成绩。

(五)提倡绿色维修,承担企业的社会责任

1. 保证产品安全,确保维修质量

上海东昌对经销汽车实施“RDT”三检验制度,进货、库存、交付前实施三次质量检验,保证质量安全的产品交付到顾客手中。

按照《机动车维修服务规范》(JT/T 816—2011)和 ISO 质量管理体系标准要求,对维修车辆、维修项目实行“三把关”制度,维修工把好质量自检关,车间检验员把好过程检验关,总检验员把好竣工出厂检验关,为顾客和社会的交通安全提供保证。

2. 贯彻职业健康安全标准,保障员工职业健康和安全生产

上海东昌较早实施 GB/T 2400:2000 职业健康安全标准,员工三级安全培训后上岗,对职业危害实施控制,对伤害、火灾实施控制和预防措施,保证员工的职业健康,保证企业的安全生产。

3. 注重环境保护,控制三废排放

上海东昌按规定定期更换烤漆房的风棉;收集回收分离后的含油物质;集中处理洗车废水达标排放;淘汰高噪声的活塞式空压机,采取低噪音的螺杆式空压机;采用中央集尘式干磨系统,降低空气中的悬浮粉尘,改善环境质量。

4. 关注节能降耗,促进资源综合利用

上海东昌建立了节约水电的制度,努力降低空调用电、照明用电;节约生活用水和生产用水,做到增产不增耗。同时,公司投资 6 万元,建造了洗车水净化装置,使水资源重复利用,降低了水耗,减少了污染。

5. 做好公共卫生,参与文明小区建设

上海东昌内部建立环境卫生管理制度,保证工作环境的卫生清洁;企业外

部，积极支持社区建设，出资修建了沿路绿化带，保持公司周边环境整洁，支持了地区的文明小区建设。

（六）更新和维护基础设施

上海东昌是上海通用打开中国家用轿车市场最早的合作伙伴，企业按照4S店标准及国家一类汽车维修企业开业条件，在较高的起点上配建了公司基础设施。在日常运营中，建立了设施设备维护制度和设备的日常点检制度，并将一般基础设施更新改造纳入年度固定资产更新改造预算管理之中。

（1）根据汽车生产企业厂要求，每五年对房屋内、外部进行一次彻底翻新，使汽车展厅、维修接待大厅始终处于高雅、清新状态。

（2）根据汽车生产企业厂车型的变化，不断更新维修专用工具，并根据维修等级的提高、维修技术的进步，增添更高技术含量的维修设备，如三合一集中式汽车检测线、美国 Pro – Cut 就车式光碟机、意大利集尘干磨系统等。

（3）关注汽车维修行业最新维修技术发展，对维修场地、维修车间布局不断进行调整，对公司的维修资源不断进行整合。根据国外汽车经销模式的最新变化动向，公司研究对新的汽车经销模式进行探索，制订了新的基础设施更新改造计划，以满足不断提高的顾客需要。

（七）实施与改进顾客管理

（1）服务回访：在顾客进站进行车辆维护或修理后的 3 天内，对顾客进行售后跟踪回访，了解车辆维护或修理的效果，以及顾客对售后服务质量的满意程度。同时，听取顾客对改善售后服务的意见和建议，并将相关信息及时回馈给维修站。

（2）根据第三方满意度调查结果，针对弱项设计和改进回访内容，跟踪和掌握弱项改进进程，提供给维修站进一步改善的依据。

（3）提醒服务：每月向购车后满 3 个月的顾客发送短信，提醒顾客进维修站对车辆进行首次维护；对维护满 3 个月的顾客以短信形式进行再维护提醒；对车辆保险或验车期即将到期的顾客进行短信提醒；对即将出质保期的车辆车主，提醒其回维修站进行车辆免费检测，以确保其能充分享受制造商所承诺的质保期待遇。

（4）预约服务：收集通过电话、网络等 5 种渠道的顾客预约信息，安排顾客维修,减少顾客等候时间,提高顾客的满意度。

(5)咨询服务:根据政府部门、上海通用、保险公司及东昌汽车等相关机构和部门的政策、规定和信息,回答来自于电话、网络和96800服务平台等的各类顾客咨询,以诚信、规范、专业的水准服务好顾客。

(6)投诉处理:按照投诉处理流程,规范接听、接受来自于当面、电话、网络、96800服务平台等的顾客投诉,分析、寻找产生顾客投诉的原因,与相关部门协调,采取有效措施,在解决顾客投诉的同时,改进相关的工作。

(7)救援服务:在接到顾客救援信息后,按车辆发生的实际情况,用电话指导解决顾客所遇到的问题,或上门解决顾客的难题,或派车将顾客车辆拖进维修站进行修理,为顾客排忧解难。

(8)流失挽回:针对一部分顾客在较长一段时间内如6个月以上未进站维护的情况,通过电话与顾客联系,了解顾客车辆的使用情况,对存在流失倾向或已流失的顾客,采取切实可行的措施挽回部分顾客,降低流失率。

(9)续保服务:在顾客车辆保险到期前的1~2个月,与顾客主动联系,提醒顾客办理续保手续,对有意向通过本公司办理续保手续的顾客,向其提供询价服务,并为其代办续保手续。

三、转型体会

上海东昌"超越期望,追求卓越"的七大方面工作的落实和推进,其实质反映的是公司服务理念的转型。

体会一,主动转型,敢于创新,企业才能赢得先机。

汽车服务企业面临的生存环境大同小异,服务模式趋于同质,市场竞争越发激烈,顾客期望不断提升,经营成本日益提高,在如此的条件下,企业只有认清形势,化被动为主动,适时转型,才能使企业在竞争中立于不败之地。

体会二,以顾客为本,调整经营服务理念和服务模式,企业才能赢得顾客。

在日益激烈的市场竞争中,上海东昌之所以得到顾客和社会的认可,是因为企业以顾客为本,从满足顾客的需求出发,运用精益化管理方式,对工作流程、生产布局、服务方式等进行改善,从而全面提升了企业的服务质量。卓越绩效管理、精益化管理和一系列的持续改进活动,还必将为企业带来稳定和持续增长的客源,从而为企业创造更多的利润。

体会三，善于学习，练好内功，企业才能赢得市场。

采用传统管理方式的企业在当今的市场中已无往日的风采。企业管理要与时俱进，要善于吸收先进的管理理念、管理模式和管理方法。上海东昌汽车服务有限公司在上海的汽车服务市场上之所以能占有一席之地，就是因为企业善于学习，有效地推行了卓越绩效管理的思想，并在经营中加以贯彻。管理的完善是公司的取胜之道。

体会四，以人为本，健全制度，企业才能赢得员工信任。

一切因素中，人是第一位的。同样，企业管理中建立以人为本的制度，将使企业获得无尽的动力。上海东昌从初创阶段到目前转型发展阶段积累了丰富的管理经验。在推进卓越管理的过程中，公司吸纳了先进企业、标杆企业的经验，并结合企业的自身特点建立起了一整套以人为本的考核机制，稳定了员工队伍，调动了员工的积极性，企业获得了长足的发展。

案例26:南京新港
——改革调整　促进企业创新发展

南京新港汽车维修公司(以下简称“南京新港”)坚持改革创新的经营理念,以市场需求为导向,以关注顾客为焦点,以培养员工为根本,为顾客提供放心、贴心、满意的汽修服务。目前,南京新港已成为汽车维修、救援、技术咨询、汽车美容、配件销售和车辆保险代理等适合市场需求的综合汽车服务实体。

一、企业发展概况

(一)企业简介

南京新港成立于1996年,是由当时一批下岗职工组织创办,初期的40多名员工都是企业股东,是南京汽车维修行业中的第一个民营股份有限公司。公司自成立以来,投资规模从开始的250万元到现在的1000万元,员工从起初的40多人到130人。年维修车辆从5000多辆次提高到15000辆次,年产值从300万元增长到1600万元,12年来共向国家缴纳税收约1400万元。目前,企业既是传统的综合型汽修企业,又是一汽特约维修站,还是汽车后市场的相关服务企业。不仅做汽车维修,还做汽车美容装潢,还与保险公司合作,成为车辆保险续保的出单点,为顾客提供车辆续保、出险报案、车辆修复一条龙服务。

南京新港先后获得“全国守合同重信用企业”、“全国汽车维修行业诚信企业”(连续三次)、“江苏省重合同守信用企业”、“江苏省南京市再就业示范基地”、“江苏省机动车维修质量信誉等级AAA”、“江苏省绿色汽修示范企业”、南京市“三信三优”单位、“南京市汽车维修行业诚信维修企业”等荣誉。

(二)企业发展历程

1996年7月,几十名下岗职工聚在一起,不等不靠,不向政府伸手,自觉减轻政府负担,自主创业。在南京江东南路成立了南京汽车维修行业中第一家民营股份有限公司。企业的服务宗旨是:顾客第一、质量第一、信誉第一。1998 年起。企业首次实行 ISO 9000 质量管理体系贯标,并一直坚持至今,同时实施规范修车服务流程,追求服务质量,力争顾客满意放心。2003 年至今,企业创立推广“三明”汽车维修服务品牌,在车辆维修过程中做到“明码标价、明档维修、明白消费”。

2008 年 5 月因市政动迁,企业实施股份重组,并以老员工为基础再次创业。2008 年 12 月公司获得“江苏快修”服务品牌。2009 年,公司加入中国一汽二级服务体系,成为一汽特约维修站。

2011 年起企业调整经营思路,积极挖掘私家车客户。并按照南京市行业管理机构要求,在全公司开展绿色汽修创建工作。同年与中国人民保险公司合作,成为车辆保险的出单点。

1999 年至今,连续 10 多年成为省、市政府公务用车定点维修单位,在 2014 年至 2016 年政府采购招标中再次中标。

二、企业发展策略

南京新港顺应社会经济发展趋势,积极实施机制改革,以市场需求为导向,以诚信服务为宗旨,做顾客放心、贴心的信誉企业。

(一)高度重视诚信建设工作,努力创建企业品牌

南京新港一直致力于创建一种既体现社会进步方向,又有鲜明的行业特征的、科学文明、健康向上的企业文化;建立一支有理想信念、正确价值观、高尚道德情操、精湛职业技能于一体的职工队伍。强调“顾客第一、质量第一、信誉第一”的服务宗旨,培养“诚实苦干,精诚团结,精益求精,从我做起”的企业精神,创建让客户放心维修的理念,做到“您把车辆交给我,我将放心献给您”。

公司推出“以顾客为关注焦点”和“三明”维修服务品牌。在落实过程中,根据客户日益增长的服务需求改进修车流程,创新服务方式,丰富 ISO 9001 质量体系新内容,使其行之有效。客户车辆从进厂到竣工出厂,有具体责任人跟踪维修情况,及时与客户沟通,准确解决问题。对定点单位,企业指派专人联系,定期回访客户,了解客户需求,应客户所急,解客户所需。根据车主需求不同,公司在分析现状后,采取合理调配人员,延长营业时间,预约客户和让客户选技师等方

式，满足客户需求，提高客户满意度，使客户回头率始终保持在80%以上。

（二）规范汽车维修流程，提高服务质量

（1）以落实质量控制体系为抓手，落实规范修车服务的流程。通过ISO 9001质量管理体系和《机动车维修服务规范》的有效实施，使维修各环节处于受控状态。在维修服务中坚持做好修前检验、过程检验和竣工检验。凡二级维护、总成修理以及大事故车修理出厂前一律按规定进行汽车综合性能检测，签发竣工出厂合格证。多年来车辆维修出厂合格率始终保持在99%，出厂返工率控制在1%的范围之内。

（2）与汽配供应商共建诚信网络。一是选择有信誉、有实力的供应商，尤其是品牌代理供应商；二是每月对供应商的服务质量，产品质量进行评估，有问题的及时分析原因，不合格品坚决杜绝进货；三是要求供应商和公司一起给顾客承诺质保；四是要求配件部专员和技师在进货和使用配件时，必须先检验后安装；五是实行配件明码标价，对不同级别的产品做出标识，由服务专员或技师向顾客介绍，确认后使用。公司维修的车型多，配件品种也多，通过以上步骤，有效保证了配件的质量。

（三）积极创建绿色汽修，提高科学修车水平

从2011年起，公司积极投入创建绿色汽修活动。一是积极组织员工学习绿色汽修的内容，做到能修则修，最大程度考虑车主利益；二是建立环保、安全性组织网络，健全相关制度，并抓落实；三是投资40万元，加强硬件投入，建设良好的汽车维修环境；四是按环保的要求处理好废弃物品。南京新港在2013年获得“江苏省绿色汽修示范企业”的殊荣。

（四）以人为本，努力建设一支高素质的员工团队

做好企业，员工是决定的因素，因此，培养人，教育人，成就人是企业的长期任务。南京新港致力于建设一支有道德、有文化、有技术、服务能力和技术精湛的汽车维修从业团队。

企业始终坚持对员工培训，除了内训外，还鼓励员工参加外部培训，参加技术等级考试，凡考试合格者由公司报销学费。考试、培训时间均视为出勤。行业内的技术比赛，鼓励有条件的员工参加，让他们在参与中学习，提高，成长。

企业从创业初期就成立了公司党支部和工会组织。党员人数从三名发展到十多名,他们都是企业的骨干,在各岗位上以主人翁的姿态发挥积极的模范带头作用,增强了企业的凝聚力、向心力。

企业坚持按劳取酬,积极调动员工积极性。员工的报酬均与岗位职能、责任、效率、工龄挂钩。用工龄和技能界定岗位技能工资,用效率劳动成果界定提成工资,鼓励多劳多得。

三、转型体会

体会一,市场需求不同,就会有不同业态需求。综合性汽修厂成为汽车制造厂特约维修站,得到品牌、配件、技术和管理上支持,为企业的发展和提升提供了条件。

体会二,建设好企业必须以人为本。以人为本,对外体现在对顾客的服务上,要关注顾客的需求,转变服务思路,围绕满意服务、方便有效、质量保证上做文章,服务内容上拓展项目,想顾客所想,急顾客所急。以人为本对内体现在对员工队伍的建设,培养员工,满足员工的合理的需求目标。只有把员工服务好,员工才能把顾客服务好,企业才能发展好。

体会三,企业的生存发展必须有创新的思路,随市场的需求而变化,不能只在一种模式或一种思路下经营,需研究新课题,增强与时俱进的观念,用发展的眼光来办企业。

案例 27:荆州鑫强
——牵手职业教育　推动企业转型升级

企业要发展,人才是关键。荆州市鑫强汽车维修有限公司(以下简称"荆州鑫强")主动牵手职业教育,通过深度的校企合作,既解决了企业发展中用工难的问题,又通过合作培养人才,为企业和学校储备了一大批技术骨干,为企业实现集团化、规范化、网络化运营格局奠定了基础,在市场中抢占了先机,成功实现了企业转型升级。

一、企业发展概况

荆州鑫强始建于 2006 年,是融汽车修理、总成修理、整车维护、汽车装饰、汽车美容、汽车配件销售等为一体的综合性服务企业,是重庆长安福特、长安马自达、一汽马自达、一汽奔腾、广汽传奇、韩国双龙、进口起亚荆州特约维修站,湖北省道路救援网络荆州中心站,率先实现集团化、规范化、网络化的运营格局。

公司从 2004 年起连续 6 年被沙市区道路运输管理所评为机动车维修质量"信得过"维修企业(图 1),2006 年被荆州市道路运输管理处授予汽车维护作业"质量优选企业",2009 年起连续 5 年被荆州市道路运输管理处评为"3A 级信誉维修企业",2011 年—2012 年度全国汽车维修行业诚信企业。

图 1　信得过维修企业证书

二、企业发展策略

荆州鑫强自 2006 年成立以来,一直被用工难所困扰,2008 年开始,公司尝试与本地职业院校合作，探索订单式培养模式，如今企业员工70%来自本地高职院校——荆州职业技术学院，20%的员工来自本地中职学校——荆州市工业学校，通过校企合作实现人员储备，为企业滚动式发展奠定基础。

（一）主动寻找合作职业院校，探索校企合作

问题倒逼改革，思路决定出路。荆州鑫强校企合作的需求来自巨大的市场诱惑与人才缺口。

荆州市鑫强汽车维修有限公司董事长雷志强回忆，2008年，企业从业人员中有85%以上是高中、初中甚至小学毕业生，10%来自各类技术学校，大中专以上相关专业毕业生不到5%，技师以上、高级工、中级工、初级工的比例为4∶8∶31∶57。荆州鑫强深刻认识到企业要发展，人才是关键，但人才哪里来，企业心里没有底。

当时的汽车后市场人才竞争异常激烈并且混乱。公司从社会上聘请的维修工素质普遍不高，多为经验型维修工，不能满足汽车新技术的发展需要。加之当时荆州汽车后市场发展不均匀，企业相互“挖墙脚”的情况时有发生。

或许是一种应对市场挑战的潜意识和本能反应，荆州鑫强开始“有病乱投医”。对荆州开办汽车类专业的职业院校进行全面摸排和评估后，公司开始关注规模相对较大、硬件设施相对较好的荆州职业技术学院，认为高职院校培养的学生定位为企业一线高级技术工人，比较适合公司的人才需求。

在急需用人的情况下，荆州鑫强有些盲目地参加了荆州职业技术学院举办的校园招聘会，但由于学校、老师、学生都不是很了解企业，基本的信任还没有建立起来，最后仅有9人签约并且随时准备辞职。面对好不容易抢来的9个“宝贝”，公司委派一名副总，高标准落实新员工的食宿，安排了负责任的专业师傅实行一带一教学，并为新员工设计了个性化职业发展道路。经过近2年的培养，9人中的2人脱颖而出，成长为企业分公司的经理。初战告捷，验证了校企合作培养人才的模式是对的，这为后续的人才培养提供了一条全新的思路。

2009年，荆州鑫强经过深入探讨，与荆州职业技术学院签订了校企合作协议。荆州鑫强按照新员工录用标准，观察学生形象礼仪气质，了解学生交流沟通等基础能力，从汽车检测与维修专业二年级学生中遴选出30人，组建汽车维修鑫强订单班。学院依据荆州鑫强主要岗位的需要，校企双方合作制订出汽车检

测与维修专业的鑫强版人才培养方案，全面按照校企双方协商的教学大纲、教学计划和实训要求组织教学，实施对订单班学生的培养。订单班的学生在全面学习的基础上侧重学习荆州鑫强要求掌握的重要知识点和实训内容，并在完成学习后，按照荆州鑫强新员工标准考核录用。目前订单班40%学生留在荆州鑫强工作，其中一半已经成长为公司技术与管理骨干。

（二）牵头组建汽车检测维修协会，提升校企合作

牵头组建行业协会。荆州鑫强在积累校企合作的初步经验后，为了进一步整体提升荆州汽车检测与维修实力，打造汽车检测与维修的荆州品牌，牵头组建了荆州市汽车维修检测协会（以下简称“协会”），探索汽车检测与维修行业的抱团发展，公司董事长雷志强被推举为协会首任会长。

参与职教体制改革。2010年，荆州鑫强联合荆州市道路运输协会下属8家维修企业，与荆州职业技术学院一起申报国家职业教育体制改革“职业教育公益性的实现途径”试点项目成功，项目名称为“校企共建省级区域性（汽车检测与维修技术）实训基地”。项目主要内容为促进资源整合和共享，支持企业与职业院校共建实习实训基地，逐步实现社会化供给、专业化分工。项目的成功获批进一步提升了荆州鑫强的社会影响力，为人才储备带来了新的契机。

在中职学校建立实训基地。如果说企业与高职学院的校企合作培养的是“汽车医生”的话，那么企业与中职院校校企合作则是为了培养“汽车护士”。荆州鑫强与荆州工业学校签订订单式培养协议，在荆州工业学校投资建立实训基地，并由高职毕业的学生领衔，全面参与教学、实习实训和生产。

依托人才储备实现新跨越。荆州鑫强等企业经过几年的努力与荆州本地中、高职学校实现了“办校进厂”、“企业办校”、“校办企业”等多样化的校企合作模式。促进“利益链”、“产业链”和“教学链”融合，使产教结合、校企合作成为企业集团化发展的有效实现形式。现在的荆州鑫强分公司已经覆盖荆州市管辖内的八大县、市、区，由于荆州的高职和中职60%的生源来自荆州本地，同时也实现了学生在家门口就业的愿望。

建立完善的绩效考核管理制度。有效的绩效考核，会对企业业绩的提升起到进一步的促进作用，会调动员工的积极性，使员工产生使命感，进而发挥其创造力，使能者得其位，弱者有压力，并形成向上的动力，使企业产生运行的活力，

最终使企业的目标得到顺利实现。绩效考核不论对员工还是企业,只要运用得好,都可以产生相当巨大的正面效果。荆州鑫强经过不断改革试点,探索出一套适合发展切实可行的绩效考核管理制度,主要亮点如下:实行工资绩效提成制,工资待遇与业绩挂钩,形成良性循环,师傅愿意带徒弟,尽快把徒弟带出来,徒弟的工资由师傅来发放;设立合理化建议奖,促进员工争做企业主人,激发工作热情,积极参与企业管理,为企业发展献计献策;设立季度及年度安全奖,每季度发放一次,每年度再发放一次,让员工时时刻刻建立规范操作意识,时时刻刻把安全放在首位;客户满意度与绩效工资挂钩,建立完善的客户回访制度,随时调查回访客户,严格实行可以考量的打分制,每季度总结一次,奖励与处罚并存。

不断加强对员工的培训。企业对员工的培训在企业管理、人力资源开发、提升企业整体效益等诸多方面发挥着重要的作用,如果说企业是一棵根深叶茂的大树,那么教育培训就是滋润这棵大树不断成长的土壤和雨露。中国是一个"万国车"市场,只有不断地学习才能跟紧市场变化,抓住市场动向。荆州鑫强在员工中建立了终身学习的理念,将培训作为一种员工福利与管理手段,持续提高员工素质。其一是送出去培训。定期选拔优秀技术员工参加重庆长安福特、长安马自达、一汽马自达、一汽奔腾、广汽传祺、韩国双龙、进口起亚等品牌车型新技术的培训,或到荆州职业技术学院等合作院校参加院校组织的知识与文化培训。目前荆州鑫强是荆州市唯一能够维修知名进口品牌车型和唯一掌握德国博世电控系统技术的企业。其二是聘请专家讲学。自 2009 年起,荆州鑫强聘请近十位国内专家到荆州指导讲学,让专家为公司的发展把脉,解决维修技术难题。其三是开展技术比武。公司定期在每年年末举办一次大型技术比武,拿出重金奖励获奖员工,在全公司上下建立一种竞争氛围,提供大家互相学习、互相交流的机会,增强团队意识,在员工中建立与公司共荣的主人翁意识。

(三)探索现代学徒制,发展校企合作

2010 年开始,荆州鑫强联合项目组 8 家企业开始在荆州职业技术学院新生中探索现代学徒制。通过全方位创新组建了 3 个订单班,遴选了 90 人,摸索了学校、企业与学生三方共赢的校企合作新做法。

遴选方式的创新。在新生入校一个月后开始遴选,荆州鑫强以提供三年学费为基础,与订单班学生签订就业协议,在评估过往选拔学生标准复杂,科学性

不强的情况下，改革评价标准，创新遴选方式，要求参加选拔的学生在运动场跑3000m，以完成的成绩作为第一入选条件，以检测学生的耐力、抗压力与身体素质。协议签署后，订单班学生从即日起就成为学徒员工，与在职员工一样享有企业所有的活动、工作服、节假日福利等。

培养模式的创新。订单班主要采取小班授课，实操为主，三段式企业实习。订单班专业课程全部在“专业技能教室”完成，小班上课。学生实习分三阶段实施，大一见习实习，大二轮岗实习，大三顶岗实习，这种新颖的模式既充分调动了学生学习的主观能动性和学习兴趣，又在较短时间保证学生掌握企业所需要的技能。

教学模式的创新。订单班采用工作流程导向法、项目教学法、情境教学法等方法教学，以学生为主体，让学生在实践中学习，从而极大提高了学生学习兴趣，培养了学生严谨的工作思路和熟练的专门技能，极大地改善和提高了教学效果。荆州鑫强在三年内根据学生的不同特点，有针对性地培养了汽车机电诊断与维修技师、汽车机电服务与营销师。汽车机电诊断与维修技师培养具有国际服务理念、懂英语、专业技术精湛、实用技能熟练、能够解决实际问题的“汽车医生”，使其最终成为精通汽车检测与维修的高级汽车维修工程师；汽车机电服务与营销师培养懂技术、善沟通、诚服务，掌握汽车新技术和熟练的专业服务技能的汽车营销师、估损师、汽车财务及管理的高级商务管理人才，使其最终发展成为精通汽车行业服务与经营的汽车高级经营管理师。先进的高技能汽车人才培养的汽车专业标准化课程体系及实施方案，轻松解决了传统汽车课程内容相对滞后的问题，同时推动了高技能汽车人才培养模式的创新和改革。

教学环境的创新。由荆州鑫强牵头，协会成员共同出资，按照课程体系要求配备理实一体的“技能教室”，教室均配备学生使用项目任务单教材中所匹配的整车和实训设备。配有重庆长安福特、长安马自达、进口起亚等教学整车，配有博世等高端故障诊断仪，其他硬件水平与企业保持同步。

人才质量评价体系的创新。课程体系实施第三方人才质量评价体系，由学校、企业、协会专家共同组成专业考试委员会，实施教考分离，阶段性考试企业派人监考，推动实现学生高质量就业。

对企业忠诚度的培养。公司在培养学生学习职业技能的同时，特别注重培养学生的服务意识，加强学生诚信服务教育。培养学生能够用理性的眼光看待社会和生活，能够有很强的奉献和敬业精神，能够全面持续和谐发展。为此公司定期和不定期有针对性地开展各种活动，如职业前景规划讲座，感恩教育讲座，新年团拜会等活动。订单班学生在潜移默化中已经认可了企业的文化，建立了对企业的忠诚度，与企业共同进步，共同发展，真正快乐地投身于企业的工作之中。首届订单班学生 2013 年 6 月毕业后，全部留在公司工作。

三、转型体会

体会一，企业要发展，人才是关键。

荆州鑫强主动牵手职业教育，通过深度的校企合作，既解决了企业发展中用工难的问题，又通过合作培养人才，为企业和学校均储备了一大批技术骨干，为企业实现集团化、规范化、网络化运营奠定了基础，在市场中抢占了先机，成功实现企业转型升级的同时，也为汽车后市场维修企业校企合作模式的探索积累了可以借鉴的经验。

体会二，校企合作，互利共赢。

总结荆州鑫强与荆州市职业技术院校的合作，大体走过了人才短缺，招聘学生重点培养；组建行业协会，校企合作抱团发展；探索现代学徒制培养三个发展阶段。第一阶段由于学生对企业不了解，对企业的归属感不强，员工流失较多；第二阶段通过校企合作培养人才，拓宽了企业的用人选人范围，且带动行业从业人员素质的同步发展；通过第三阶段“订单式”培养，企业利用三年的时间与学生相互了解，而学生经过企业文化的不断熏陶，建立起对企业认同感、归属感，深刻感觉到企业的发展与自己息息相关，从而促进了企业的可持续健康发展。

体会三，员工素质提升，促进企业发展。

逐步补充高素质的职业院校毕业生是企业可持续发展的保证。拥有了大批稳定员工是荆州鑫强实现跨越发展的核心。现在的荆州鑫强子公司遍布全荆州市，近期更是定下每年 20 家分店的拓展目标，这样一个环境也更有利于员工的内部交流和发展。

荆州鑫强率先突破瓶颈，与本地职业院校开展校企合作，主动融入职业教育，开展订单式培养，为企业储备大量人才，同时以汽车维修行业人员管理与培训转型为切入点与突破口，实现集团化、规范化、网络化运营，在市场中抢占了先机。

案例 28:牡丹江中信
——以人为本　促企业创新发展

牡丹江中信汽车集团(以下简称“牡丹江中信”)坚持“以人为本,顾客至上”的经营理念,立足牡丹江本地市场,努力做大做强,目前在当地已基本完成品牌战略布局,经营汽车品牌涵盖合资品牌及自主品牌,销售汽车品种覆盖了 A 级车至 D 级车,牡丹江中信已成为牡丹江地区行业内规模最大的龙头企业。

一、企业发展概况

牡丹江中信前身为牡丹江中信汽车销售服务有限责任公司,成立于 2003 年 7 月,经营一汽—大众品牌全系列车型,是牡丹江市第一家集整车销售、售后服务、备件供应、信息反馈四位于一体的标准化汽车 4S 店。公司经过多年的经营,积累了丰富的市场及管理经验,培养了大量的业务骨干和技术人才,厚积薄发,于 2010 年投资兴建了高档豪华轿车一汽—大众奥迪品牌汽车 4S 店,2011 年 11 月新店正式通过验收并开张营业。2013 年公司又投资兴建了广汽传祺品牌及重庆长安品牌两个品牌汽车 4S 店,至此基本完成品牌战略布局。

二、企业发展策略

公司规模不断扩大,“以人为本,顾客至上”的经营理念深得公司员工和客户的认可。没有高素质的员工就没有高的经营业绩,没有满意的员工就没有高质量的服务,更不会有满意的客户,因此如何招聘、选拔、培养高素质的人才及提高员工满意度,从而提高用户满意度并最终实现理想的经营业绩的问题被提到了公司管理层的日程当中,并被列为重点推进项目。通过对市场现状、发展趋势及客户群体的深入分析,经过不断地摸索与尝试,公司建立了比较完善的人力资源管理体系。公司以人为本,注重人才的选、育、用、留,人才为公司的发展提供了有力的保障。

(一)汽车维修市场现状、发展趋势及汽车消费客户群体的变化分析

当今世界汽车技术日新月异,飞速发展,大量高新技术普遍应用在汽车上,且随着汽车技术发生深刻变化,现代汽车已发展成为集计算机技术、光电传输技术、新材料和新工艺为一体的高科技集成体,其动力性、经济性、排放净化性、安全性和舒适性等,正逐步进入智能化高级控制阶段。全球各大汽车制造厂商,借助于先进的计算机设计、制造技术,已将汽车新产品的开发周期由几年缩短至不到一年,且每款新车都体现了当今最新的电子及控制技术。汽车技术的飞速发展带动了汽车维修技术的进步,汽车维修日益呈现出自身的高科技特征,正向着设备现代化、资讯网络化、诊断专家化、管理电脑化的方向发展,修理模式已由传统的拆卸修理型转变为不解体诊断适度型。知识的密集性和技能的综合性已成为现代汽车维修职业技能的重要特点,汽车维修业也正逐步地发展成为一个独立的、具有极大发展空间和潜力且对服务要求越来越高的技术服务型行业。

目前,随着我国汽车保有量,特别是轿车保有量的持续增加,以及汽车本身高科技装备的日益增多,汽车维修的范围、种类也在不断扩大。传统的一柄大锤、一把手钳、几把螺丝刀的便当式修理工具已经成为历史。如今,一批批高科技汽车检测设备和仪器纷纷问世,这些技术含量高,集机电一体化的维修、检测设备,今天已成为现代维修企业必备的维修工具,是汽车维修市场新的生力军。汽车维修市场高科技化进程的加快使传统的汽车维修企业正在被现代化汽车维修企业所取代。高科技的维修设备、高技能的人员、现代化的管理等正在接管往日落后、陈旧的汽车维修企业,也为企业带来了新鲜的活力和生命,推动着汽车维修市场的进步发展。可以相信,未来的汽车维修市场也会像汽车工业一样,继续向高科技迈进。

随着社会经济的发展及国民收入的不断提高,汽车逐渐走入了寻常百姓的生活,企业车队、公务用车维修也伴随着车辆改制逐渐淡出了人们的视线。汽车销售和维修企业的服务对象也日趋多元化,更多来自单独的个体。客户覆盖面越来越广,客户已经不单单满足于企业保质保量修好车辆,对个性化的需求越来越多,对服务期望值也越来越高。

综上所述,可以看出汽车销售和维修企业所面临的市场压力急剧增大,市场对汽车销售和维修企业自身的软硬件要求不断提高,汽车维修行业正在从劳动

力密集型行业向技术密集型和服务密集型行业转变，这就对汽车维修企业的生产团队、服务团队及管理团队提出了更高的要求。伴随着汽车产品三包政策的实行，客户的维权意识也大幅度提高，这都向汽车销售和维修企业提出了新的挑战，如果没有一个具备高素质和高度责任感的稳定团队，将无法满足客户的需求，也不可能培养出满意甚至忠诚的客户，企业最终也将失去持续生存和发展的动力，可见人才的选拔、培养和保留对企业的长期发展至关重要，甚至关乎企业未来在市场博弈中是否能够生存下去。

（二）与汽车专业院校合作，培养未来创新人才

校企合作，学校通过企业反馈的需要，有针对性地培养人才，结合市场导向，注重提高学生实践技能，更能培养出社会需要的人才。校企合作，做到了学校与企业信息、资源共享，学校利用企业提供的设备，企业也不必担心培养人才场地问题，实现了让学生在校所学与企业实践有机结合，让学校和企业实现优势互补，节约了教育与企业用工成本，是一种双赢模式。

2012 年牡丹江中信汽车集团与牡丹江技师学院强强联合，正式建立校企合作关系，成立以“奥迪班”冠名的专向培养班级。“奥迪班”学员从新入学学生中经过层层选拔、择优录取，学制两年。“奥迪班”学员在学院进行为期两年的奥迪汽车专业技术学习，学院学习和奥迪品牌 4S 店实习交替进行，毕业后，经校企双方考试，合格者推荐到奥迪品牌 4S 店就业。牡丹江技师学院的老师多次来公司实践，以适应企业需求，定向培养学生专业技能，并多次组织“奥迪班”的学生参观厂区，现场答疑互动，提高学生兴趣，增强学生就业信心。截至 2014 年，牡丹江技师学院先后派送顶岗实习就业学生 40 人。开创了牡丹江校企合作的先河，并取得了较好的效果。

2013 年牡丹江中信汽车集团与牡丹江市职业教育中心学校正式建立校企合作关系，创建学生实习实训基地，学校每年定期向公司派送实习学生，并聘请公司的工程技术人员担任实习指导教师，公司与学校共同开发课程、共同育人、共享成果，使学校的教学更切合实际需求。同年牡丹江中信汽车集团首家校企合作基地“牡丹江市职业教育中心学校校企合作基地”挂牌成立。

（三）建立健全培训体系

（1）外部培训。牡丹江中信每年投入外部培训资金近百万元，各部门从业

人员都有机会外出参加全国范围内的技术培训、专业培训，不断扩展知识面和信息储备量。

(2)外训回司进行转训。由人力资源部统一规定外训课件的收集、整理、转训制度，确保外训资源的合理利用。转训要求所有与课程相关的人员都要参加，转训后，转训签到表、培训纪要、培训照片、随堂试卷、成绩单等相关档案，一并上传人力资源系统存档。

(3)内部培训。由部门制定符合实际需要的年度培训计划，分解年度培训计划为月度培训计划，并按计划执行，每月汇总培训计划执行率，并监督培训质量。培训后，内部签到表、培训纪要、培训相片、随堂试卷、成绩单等相关档案，一并上传人力资源系统存档。

(4)建立完整的员工个人培训记录表。针对每一名员工，公司建立个性化的个人培训计划，并随时完善培训记录，保证每一名员工在公司都能接受专业的培训指导，并为个人职业发展奠定基础。

(四)开展 STCL 项目(经销商人员的选、育、用、留项目)

2014 年牡丹江中信已与奥迪总部达成一致，聘请全国知名培训机构进行指导，专门针对经销商日常管理工作中面临的人力资源管理问题，采取指导老师进店指导，与经销商共同发现、探讨人力资源管理存在问题，个性化地制订解决、提升方案，最终提高员工满意度和忠诚度，避免人员流失。

(五)利用网络信息平台，培养良好自学习惯

牡丹江中信为专业的人员提供网络信息共享平台，与先进的技术同步，随时解决实际工作中的疑难问题，为工作人员提供权威的技术支持。同时整个维修过程严格执行三检制度，进一步确保了维修质量。

三、转型体会

企业要发展壮大必然离不开人，就国内现状而言，不应该存在无人可用的情况，但往往很多企业却面临这样的问题：应聘者众多，但经过面试及试用后，真正适合企业的能够留在企业效力的却寥寥无几。这一方面可能是由于企业自身没有完善的人力资源管理体系和相应的培训体系，缺乏对员工的职业生涯规划，另一方面也和应聘者自身能力不能适应企业要求、无法满足岗位需求有关。应聘

者大多为刚刚步入社会的应届毕业生，在学校所学的理论知识在实际工作中很难应用，同时动手能力又不强，不能很好适应周边环境的改变，心里落差较大，这些是造成应聘者应聘失败的主要原因。因此企业通过和大专院校合作，采用定向培养、定期实习的方式，能够很好地实现学生与企业前期对接，学生能够提前了解企业对员工的能力需求，提前学习企业需要的相关知识，更多地了解企业环境和企业文化，企业也能够提前对学生灌输相应理念和对学生进行评价，掌握学生的真实想法和求职意向，真正实现学生和企业间的双向选择，在学生没有结束校园生活的情况下对企业有一定的初步了解，培养学生对企业的认同感，同时增加学生社会阅历，实现渐进式的转变，为其未来步入社会走向工作岗位奠定良好的心理基础。

员工进入工作岗位后，达到岗位要求是长期稳定工作的前提，因此对员工的岗位技能的培训尤为重要。这就要求企业应具备完善的岗位培训体系和培训能力，传统的师傅带徒弟的方式并不能很好解决上述问题。因此企业内部应对每个岗位的员工进行能力评估，根据评估结果结合企业内部整体的培训计划，有目的地制订员工个性化培训方案和计划，严格按照计划执行培训并对培训效果进行评估，培训内容应覆盖理论知识和情景演练，不能只停留在理论上，要讲求实际应用的可行性和效果，这样员工才会快速适应工作岗位，从而从思想上认同企业，形成对企业的归属感。

另外对于工作表现突出、业绩突出的员工要适时表彰，为其规划长期的职业生涯，企业内部还应该制定相应的职位晋升制度和考核办法，为员工创造和提供职位晋升通道，不断利用各种方法和手段（包括物质的和精神的）提高内部员工满意度，使员工有意愿、有激情为客户服务，这样企业的服务质量和服务水平才会维持在一个比较高的水平，才能使客户乐于接受企业的服务，培养出满意的客户，进而培养出忠诚客户，为企业的持续发展提供有力的保障。

案例 29：宁国隆鑫
——以人为本 强化服务 谋求企业生存发展

宁国隆鑫汽车销售服务有限公司（以下简称“宁国隆鑫”）在企业发展中，贯彻实施以人为本的经营理念，形成了良好的企业文化氛围和企业运行机制。宁国隆鑫积极构建新型客户关系，向客户提供超值的优质服务，同时建立人才激励机制，提倡“通过发展人才来发展团队”的管理理念，不断谋求企业生存及发展的新机遇，取得了显著成果。

一、企业发展概况

宁国隆鑫位于安徽省宁国市国家级经济技术开发区，占地（$8000m^2$）12 亩，交通便利，场地开阔。宁国隆鑫的经营宗旨为“技术精湛、服务一流、客户满意、员工幸福”，致力于为客户提供超越希望的优质服务，创建有一定社会担当的优秀汽车服务企业。自开业以来，宁国隆鑫凭着良好的信誉、合理的价格、周到细致的服务和过硬的技术及快速响应，服务于周边各大物流、厂矿企业和个体工商运输客户，得到广大客户认可和一致好评。

目前宁国隆鑫下辖二类机动车修理厂中有 10 个标准作业车间，聘请有 10 余名技术过硬的维修技师为客户提供机修、钣金、喷漆、电器维修、二级维护、事故修复及 24 小时抢修服务，是宁国市维修技术力量最强的机动车维修企业之一。

宁国隆鑫下辖的配件部其前身为宁国新航汽配公司，有 10 多年的经营历史，各类配件充足、价格合理、发货及时，是“重合同、守信誉”优秀单位，多年来，以热情周到的服务赢得了良好口碑。

二、企业发展策略

所谓以人为本是强调企业要以“人”为经营管理工作出发点，加强对客户及员工的理解，形成尊重人、理解人、关心人、爱护人、培养人、教育人的良好企业文化氛围和新的经营举措。宁国隆鑫倡导的企业生存发展之道正是以人为本。

“关注人的需求，凝聚人的智慧，激发人的潜能，提升人的技能，促进人的发展”是宁国隆鑫“以人为本”、“建立新型客户关系”的经营管理理念核心。

（一）关注人的需求

按照马斯洛原理，人的需求分为基本生理需求、安全需求、社交需求、被尊重需求和自我价值实现需求五个层次。宁国隆鑫重视维修服务过程中的客户关怀。具体内容包括：

①一张公司客户联系卡；

②一部24小时服务手机电话；

③一台24小时响应救援服务车；

④一个机修轮值班组；

⑤一个接力棒式救援服务网；

⑥一瓶矿泉水、一包饼干；

⑦一个回访电话；

⑧一个温馨提示；

⑨一张工时优惠券；

⑩一个一条龙的服务机制；

⑪敬语和禁忌的活用。

宁国隆鑫印制的客户联系卡有24小时服务电话、主要维修技师姓名与电话、修理厂地址，以方便客户跟企业联系。联系卡有两种发放方式：一是要求员工见到载货汽车时发给载货汽车驾驶员；二是在客户来厂时送给客户留存。

实践证明，客户联系卡的效果非常好，卡片上面有维修技师的电话，客户有问题时可以直接跟维修技师通话，一般的小问题在维修技师电话指导下就可以自己排除，既减轻了修理厂维修技师的劳动强度，又节省了客户的时间和金钱。

员工充分理解轿车是代步工具，而载货汽车是生产工具的区别，“急用户之所急，想用户之所想”，“又快又好”地把客户的车修好是赢得客户信赖的关键。宁国隆鑫的修理厂车间外最上方有“做好人，修好车，精益求精，诚实守信”醒目的大字，这既是宁国隆鑫员工的自我信条，也是工作和生活中要遵守的准则。永远不欺诈客户，站在客户的角度上考虑问题和做事，这是企业做大做强的根本。

宁国隆鑫购置了一台24小时响应救援服务车，并设立了24小时服务兼投诉电话，由下辖的修理厂厂长亲自携带，全天随时接听客户电话。同时企业实行机修班组轮值制度，每周轮值换转，随时待命，接到客户求援后轮值班组马上前往救援。目前宁国隆鑫的服务半径已经达到200km。在外地碰到雨雪等恶劣天气，施工条件不足时，维修技师们克服困难，千方百计地设法为客户现场解决问题，现场实在修不好的，马上反馈回信息，由厂长协调就近的修理厂共同为客户解决问题。宁国隆鑫做到了能在当地修好的汽车基本不回宁国来修，有效减少了客户往返拖车费用，获得了客户的好评。

宁国隆鑫计划进一步加强与周边同类修理厂的合作，形成更完善的接力棒式客户服务网络，规范收费，约定服务内容（包括响应时间和自我约束、对客户的承诺等），并将联网修理厂名录印制成册让客户随车留存，以备不时之需。客户在外地遇险或有救援上门服务需求时，即可以直接联系就近联网的修理厂。如果客户救援联络宁国隆鑫，而当下又无人手时，宁国隆鑫将信息转达给就近的修理厂，由他们为客户提供更为快捷的服务。同样，当服务网络内的外地客户出现问题，宁国隆鑫也提供相应的服务。客户服务网络可以减轻客户负担，为客户提供安心的快速服务，使客户避免在外地修车"被宰"。

另外，考虑到载货汽车运输途中"抛锚"的地方有可能荒无人烟，驾驶员可能会挨饿，宁国隆鑫特别准备了矿泉水和饼干，在外出服务时，要求工作人员首先将水和饼干送给驾驶员。此举虽是小事，但驾驶员们非常感动，纷纷赞扬宁国隆鑫想得周到。

传统的载货汽车维修服务是"你给钱，我修车，配件你自己选"，宁国隆鑫转变理念，要"建立新型客户关系"，向客户提供有力的"保驾护航"维修保障。宁国隆鑫有自己的汽配部，对内是仓库，对外还销售配件，对配件质量、价格、品种等都能做到"质优价廉、品种齐全、供货迅速"，为宁国隆鑫向新型多功能服务企业转型奠定了基础。

企业还规定，客户离厂三天内必须进行电话回访，调查服务质量和维修质量，收集客户建议和意见，在班组会和生产会上分析讨论。客户的好建议被企业采纳的，企业还给予客户一定的奖励，此举促进了企业与客户之间的联系和沟通。同时配合24小时投诉电话，有效促进了企业与客户之间的密切联系。另外，日常客户进厂修车时,服务前台在接车单上详细纪录客户最近一次保险时间、二次维护时间,快到期时,主动电话和短信提醒客户不要脱保或逾期,为客户提供“管家婆”式贴心服务。遇到大雾、大雨、大风、大雪等恶劣天气时,企业也会主动给客户群发短信悉心关怀,提醒他们注意安全驾驶,谨慎慢行,让客户“车行千里,有人挂念”的温馨感觉,加深了客户与企业的感情。

企业还特别订制了水杯和打火机送给驾驶员,在上面印制了企业的电话、地址等信息,可以在关键时候让车主能第一时间与企业联系,免除了车坏在路上没有修理厂电话的烦恼。企业对现金结算的客户按照结算金额给予一定的优惠,并以不记名工时优惠券的形式体现,鼓励下次来修车时抵用,对持转让优惠券的人也一视同仁。宁国隆鑫计划下一步采取轿车4S店的好办法,如采用俱乐部积分制,定期举办有益的活动(座谈会、联谊会、爱车课堂等),进一步拉近客户与宁国隆鑫之间的距离。

宁国隆鑫以人为本经营理念体现在向客户提供保险代理、上牌、代办年审、违章处理、二手车信息等“一条龙”贴心服务上,让驾驶员安安心心地开车。

宁国隆鑫可为驾驶员提供淋浴间、客户免费睡眠房、免费中餐、电脑和电视客户休息室。驾驶员们在宁国隆鑫受到家人般的关怀和爱护,纷至沓来。

宁国隆鑫注重服务用语,总结出敬语和禁忌,教育员工工作中注意细节,多说吉祥祝福的话,避免犯禁忌。如,修理厂不使用“欢迎光临或欢迎下次再来”的标语;接到客户事故求助电话,首先不问车损,而是问人伤如何,宽慰驾驶员的同时还准备了一些有吉祥寓意的小挂件免费送给他们,祝福他们一路平安。

(二)凝聚人的智慧

人都希望展现自己的智慧,但在面对系统、复杂的问题时,个人的智慧又显得很渺小,甚至于人人都觉得自己的智慧微不足道,以至于压制自己才能的发挥。如果实施以人为本的管理,把个人的聪明才智和团队有机地结合起来,采取适当的激励措施,个人的智慧就可以在集体中得到巨大的激发,形成智慧风暴,同时实现个人与企业的发展共赢。

宁国隆鑫班组会和技术交流讨论会规定,如果合理化建议被采纳,甚至可以以其个人名字来命名新的工艺、新的工具、新的管理办法,同时给予一定的物质奖励。此举激发了大家科技创新、服务创新的积极性，通过集思广益，企业获得了不少“金点子”，促进了企业在从传统型服务企业向“建立新型客户关系型”企业的发展。

“模仿也是创新”，公司鼓励维修技师们在维修过程中多与驾驶员交流，注意聆听、了解驾驶员们在用车上的技巧和经验，了解他们在外面获知的新办法、好做法，主动去学习取经并向其他驾驶员推广。宁国隆鑫将好的管理和维修办法移植过来，使企业在残酷的市场竞争中与时俱进。

（三）激发人的潜能

现代化企业竞争是人才的竞争。如何有效地激发人的潜能需要企业深思。以人为本的管理有效与否的衡量标准之一就是要看员工的积极性是否被调动起来，人的潜能是否得以充分发挥。只有充分调动员工的积极性，员工才能积极参与，勤奋工作，为实现团队目标而共同努力。

人的潜能激发分内在自我驱动和外在效益驱动两种。宁国隆鑫教育员工不要妄自菲薄，要有好似医生医德、医者父母心一样的职业素养和职业道德，树立“人人为我，我为人人”的思想，用我们真心的服务换得客户的认可和信赖。在这种思想指导下，全体员工将为客户服务的自豪感和成就感，化为主动“做好人、修好车”的内动力。企业配合实施“多劳多得、优质优价”的绩效方案，推动员工全心全意为客户服务，从“我要”变成“我必须”，实现了企业员工精神层面的大飞跃。员工们不怕苦、不怕累，自觉自愿的加班加点，深夜出去救援，从无半点怨言。客户称赞宁国隆鑫的员工个个都像“拼命三郎”。

（四）提升人的技能

科学技术在高速发展，工艺技术日新月异。人们无法像以前一样“一招鲜，吃遍天”。因此，以人为本也要引导员工从自己的切身利益出发，适应岗位竞争、社会竞争的需要，不断提升技能，增强综合竞争实力，保持在长期的工作之中成为企业的有用之才。

宁国隆鑫制订了两条个人晋级、上升的通道，即管理通道和技术通道。企业制定的培训计划是从基本技能开始，无论是学徒工还是仓库保管员，只要肯学习，肯钻研，都能渐进成长，最终走上高级管理岗位。同时，企业开展“比、学、赶、帮、超”，“先进带后进，后进追上来”的劳动竞赛，每年评选劳动模范，召开表彰大会激励员工追求进步，掌握新技能。企业还采取“引进来、走出去”的办法，引进人才，外出观摩学习；对于考级、考证和自学更高文凭的员工也给予一定的补助。企业在薪酬设计上也体现了学历、资历、技术等级的区别，学历越高、资历越深、技术等级越高，基本工资越高，绩效提成比例也越高，充分体现了“能者多得”这种薪酬制度下，“同岗不同酬”体现了高技能创造高价值的新型公平合理的分配原则。

宁国隆鑫将所有技师照片张榜公布，推行“点工制”，改变以往的“派工制”，被客户“点工”的技师优先派工，在多劳多得原则下，被点工多，必然工时做得多，薪酬也多。创新的“点工制”有效地激发了大家学技术、增本领的主观能动性。

（五）促进人的发展

宁国隆鑫提倡“通过发展人才来发展团队”的管理理念，而企业的发展必须建立在员工发展的基础上。但人的发展是多方面的，可以是职位的晋升，岗位的转变，薪水的增加，也可以是技能的提升，爱好的扩展，竞争力的增强。宁国隆鑫鼓励员工全面发展，人人都做多面手，人人都既懂技术又懂管理和经营。宁国隆鑫下辖的修理厂为员工提供食堂、宿舍、无线网络、图书资料室，并定期组织聚会、旅游等，尽量满足员工文化娱乐的需求。同时，企业还把员工的后顾之忧解决好，一方有难，八方支援。此外，企业并不忌讳员工获得高的技能后另谋高就，如果员工有更好的发展平台提出辞职，企业也会组织欢送会，鼓励员工在新的平台上更加发挥聪明才智，为社会创造更大的价值和贡献。

班组或部门在技术、管理创新上取得了新的成果时，企业也会给予表彰或者物质奖励。

三、转型体会

宁国隆鑫作为一家中小型汽车维修企业，从以人为本的观念出发，在更新经营管理机制方面做出了多项探索，成效显著，体会很多。

（1）树立以人为本的理念，是加强企业文化建设的根本。加强对客户及员工的理解，形成尊重人、理解人、关心人、爱护人、培养人、教育人的良好企业文化氛围，为企业运行不断提供强大的动力。

(2)让客户满意,是企业文化建设的根本目标。从一个个细微之处入手,拉近与客户的距离,向客户提供超值的优质服务,建设能够推动企业可持续发展的企业文化。

(3)完善人才激励机制,是促进企业转型升级的保障。通过班组会、技术交流讨论会和合理化建议活动,凝聚群众智慧,充分调动全体员工的积极性和创造性;开辟个人晋升通道,持续提升维修人员技能;提倡“通过发展人才来发展团队”的管理理念,促进人的发展,为企业转型升级提供源源不断的人力资源保障。

附录

国务院关于促进市场公平竞争维护市场正常秩序的若干意见

（国发〔2014〕20号）

各省、自治区、直辖市人民政府，国务院各部委、各直属机构：

按照《中共中央关于全面深化改革若干重大问题的决定》精神、国务院机构改革和职能转变要求，现就完善市场监管体系，促进市场公平竞争，维护市场正常秩序提出以下意见。

一、总体要求

（一）指导思想

以邓小平理论、“三个代表”重要思想、科学发展观为指导，深入学习领会党的十八大、十八届二中、三中全会精神，贯彻落实党中央和国务院的各项决策部署，围绕使市场在资源配置中起决定性作用和更好发挥政府作用，着力解决市场体系不完善、政府干预过多和监管不到位问题，坚持放管并重，实行宽进严管，激发市场主体活力，平等保护各类市场主体合法权益，维护公平竞争的市场秩序，促进经济社会持续健康发展。

（二）基本原则

简政放权。充分发挥市场在资源配置中的决定性作用，把该放的权力放开放到位，降低准入门槛，促进就业创业。法不禁止的，市场主体即可为；法未授权的，政府部门不能为。

依法监管。更好发挥政府作用，坚持运用法治思维和法治方式履行市场监管职能，加强事中事后监管，推进市场监管制度化、规范化、程序化，建设法治化市场环境。

公正透明。各类市场主体权利平等、机会平等、规则平等，政府监管标准公开、程序公开、结果公开，保障市场主体和社会公众的知情权、参与权、监督权。

权责一致。科学划分各级政府及其部门市场监管职责；法有规定的，政府部门必须为。建立健全监管制度，落实市场主体行为规范责任、部门市场监管责任和属地政府领导责任。

社会共治。充分发挥法律法规的规范作用、行业组织的自律作用、舆论和社会公众的监督作用，实现社会共同治理，推动市场主体自我约束、诚信经营。

（三）总体目标

立足于促进企业自主经营、公平竞争，消费者自由选择、自主消费，商品和要素自由流动、平等交换，建设统一开放、竞争有序、诚信守法、监管有力的现代市场体系，加快形成权责明确、公平公正、透明高效、法治保障的市场监管格局，到 2020 年建成体制比较成熟、制度更加定型的市场监管体系。

二、放宽市场准入

凡是市场主体基于自愿的投资经营和民商事行为，只要不属于法律法规禁止进入的领域，不损害第三方利益、社会公共利益和国家安全，政府不得限制进入。

（四）改革市场准入制度

制定市场准入负面清单，国务院以清单方式明确列出禁止和限制投资经营的行业、领域、业务等，清单以外的，各类市场主体皆可依法平等进入；地方政府需进行个别调整的，由省级政府报经国务院批准。（发展改革委、商务部牵头负责）改革工商登记制度，推进工商注册制度便利化，大力减少前置审批，由先证后照改为先照后证。（工商总局、中央编办牵头负责）简化手续，缩短时限，鼓励探索实行工商营业执照、组织机构代码证和税务登记证“三证合一”登记制度。（县级以上地方各级人民政府负责）完善节能节地节水、环境、技术、安全等市场准入标准。探索对外商投资实行准入前国民待遇加负面清单的管理模式。（发展改革委、商务部牵头负责）

（五）大力减少行政审批事项

投资审批、生产经营活动审批、资质资格许可和认定、评比达标表彰、评估等，要严格按照行政许可法和国务院规定的程序设定；凡违反规定程序设定的应一律取消。（中央编办、法制办、人力资源社会保障部牵头负责）放开竞争性环节价格。（发展改革委牵头负责）省级人民政府设定临时性的行政许可，要严格限定在控制危险、配置有限公共资源和提供特定信誉、身份、证明的事项，并须依照法定程序设定。（省级人民政府负责）对现有行政审批前置环节的技术审查、评估、鉴证、咨询等有偿中介服务事项进行全面清理，能取消的尽快予以取消；确需保留的，要规范时限和收费，并向社会公示。（中央编办、发展改革委、财政部负责）建立健全政务中心和网上办事大厅，集中办理行政审批，实行一个部门一个窗口对外，一级地方政府“一站式”服务，减少环节，提高效率。（县级以上地方各级人民政府负责）

（六）禁止变相审批

严禁违法设定行政许可、增加行政许可条件和程序；严禁以备案、登记、注册、年检、监制、认定、认证、审定、指定、配号、换证等形式或者以非行政许可审批名义变相设定行政许可；严禁借实施行政审批变相收费或者违法设定收费项目；严禁将属于行政审批的事项转为中介服务事项，搞变相审批、有偿服务；严禁以加强事中事后监管为名，变相恢复、上收已取消和下放的行政审批项目。（中央编办、发展改革委、财政部、法制办按职责分工分别负责）

（七）打破地区封锁和行业垄断

对各级政府和部门涉及市场准入、经营行为规范的法规、规章和规定进行全面清理，废除妨碍全国统一市场和公平竞争的规定和做法，纠正违反法律法规实行优惠政策招商的行为，纠正违反法律法规对外地产品或者服务设定歧视性准入条件及收费项目、规定歧视性价格及购买指定的产品、服务等行为。（发展改革委、财政部、商务部牵头负责）对公用事业和重要公共基础设施领域实行特许经营等方式，引入竞争机制，放开自然垄断行业竞争性业务。（发展改革委牵头负责）

（八）完善市场退出机制

对于违反法律法规禁止性规定的市场主体，对于达不到节能环保、安全生产、食品、药品、工程质量等强制性标准的市场主体，应当依法予以取缔，吊销相关证照。（各相关市场监管部门按职责分工分别负责）严格执行上市公司退市制度，完善企业破产制度，优化破产重整、和解、托管、清算等规则和程序，强化债务人的破产清算义务，推行竞争性选任破产管理人的办法，探索对资产数额不大、经营地域不广或者特定小微企业实行简易破产程序。（证监会、法制办按职责分工分别负责）简化和完善企业注销流程，试行对个体工商户、未开业企业以及无债权债务企业实行简易注销程序。（工商总局负责）严格执行金融、食品药品、安全生产、新闻出版等领域违法人员从业禁止规定。抓紧制订试行儿童老年用品及交通运输、建筑工程等领域违法人员从业禁止规定。（人民银行、银监会、证监会、保监会、食品药品监管总局、安全监管总局、新闻出版广电总局、质检总局、交通运输部、住房城乡建设部等部门按职责分工分别负责）

三、强化市场行为监管

依法规范生产、经营、交易等市场行为，创新监管方式，保障公平竞争，促进诚信守法，维护市场秩序。

（九）强化生产经营者主体责任

国务院有关部门要抓紧推动制修订有关条例，完善消费环节经营者首问和赔偿先付制度，建立企业产品和服务标准自我声明公开和监督制度，建立消费品生产经营企业产品安全事故强制报告制度，修订缺陷产品强制召回制度，建立生态环境损害责任制度，提请国务院审议。（工商总局、质检总局、食品药品监管总局、环境保护部、林业局、法制办按职责分工分别负责）试行扩大食品药品、生态环境、安全生产等领域的责任保险，形成风险分担的社会救济机制和专业组织评估、监控风险的市场监督机制。（保监会牵头负责）

（十）强化依据标准监管

加快推动修订标准化法，推进强制性标准体系改革，强化国家强制性标准管理。（质检总局牵头负责）强制性标准严格限定在保障人身健康和生命财产安全、国家安全、生态环境安全的范围。市场主体须严格执行强制性标准，市场监管部门须依据强制性标准严格监管执法。（各相关市场监管部门按职责分工分别负责）

（十一）严厉惩处垄断行为和不正当竞争行为

依照反垄断法、反不正当竞争法、价格法的有关规定，严肃查处损害竞争、损害消费者权益以及妨碍创新和技术进步的垄断协议、滥用市场支配地位行为；加大经营者集中反垄断审查力度，有效防范通过并购获取垄断地位并损害市场竞争的行为；改革自然垄断行业监管办法，强化垄断环节监管。严厉查处仿冒名牌、虚假宣传、价格欺诈、商业贿赂、违法有奖销售、商业诋毁、销售无合法进口证明商品等不正当竞争行为；依法保护各类知识产权，鼓励技术创新，打击侵犯知识产权和制售假冒伪劣商品的行为。（商务部、发展改革委、工商总局、知识产权局等部门按职责分工分别负责）

（十二）强化风险管理

加强对市场行为的风险监测分析，加快建立对高危行业、重点工程、重要商品及生产资料、重点领域的风险评估指标体系、风险监测预警和跟踪制度、风险管理防控联动机制。（各相关市场监管部门按职责分工分别负责）完善区域产品质量和生产安全风险警示制度。（质检总局、工商总局、安全监管总局按职责分工分别负责）依据风险程度，加强对发生事故几率高、损失重大的环节和领域的监管，防范区域性、行业性和系统性风险。（各相关市场监管部门按职责分工分别负责）

（十三）广泛运用科技手段实施监管

充分利用信息网络技术实现在线即时监督监测，加强非现场监管执法。充分运用移动执法、电子案卷等手段，提高执法效能。（工商总局、质检总局、安全监管总局、食品药品监管总局、环境保护部、文化部、海关总署等部门按职责分工分别负责）利用物联网建设重要产品等追溯体系，形成“来源可查、去向可追、责任可究”的信息链条。（商务部牵头负责）加快完善认定电子签名法律效力的机制。（工业和信息化部、法制办牵头负责）

四、夯实监管信用基础

运用信息公示、信息共享和信用约束等手段，营造诚实、自律、守信、互信的社会信用环境，促进各类市场主体守合同、重信用。

（十四）加快市场主体信用信息平台建设

完善市场主体信用信息记录，建立信用信息档案和交换共享机制。逐步建立包括金融、工商登记、税收缴纳、社保缴费、交通违章、统计等所有信用信息类别、覆盖全部信用主体的全国统一信用信息网络平台。推进信用标准化建设，建立以公民身份号码和组织机构代码为基础的统一社会信用代码制度，完善信用信息征集、存储、共享与应用等环节的制度，推动地方、行业信用信息系统建设及互联互通，构建市场主体信用信息公示系统，强化对市场主体的信用监管。（发展改革委、人民银行牵头负责）

（十五）建立健全守信激励和失信惩戒机制

将市场主体的信用信息作为实施行政管理的重要参考。根据市场主体信用状况实行分类分级、动态监管，建立健全经营异常名录制度，对违背市场竞争原则和侵犯消费者、劳动者合法权益的市场主体建立"黑名单"制度。（工商总局牵头负责）对守信主体予以支持和激励，对失信主体在经营、投融资、取得政府供应土地、进出口、出入境、注册新公司、工程招投标、政府采购、获得荣誉、安全许可、生产许可、从业任职资格、资质审核等方面依法予以限制或禁止，对严重违法失信主体实行市场禁入制度。（各相关市场监管部门按职责分工分别负责）

（十六）积极促进信用信息的社会运用

在保护涉及公共安全、商业秘密和个人隐私等信息的基础上，依法公开在行政管理中掌握的信用信息。拓宽信用信息查询渠道，为公众查询市场主体基础信用信息和违法违规信息提供便捷高效的服务。依法规范信用服务市场，培育和发展社会信用服务机构，推动建立个人信息和隐私保护的法律制度，加强对信用服务机构和人员的监督管理。（发展改革委、人民银行牵头负责）

五、改进市场监管执法

创新执法方式，强化执法监督和行政问责，确保依法执法、公正执法、文明执法。

（十七）严格依法履行职责

行政机关均须在宪法和法律范围内活动，依照法定权限和程序行使权力、履行职责。没有法律、法规、规章依据，市场监管部门不得作出影响市场主体权益或增加其义务的决定；市场监管部门参与民事活动，要依法行使权利、履行义务、承担责任。（各相关市场监管部门按职责分工分别负责）

（十八）规范市场执法行为

建立科学监管的规则和方法，完善以随机抽查为重点的日常监督检查制度，优化细化执法工作流程，确保程序正义，切实解决不执法、乱执法、执法扰民等问题。（工商总局、质检总局、安全监管总局、食品药品监管总局、环境保护部等部门按职责分工分别负责）完善行政执法程序和制度建设，健全市场监管部门内部案件调查与行政处罚决定相对分离制度，规范执法行为，落实行政执法责任制。建立行政执法自由裁量基准制度，细化、量化行政裁量权，公开裁量范围、种类和幅度，严格限定和合理规范裁量权的行使。行政执法过程中，要尊重公民合法权益，不得粗暴对待当事人，不得侵害其人格尊严，积极推行行政指导、行政合同、行政奖励及行政和解等非强制手段，维护当事人的合法权益。（各相关市场监管部门按职责分工分别负责）推进监管执法职能与技术检验检测职能相对分离，技术检验检测机构不再承担执法职能。（中央编办、质检总局牵头负责）

（十九）公开市场监管执法信息

推行地方各级政府及其市场监管部门权力清单制度，依法公开权力运行流程。公示行政审批事项目录，公开审批依据、程序、申报条件等。（中央编办牵头负责）依法公开监测、抽检和监管执法的依据、内容、标准、程序和结果。除法律法规另有规定外，市场监管部门适用一般程序作出行政处罚决定或者处罚决定变更之日起20个工作日内，公开执法案件主体信息、案由、处罚依据及处罚结果，提高执法透明度和公信力。建立健全信息公开内部审核机制、档案管理等制度。（各相关市场监管部门按职责分工分别负责）

（二十）强化执法考核和行政问责

加强执法评议考核，督促和约束各级政府及其市场监管部门切实履行职责。（县级以上地方各级人民政府负责）综合运用监察、审计、行政复议等方式，加强对行政机关不作为、乱作为、以罚代管等违法违规行为的监督。对市场监管部门及其工作人员未按强制性标准严格监管执法造成损失的，要依法追究责任；对市场监管部门没有及时发现、制止而引发系统性风险的，对地方政府长期不能制止而引发区域性风险的，要依法追究有关行政监管部门直至政府行政首长的责任。因过错导致监管不到位造成食品药品安全、生态环境安全、生产安全等领域事故的，要倒查追责，做到有案必查，有错必究，有责必追。不顾生态环境盲目决策，造成严重后果的领导干部，要终身追究责任。（监察部、审计署、法制办按职责分工分别负责）

六、改革监管执法体制

整合优化执法资源，减少执法层级，健全协作机制，提高监管效能。

（二十一）解决多头执法

整合规范市场监管执法主体，推进城市管理、文化等领域跨部门、跨行业综合执法，相对集中执法权。市场监管部门直接承担执法职责，原则上不另设具有独立法人资格的执法队伍。一个部门设有多支执法队伍的，业务相近的应当整合为一支队伍；不同部门下设的职责任务相近或相似的执法队伍，逐步整合为一支队伍。清理取消没有法律法规依据、违反机构编制管理规定的执法队伍。（中央编办牵头负责）

（二十二）消除多层重复执法

对反垄断、商品进出口、外资国家安全审查等关系全国统一市场规则和管理的事项，实行中央政府统一监管。对食品安全、商贸服务等实行分级管理的事项，要厘清不同层级政府及其部门的监管职责，原则上实行属地管理，由市县政府负责监管。要加强食品药品、安全生产、环境保护、劳动保障、海域海岛等重点领域基层执法力量。由基层监管的事项，中央政府和省、自治区政府市场监管部门，主要行使市场执法监督指导、协调跨区域执法和重大案件查处职责，原则上不设具有独立法人资格的执法队伍。设区的市，市级部门承担执法职责并设立执法队伍的，区本级不设执法队伍；区级部门承担执法职责并设立执法队伍的，市本级不设执法队伍。加快县级政府市场监管体制改革，探索综合设置市场监管机构，原则上不另设执法队伍。乡镇政府（街道）在没有市场执法权的领域，发现市场违法违规行为应及时向上级报告。经济发达、城镇化水平较高的乡镇，根据需要和条件可通过法定程序行使部分市场执法权。（中央编办牵头负责）

（二十三）规范和完善监管执法协作配合机制

完善市场监管部门间各司其职、各负其责、相互配合、齐抓共管的工作机制。制定部门间监管执法信息共享标准，打破“信息孤岛”，实现信息资源开放共享、互联互通。（商务部牵头负责）建立健全跨部门、跨区域执法协作联动机制。（各相关市场监管部门按职责分工分别负责）对未经依法许可的生产经营行为，工商行政管理部门和负责市场准入许可的部门要及时依法查处，直至吊销营业执照。（工商总局、负责市场准入许可的部门按职责分工分别负责）

（二十四）做好市场监管执法与司法的衔接

完善案件移送标准和程序，细化并严格执行执法协作相关规定。（各相关市场监管部门按职责分工分别负责）建立市场监管部门、公安机关、检察机关间案情通报机制。市场监管部门发现违法行为涉嫌犯罪的，应当依法移送公安机关并抄送同级检察机关，不得以罚代刑。公安机关作出立案决定的，应当书面通知移送案件的市场监管部门，不立案或者撤销案件决定的，应当书面说明理由，同时通报同级检察机关。公安机关发现违法行为，认为不需要追究刑事责任但依法应当作出行政处理的，要及时将案件移送市场监管部门。（公安部牵头负责）市场监管部门须履行人民法院的生效裁定和判决。对当事人不履行行政决定的，市场监管部门依法强制执行或者向人民法院申请强制执行。（各相关市场监管部门按职责分工分别负责）

七、健全社会监督机制

充分发挥社会力量在市场监管中的作用，调动一切积极因素，促进市场自我管理、自我规范、自我净化。

（二十五）发挥行业协会商会的自律作用

推动行业协会商会建立健全行业经营自律规范、自律公约和职业道德准则，规范会员行为。鼓励行业协会商会制定发布产品和服务标准，参与制定国家标准、行业规划和政策法规。支持有关组织依法提起公益诉讼，进行专业调解。加强行业协会商会自身建设，增强参与市场监管的能力。（民政部牵头负责）限期实现行政机关与行业协会商会在人员、财务资产、职能、办公场所等方面真正脱钩。探索一业多会，引入竞争机制。（发展改革委、民政部牵头负责）加快转移

适合由行业协会商会承担的职能，同时加强管理，引导其依法开展活动。（民政部、中央编办牵头负责）

（二十六）发挥市场专业化服务组织的监督作用

支持会计师事务所、税务师事务所、律师事务所、资产评估机构等依法对企业财务、纳税情况、资本验资、交易行为等真实性合法性进行鉴证，依法对上市公司信息披露进行核查把关。（财政部牵头负责）推进检验检测认证机构与政府脱钩、转制为企业或社会组织的改革，推进检验检测认证机构整合，有序放开检验检测认证市场，促进第三方检验检测认证机构发展。（中央编办、质检总局牵头负责）推进公证管理体制改革。（司法部负责）加快发展市场中介组织，推进从事行政审批前置中介服务的市场中介组织在人、财、物等方面与行政机关或者挂靠事业单位脱钩改制。建立健全市场专业化服务机构监管制度。（发展改革委、财政部牵头负责）

（二十七）发挥公众和舆论的监督作用

健全公众参与监督的激励机制，完善有奖举报制度，依法为举报人保密。（各相关市场监管部门按职责分工分别负责）发挥消费者组织调处消费纠纷的作用，提升维权成效。（工商总局牵头负责）落实领导干部接待群众来访制度，健全信访举报工作机制，畅通信访渠道。（信访局牵头负责）整合优化各职能部门的投诉举报平台功能，逐步建设统一便民高效的消费投诉、经济违法行为举报和行政效能投诉平台，实现统一接听、按责转办、限时办结，统一督办，统一考核。（县级以上地方各级人民政府负责）强化舆论监督，曝光典型案件，震慑违法犯罪行为，提高公众认知和防范能力。新闻媒体要严守职业道德，把握正确导向，重视社会效果。严惩以有偿新闻恶意中伤生产经营者、欺骗消费者的行为。（新闻出版广电总局牵头负责）对群众举报投诉、新闻媒体反映的问题，市场监管部门要认真调查核实，及时依法作出处理，并向社会公布处理结果。（各相关市场监管部门按职责分工分别负责）

八、完善监管执法保障

加强制度建设，强化执法能力保障，确保市场监管有法可依、执法必严、清正廉洁、公正为民。

（二十八）及时完善相关法律规范

根据市场监管实际需要和市场变化情况，及时修订完善相关法律法规。梳理取消和下放行政审批项目、加强后续监管措施涉及的法律法规、规章和规范性文件，提出法律修改、废止建议，修改或者废止有关法规、规章和规范性文件。研究技术标准、信用信息和信用报告、备案报告等政府管理方式的适用规则。完善市场监管规范性文件合法性审查机制，健全法规、规章和规范性文件备案审查制度。健全行政复议案件审理机制，推动扩大行政诉讼受案范围。（法制办、各相关市场监管部门按职责分工分别负责）

（二十九）健全法律责任制度

调整食品药品、生态环境、安全生产、劳动保障等领域现行法律制度中罚款等法律责任的规定，探索按日计罚等法律责任形式。扩大市场监管法律制度中惩罚性赔偿的适用范围，依法大幅度提高赔偿倍数。强化专业化服务组织的连带责任。健全行政补偿和赔偿制度，当发生市场监管部门及其工作人员行使职权损害相对人合法权益时，须履行补偿或赔偿责任。（各相关市场监管部门、法制办按职责分工分别负责）

（三十）加强执法队伍建设

在财政供养人员总量不增加的前提下，盘活存量、优化结构，完善待遇、选拔任用等激励保障制度，推动执法力量向基层和一线倾斜。加强执法人员专业培训和业务考核，配备必要的执法装备，提高执法人员综合素质和能力水平。（财政部、人力资源社会保障部、中央编办按职责分工分别负责）全面落实财政保障执法经费制度，市场监管工作经费和能力建设经费全部纳入各级财政预算予以保障，确保监管执法人员工资足额发放。严格执行“收支两条线”制度，严禁下达罚款任务，严禁收费罚没收入按比例返还等与部门利益挂钩或者变相挂钩。（财政部牵头负责）

九、加强组织领导

促进市场公平竞争，完善市场监管体系是一项系统工程，各地区各部门要高度重视、统一思想、狠抓落实，力求取得实效。

（三十一）加强领导，明确分工

各地区各部门要深刻认识完善市场监管体系工作的重大意义，认真落实本意见提出的各项措施和要求。各级人民政府要建立健全市场监管体系建设的领导和协调机制，加强统筹协调、督促落实，明确部门分工任务。各地区各部门要按照职责分工，结合本地区本部门实际，研究出台具体方案和实施办法，细化实化监管措施，落实和强化监管责任。加强新闻宣传和舆论引导，确保市场运行平稳有序。

（三十二）联系实际，突出重点

要把人民群众反映强烈、关系人民群众身体健康和生命财产安全、对经济社会发展可能造成大的危害的问题放在突出位置，着力加强对重点区域、重点领域、重点环节和重点产品的监管，切实解决食品药品、生态环境、安全生产、金融服务、网络信息、电子商务、房地产等领域扰乱市场秩序、侵害消费者合法权益的问题。

（三十三）加强督查，务求实效

各地区各部门要加强对本意见落实工作的监督检查，推动市场监管体系建设，促进市场公平竞争，维护市场正常秩序。国务院办公厅负责对本意见落实工作的统筹协调、跟踪了解、督促检查，确保各项任务和措施落实到位。

中华人民共和国国务院

2014 年 6 月 4 日

交通运输部、国家发展改革委、教育部、公安部、环境保护部、住房城乡建设部、商务部、工商总局、质检总局、保险监督管理委员会关于促进汽车维修业转型升级 提升服务质量的指导意见

(交运发〔2014〕186号)

汽车维修业关系到道路交通安全,关系到大气污染防治,关系到社会公众生活质量,关系到汽车产业健康、可持续发展,是重要的民生服务业。近年来,我国汽车维修业取得了长足发展,较好地适应了汽车产业和汽车社会发展、满足了广大消费者的汽车维修需求,但是也存在市场结构不优、发展不规范,消费不透明、不诚信等问题。未来5至10年,是我国全面建成小康社会的关键时期,汽车维修业将获得更为广阔的发展空间,也必将在服务人民群众平安、便捷、舒适汽车生活方面发挥更大作用。为促进汽车维修业向着现代汽车服务业转型升级、不断提升服务质量,现提出如下指导意见。

一、总体要求

(一)指导思想

深入贯彻落实党的十八大、十八届二中、三中全会以及《国务院关于促进市场公平竞争 维护市场正常秩序的若干意见》(国发〔2014〕20号)精神,以最大限度地服务经济社会发展,不断改善人民群众汽车生活品质为宗旨,以转变行业发展方式、提升行业服务能力和治理体系为主线,尊重市场规律,锐意改革创新,优化市场结构,激发市场活力,推进汽车维修业规范、健康、可持续发展。

(二)基本原则

1. 公平竞争。坚持市场公平竞争,发挥市场在资源配置中的决定性作用。

2. 自主消费。坚持消费者自由选择、自主消费,保护消费者合法权益,提升

便民服务。

3. 依法监管。坚持运用法治思维和法治方式履行市场监管，实行宽进严管，加强事中事后监管。

4. 协同发展。坚持与汽车上下游产业、汽车后市场相关行业协同发展、融合发展。

5. 部门共治。坚持部门联动、齐抓共管、共同治理，推动市场主体自我约束、诚信经营。

（三）总体目标

通过5年左右努力，推动汽车维修业基本完成从规模扩张型向质量效益型的转变，市场发育更加成熟，市场布局更趋完善，市场结构更趋优化，市场秩序更加公平有序，市场主体更加诚信规范，资源配置更加合理高效，对汽车后市场发展引领和带动作用更加显著；基本完成从服务粗放型向服务品质型的转变，为人民群众提供更加诚信透明、经济优质、便捷周到、满意度高的汽车维修和汽车消费服务。

二、促进行业转型升级

（四）鼓励连锁经营，促进市场结构优化

要积极发挥规划引导作用。各地交通运输主管部门要积极会同发展改革、城乡建设、商务主管等部门，按照“因地制宜、合理布局、供需平衡、便民利民”的原则，编制发布本行政区的《汽车维修行业发展规划》，将汽车维修纳入当地经济社会发展总体规划，在城市发展中为汽车维修业提供一定功能空间，增强城市承载功能，促进汽车维修业发展与人民群众维修服务、汽车消费需求相适应。在确保安全、环保生产条件下，鼓励企业在大型社区、公共停车场、客货运输站场周边、高速公路服务区及旅游景点服务区布设连锁网点。对于开办连锁维修网点的，在经营场所所在的地级市主城区或者县、市行政区范围内，可以共享技术负责人和《汽车维修业开业条件》（GB/T 16739）规定的大型维修设施设备。

（五）鼓励规模化发展，提升资源配置效率

鼓励骨干、龙头企业通过资本纽带、市场运作等手段，积极开展重组、并购、扩张，不断创新服务模式，延伸企业价值链，实现规模化、集团化发展。鼓励大型

企业建立配件集中采购平台、钣喷中心等专业化支持体系，提升企业运作效率和效益。鼓励中小企业在维修装备、维修技术信息共享等方面形成优势互补，壮大发展实力。

（六）鼓励专业化维修，提升业态发展水平

鼓励发展事故汽车、变速器、尾气后处理装置、轮胎、玻璃维修等技术有特长、服务有特色、创造附加值高的专项修理企业，完善汽车安全状况检查、维护等服务内容，不断满足市场多样化、个性化需求。要加强新能源汽车维修服务能力建设，建立健全新能源汽车维修技术标准规范及认证体系，加大维修技术储备、推广力度，加快维修网点建设，不断满足新的市场需求；鼓励新能源汽车生产企业在各大中城市积极拓展特约维修服务网点，开展技术培训和推广，提供必要维修配件保障。要加强营运车辆维修服务能力建设，鼓励公交、大型客货运输企业建立健全专业化的维修机构或部门，为营运车辆提供可靠的维修服务和技术保障。

（七）鼓励品牌化发展，充实行业发展内涵

要按照"政府引导、企业创建、社会满意"的原则，积极推进企业品牌建设。要建立健全行业品牌培育、发展、激励、保护的政策和机制，营造良好的品牌成长环境。要着力扶持、培育一批维修服务质量高、质量信誉优（AAA）的企业尽快成长为地方品牌，提升品牌价值和效应，并逐步向区域、全国扩展，发挥品牌示范保护作用。鼓励企业增强品牌意识，提高品牌创建内生动力；鼓励优质企业依法进行商标注册，加强商标保护，不断提升品牌价值和形象。鼓励企业积极开展维修技术人员亮牌服务，打造企业核心竞争力，树立企业品牌和形象。

（八）促进行业安全发展，筑牢行业发展基石

企业要牢固树立"平安汽修"理念，充分认识"平安汽修"是"平安交通"的重要组成部分，建立健全安全生产管理制度，有效落实安全生产主体责任。要加强维修从业人员安全生产作业培训。要建立健全安全操作规程，加强对在用汽车喷烤漆房、举升机等重点维修装备的维护管理，并依据相关标准定期开展安全检查和评价，对安全隐患较大的维修装备要限期整改或更新。各地道路运输管理机构要加强行业安全生产监管，为推进"平安交通"作出贡献。

(九)推广绿色维修作业,促进行业可持续发展

要按照《汽车绿色维修指南》要求,建立健全行业绿色汽修技术和管理体系,促进汽车维修业与现代城市、居民社区有机融合、和谐共处。企业要制定落实环境保护和资源节约的规章制度。要鼓励企业进行绿色汽修设施设备及工艺的升级改造,推广使用符合节能环保要求的新设备、新工艺和新材料,形成维修废弃物和有害排放少、资源利用率高的成套工艺规范。维修企业要做好废机油、制动液、制冷剂、废铅酸蓄电池等废弃物的回收处置,力争3年内实现全国一、二类维修企业危险维修废弃物规范处置率达到95%以上;要加大喷烤漆房废气治理设施建设,避免大气污染。要逐步建立维修企业环境保护责任追究制度。要不断拓展绿色汽修作业的深度和广度,促进绿色汽修常态化、长效化。

(十)实施汽车检测与维护制度,促进行业生态文明建设

交通运输部门要会同环境保护部门,建立实施汽车检测与维护(I/M)制度。要建立健全汽车检测与维护政策标准体系,明确汽车尾气检测站(I站)和维护站(M站)的职责、认定标准、统一标识及作业服务流程,制定机动车排放维修技术规范,提升排放维修技术和装备水平,不断提高全社会汽车尾气排放治理能力。各地环保、交通运输部门要结合本地实际,分别选择、扶持一批汽车检测站、维修企业发展成为I站和M站网点,并定期公示、发布网点信息。经认定的I站、M站网点要在经营场所显著位置悬挂、张贴统一标识,开展规范化检测、维修服务。M站网点要严格按照汽车尾气排放维修技术规范、汽车维修保养技术手册及车型维修技术资料进行排放控制关键零部件维修,不得任意更换。M站要向环保部门定期报送汽车尾气维修数据信息。

三、改善提升维修服务

(十一)限制滥用汽车保修条款,保障消费者维修选择权

贯彻落实反垄断法、反不正当竞争法及消费者权益保护法和汽车三包规定,保障消费者的维修消费选择权和汽车产品保修权利。汽车生产及其授权销售、维修企业(包括进口汽车经营企业)应告知消费者按照使用说明书要求正确使用、维护、修理汽车产品,不得限制、干预消费者自主选择维修企业和维修服务,不得以汽车在“三包”期限内选择非授权维修服务为理由拒绝提供维修服务。

（十二）加强行业诚信建设，营造放心修车环境

要发挥消费者监督评价对市场消费的导向作用，建立健全汽车维修质量监测体系。要完善机动车维修企业质量信誉考核办法，积极运用互联网和信息化手段，引入消费者监督评价机制，构建企业经营行为和服务质量动态监管机制及信息化监管平台，用市场信息公开透明和消费者口碑倒逼和推动市场诚信建设，不断提升用户满意度。鼓励行业协会、保险机构和第三方机构参照相关国家和行业标准开展维修服务质量和客户满意度调查，促进企业服务更加规范、优质。各地道路运输管理机构要将消费者、保险机构及第三方机构评价作为企业质量信誉考核的重要内容，建立企业服务质量“黑名单”制度。要加强对考核结果的宣传和应用，积极协调政府机关事业单位用车主管部门、保险监管部门，制定鼓励性政策，推动机关事业单位用车、事故车维修优先选择诚信企业。根据《国务院关于印发社会信用体系建设规划纲要（2014－2020年）的通知》（国发〔2014〕21号）要求，探索建立企业信用制度，将企业经营失范、违规行为纳入企业信用记录，会同社会征信、工商和质检部门定期向社会公布违规情况，并依法严肃处理。

要加强舆论引导和监督，促进社会共同治理。要积极树立、宣传汽车维修行业的典型和标兵，凝聚行业服务精神，展示行业精神风貌。要会同消费者权益保护部门，曝光侵害消费者权益的典型案件和行为，宣传维权知识和手段，提高消费者自我保护和防范意识，促进消费者理性消费。

（十三）强化维修标准化、规范化作业，提升维修服务质量

各地交通运输主管部门和道路运输管理机构要按照《汽车维修业开业条件》（GB/T 16739）要求严把市场准入关，确保企业维修能力达标。维修企业要遵照《汽车维护、检测、诊断技术规范》（GB/T 18344）等标准及车型维修技术资料开展维修作业，确保维修质量合格。要遵照《机动车维修服务规范》（JT/T 816）开展规范化的维修服务，提升维修服务质量和水平。要强化实施维修质量保证体系，督促企业严格执行汽车维修合同管理、“三检”管理、维修竣工合格证和质量保证期等制度，切实保障维修质量合格、过硬。

（十四）广泛开展便民服务，提升行业服务效能

各地交通运输主管部门和道路运输管理机构要结合本地实际，积极组织企业开展服务质量公约、服务质量标准承诺、阳光维修服务等活动，加强行业自律

规范，抵制市场不良风气。要结合消费者权益保护日、道路交通安全日、节能宣传周和质量月等公益主题载体，组织开展形式多样的公益服务活动，让汽车维修保养常识、安全行车知识、消费者维权知识、汽车故障义诊及咨询等公益服务真正走进群众。维修企业要坚持以消费者为中心，不断增强服务意识，创新服务形式，优化服务流程，透明服务信息，提升便民服务能力。鼓励企业提供电话、网络预约服务，提供代用汽车、上门接送车及各类定制化服务，满足消费者时效性和便利化需求；鼓励拓展服务范围和能力，开展"一站式"汽车消费服务，延伸企业价值链；鼓励建立客户服务回访机制。

（十五）建立健全汽车维修救援体系，提供有效出行保障

要按照"统一平台、统一调度、统一服务、快速响应"的原则，合理布设救援网点，逐步建立覆盖全国的汽车维修救援体系。探索设立全国统一的汽车救援服务电话，便于呼救施救。要加强与相关部门协调联动，确保事故救援及时、高效、到位。要建立行业统一的信息服务平台，制定救援企业入网条件、服务规范和收费标准。鼓励符合条件的救援企业和保险机构积极加入救援网络，统一调配运行。救援企业要配备专业化的救援装备和技术人员，加强救援培训，不断提升救援能力。高速公路清障救援服务，要按照国家发展改革委、交通运输部《关于规范高速公路车辆救援服务收费有关问题的通知》（发改价格〔2010〕2204号）有关要求执行。

（十六）建立健全维修质量纠纷调解和投诉处理机制，维护消费者合法权益

各地要按照"渠道畅通、处理及时、技术权威、裁决公正"的原则，建立健全汽车维修质量纠纷调解、投诉处理的工作平台和机制。各地交通运输主管部门可委托第三方的公益性机构，受理维修质量投诉和纠纷调解，提供汽车维修技术咨询，并提供必要的业务经费支持。要公布投诉电话、网站，设立接待服务场所，确保投诉渠道畅通。要公布投诉受理范围、处理流程及处理时效，及时答复处理结果。要不断提高专业技术能力、鉴定能力和纠纷调解水平，依法依规化解各类投诉和纠纷，提升维权成效。要建立投诉举报处理与部门执法的联动机制，道路运输管理机构要依据线索认真调查核实、及时依法处理，并向社会公布处理结果。消费者也可通过12365和12315投诉举报电话，向质量技术监督、工商部门反映汽车配件质量问题，投诉、举报生产、销售假冒伪劣汽车配件以及欺诈消费者等违法行为，切实保护消费者合法权益。

四、保障措施

（十七）建立实施汽车维修技术信息公开制度

建立实施汽车维修技术信息公开制度，保障所有维修企业平等享有获取汽车生产企业汽车维修技术信息的权利，促进汽车维修市场公平竞争，提升汽车维修质量，确保在用汽车行车安全和尾气排放达标。自2015年1月1日起，汽车生产企业（包括从中国境外进口汽车产品到境内销售的企业）要在新车上市时，以可用的信息形式、便利的信息途径、合理的信息价格，无歧视、无延迟地向授权维修企业和独立经营者（包括独立维修企业、维修设备制造企业、维修技术信息出版单位、维修技术培训机构等）公开汽车维修技术资料。要在汽车产品说明书中明确车辆型式核准证书信息，规定排放维修技术要求，说明排放控制关键零部件生产厂家、型号及有效使用寿命等信息。在2015年12月31日前，汽车生产企业要公开全部已进入《车辆生产企业及产品公告》国产车型以及已获CCC认证的国产及进口车型的汽车维修技术信息。

交通运输部将会同环保部、质检总局制定《汽车维修技术信息公开实施办法》，定期组织对汽车生产企业车型维修技术信息公开情况进行抽查。新车型上市3个月未能有效公开车型维修技术信息的，撤销该车型有关《公告》和CCC认证证书。

（十八）破除维修配件渠道垄断

促进汽车维修配件供应渠道开放和多渠道流通。按照市场主体权利平等、机会平等、规则平等的原则，打破维修配件渠道垄断，鼓励原厂配件生产企业向汽车售后市场提供原厂配件和具有自主商标的独立售后配件；允许授权配件经销企业、授权维修企业向非授权维修企业或终端用户转售原厂配件，推动建立高品质维修配件社会化流通网络。贯彻落实《反垄断法》和《消费者权益保护法》有关规定，保障所有维修企业、车主享有使用同质配件维修汽车的权利，促进汽车维修市场公平竞争，保障消费者的自主消费选择权。鼓励汽车维修配件流通企业发展电子商务，创新流通模式，加深与维修业融合发展。要充分运用物联网技术，建立汽车维修配件追溯体系，保证配件供应渠道公开、透明，实现汽车维修配件可溯源、可追踪，消费者合法权益受到损害时可追偿、可追责。要制定实施汽车维修配件分类及编码规则、汽车维修配件流通规范等技术标准。鼓励建立可追溯配件质量保证保险制度。鼓励发展第三方的汽车维修配件认证机构，强化配件质量和信誉保证。鼓励发展汽车维修配件公益性群体品牌。

（十九）加强维修人才队伍建设

要完善维修从业人员考试内容，增加实际维修操作技能考核，强化车辆安全状况检修能力考核。要强化维修企业关键岗位和工种持证上岗制度，逐步提高技术负责人和质量检验员等关键岗位持证上岗比例。教育部门会同交通运输部门在国家加快发展现代职业教育体系框架下，继续实施汽车维修紧缺人才培养工程、专业技术人员知识更新工程，从源头上提升从业人员技能素质。鼓励本科高校优化完善汽车服务工程等相关专业人才培养方案，加强应用型、复合型人才培养；鼓励职业院校优化完善汽车运用与维修类专业培养体系，培养技术技能型人才。积极加强本科高校、职业院校与企业在“产学研用”等方面的深入合作，推进产教融合，提升毕业生创新能力与实践能力。支持企业工程技术人员到本科高校和职业院校兼职，鼓励企业为本科高校和职业院校师生实习实践提供便利条件。积极推进“双证书”制度。完善职业资格制度，畅通维修技术人员技能提升、职业发展通道；构建汽车维修从业人员诚信评价体系，逐步提升从业人员职业道德水平。加强维修行业高级人才队伍建设，吸引、培养和稳定一批企业职业经理人，建立维修技术专家和人才库，引导维修人才合理流动，稳步扩大行业高级人才队伍规模。鼓励行业协会、汽车保险机构、专业培训机构等社会力量举办维修技术培训和技能大赛，搭建维修技术学习交流网络平台，提升从业人员技能水平。要形成从业人员知识技能水平与薪酬待遇、职业发展相挂钩的激励机制。

（二十）提高维修装备技术水平

鼓励开展汽车维修检测设备第三方安全、环保认证。鼓励行业协会组织对列入《交通运输行业重点监督管理产品目录》的汽车维修检测设备进行评价和推荐，为企业购置、更新维修检测设备提供参照。鼓励企业采购、使用经认证和推荐的维修检测设备。加强维修装备标准和能力建设，鼓励维修装备生产企业加大技术创新，研发生产各类先进适用、机电一体的汽车诊断仪器、维修检测专用设备和工具，不断提升我国汽车维修业及其装备制造业的科技含量和核心竞争力。

(二十一)推进维修行业信息化建设

坚持监管与服务并举、发挥政府和市场两个积极作用的原则,充分运用互联网、大数据、云计算等技术手段,创新机制和模式,积极推进行业信息化建设。要建立覆盖全国的“汽车电子健康档案”系统,为健全汽车维修数据档案、促进汽车三包、二手汽车公平交易和缺陷汽车产品召回提供有效手段和依据。围绕提升行业数字化监管能力,鼓励各地道路运输管理机构建立汽车维修服务质量评价网络平台,督促企业诚信经营、优质服务。鼓励维修企业建立健全维修服务管理信息系统,提升企业管理效率和水平。

(二十二)依法加强维修市场监管

各地交通运输主管部门和道路运输管理机构要依法加强对维修企业经营资质监管,确保企业符合开业许可条件。要建立完善市场退出机制,对安全生产考评不达标的维修企业,要暂停其经营资格,严肃整改;整改仍不达标的,取消其经营资格。要依法查处各类非法经营、无证经营、超范围经营、违法拼装改装及承修报废汽车、盗抢汽车等行为,规范和净化市场环境。汽车维修企业要严格落实维修车辆登记制度,发现拼装、盗抢、肇事逃逸嫌疑车辆的,要及时向公安部门报告;发现同一车型多起同类安全隐患或可能存在产品缺陷的,要及时向交通运输部门报告。

各地交通运输部门要加强汽车维修配件使用的监管,督促企业使用符合标准及 CCC 认证要求的维修配件,对使用以假充真、以次充好、不合格以及不符合 CCC 认证要求的汽车配件产品的,要依法查处,情节严重的,吊销其经营许可,并通报质检部门追究生产者责任。对生产、销售假冒伪劣及不合格汽车配件产品的,由质检、工商部门依法查处。对涉嫌价格垄断等价格违法行为的,由价格主管部门依法处理。对经营者集中达到反垄断申报标准的,要依法向国务院反垄断执法机构申报。对使用假冒伪劣配件维修汽车造成汽车安全隐患,导致道路交通事故的,要依法追究相关维修企业和人员的责任。

(二十三)加大部门政策服务和联合监管

各级交通运输主管部门要切实加强与发改(价格)、公安、环保、商务、工商、质检及保监等部门的沟通协调、信息共享,充分发挥各部门职能作用,形成各市场监管部门间各司其职、各负其责、相互配合、齐抓共管的工作机制,切实维护汽车维修市场经营秩序。各部门要加强政策制定和协作配合,加大政策支持和服务力度，争取将汽车维修业发展纳入地方政府“民生工程”和“民心工程”，为包括汽车维修业在内的汽车后市场规范、健康发展营造良好外部环境，为人民群众满意修车、放心开车、享有高品质汽车生活提供有力保障。

（二十四）加强行业政策标准研究

要加强汽车维修业政策标准的系统性、基础性、前瞻性研究。要研究完善汽车维修业发展战略规划及评价指标体系，为汽车维修业布局规划和发展水平衡量提供客观依据。要加强标准研究和制修订，增强标准规范对行业发展的规范引领作用。各有关部门要密切合作，积极研究出台汽车后市场发展政策，构建完善标准规范体系，提出我国汽车后市场发展评价指数，推动汽车消费规范、健康发展。

（二十五）发挥行业中介组织自律作用

要充分发挥行业协会、商会等中介组织的桥梁纽带、行业自律、服务行业、服务社会的功能和作用。各级行业协会要深入开展调查研究，及时掌握行业和企业的动态，积极回应企业和消费者的诉求。要配合行业主管部门，在行业基础研究、诚信体系建设、服务质量提升、人才队伍建设、技术装备推广、行业文明建设、加强行业自律、履行社会责任以及增强行业凝聚力、弘扬行业正能量等方面发挥积极作用。要在服务行业上下游产业、延伸行业价值链条、促进汽车后市场创新、融合发展等方面积极开拓，有所作为。

中华人民共和国交通运输部
中华人民共和国国家发展和改革委员会
中华人民共和国教育部
中华人民共和国公安部
中华人民共和国环境保护部
中华人民共和国住房和城乡建设部
中华人民共和国商务部
国家工商行政管理总局
国家质量监督检验检疫总局
中国保险监督管理委员会

2014年9月3日

机动车维修服务规范

（JT/T 816——2011）

1 范围

本标准规定了机动车维修服务的总要求、维修服务流程、服务质量管理及服务质量控制等内容。

本标准适用于汽车整车维修企业和发动机、车身、电气系统、自动变速器专项维修业户，其他的机动车维修企业可参照执行。

2 规范性引用文件

下列文件对于本文件的应用是必不可少的。凡是注日期的引用文件，仅注日期的版本适用于本文件。凡是不注日期的引用文件，其最新版本（包括所有的修改单）适用于本文件。

GB/T 3798.1　汽车大修竣工出厂技术条件　第1部分：载客汽车

GB/T 3798.2　汽车大修竣工出厂技术条件　第2部分：载货汽车 GB/T 3799.1
商用汽车发动机大修竣工出厂技术条件　第1部分：汽油发动机

GB/T 3799.2　商用汽车发动机大修竣工出厂技术条件　第2部分：柴油发动机

GB/T 5624　汽车维修术语

CB/T 16739.1　汽车维修业开业条件　第1部分：汽车整车维修企业

GB/T 16739.2　汽车维修业开业条件　第2部分：汽车专项维修业户

GB/T 18344　汽车维护、检测、诊断技术规范

GB/T 21338　机动车维修从业人员从业资格条件

3　术语和定义

GB/T 5624　所界定的以及下列术语和定义适用于本文件。

3.1

客户　customer

接受机动车维修服务的组织或个人。

3.2

机动车维修服务　service for motor vehicle maintenance and repair

机动车维修经营者(以下简称经营者)向客户提供机动车维护和修理及相关活动的总称。

3.3

整车修理　whole motor vehicle repair

通过修复或更换机动车零部件(包括基础件),恢复机动车完好技术状况和完全(或接近完全)恢复机动车寿命的修理。

3.4

原厂配件　original equipment manufacturer parts

纳入车辆生产厂家售后服务体系和配件供应体系的配件。

3.5

副厂配件　aftermarket parts

未经车辆生产厂家授权的车辆配件生产厂家生产并符合相关技术标准的配件。

3.6

修复配件　refurnished parts

修复后,经过检验达到相应技术标准要求的配件。

4 总要求

4.1 经营者应按照 GB/T 16739.1 和 GB/T16739.2 的规定,根据维修车型种类、服务能力和经营项目,具备相应的人员、组织管理、安全生产、环境保护、设施、设备等条件,并取得机动车维修经营许可等相关证件。

4.2 经营者应依法经营、诚实守信、公平竞争、优质服务,在经营场所的醒目位置悬挂全国统一式样的机动车维修标志牌。

4.3 经营者应将主要维修项目收费价格、维修工时定额、工时单价报所在地道路运输管理机构备案。发生变动时,应在变动实施前重新报备。

4.4 经营者应在业务接待室等场所醒目位置公示以下信息:

a)机动车维修经营许可证、工商营业执照、税务登记证明;

b)业务受理程序;

c)服务质量承诺;

d)客户抱怨受理程序和受理电话(邮箱);

e)所在地道路运输管理机构监督投诉电话;

f)经过备案的主要维修项目收费价格、维修工时定额、工时单价,常用配件现行价格;

g)维修质量保证期;

h)企业负责人、技术负责人及业务接待员、质量检验员、维修工(机修、电器、钣金、涂漆)、价格结算员照片、工号以及从业资格信息等;

i)提供汽车紧急维修救援服务的,应公示服务时间、电话、收费标准。

4.5 汽车整车维修企业应建立维修服务信息化管理系统,对客户信息、维修流程、配件采购与使用、费用结算等进行管理。

4.6 经营者对原厂配件、副厂配件和修复配件应明码标价,并提供常用配件的产地、生产厂家、质量保证期、联系电话等相关信息资料,供客户查询。有条件的经营者可配备计算机、触摸屏等自助电子信息查询设备。

5 维修服务流程

5.1 建立服务流程

机动车维修服务流程见图 1 。经营者可依据自身规模、作业特点建立适用本企业的维修服务流程。

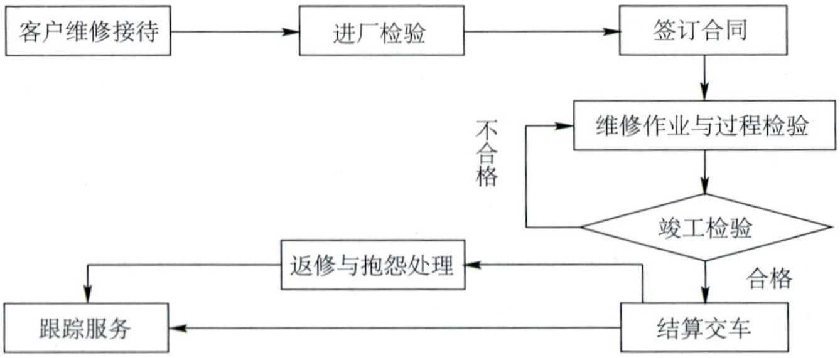

图1　机动车维修服务流程

5.2　客户维修接待

5.2.1　客户接待

5.2.1.1　客户接待主要包括进厂维修接待、预约维修接待、紧急维修救援接待。

5.2.1.2　业务接待员应遵守礼仪规范，主动热情，真诚友好，仪表端庄，语言文明，自报工号，认真听取客户关于车况和维修要求的陈述，并做好记录。

5.2.1.3　业务接待员应能及时为客户提供咨询服务。

5.2.2　维修接待

5.2.2.1　进厂维修接待

5.2.2.1.1　车辆进厂时，业务接待员应查验车辆相关证件，与客户一起进行环车检查，并办理交接手续。检查时，对于可能造成污损的车身部位，应铺装防护用品。

5.2.2.1.2　客户寄存随车物品，应在车辆交接单上详细记录，并妥善保管。车辆交接单经客户签字确认。

5.2.2.1.3　业务接待员应安排需要等待维修车辆的客户休息。

5.2.2.2　预约维修接待

5.2.2.2.1　经营者可通过电话、短信、网络等渠道受理预约维修服务，可采用回访、告示等方式提示客户采用预约维修服务。

5.2.2.2.2　业务接待员应根据客户意愿和企业条件，合理确定维修车辆维修项目和进厂时间。经双方确认后，做好人员、场地、设备、配件准备，按时安排车辆维修。

5.2.2.2.3　车辆进厂时，按5.2.2.1的要求进行。

5.2.2.3　紧急维修救援接待

5.2.2.3.1　经营者可通过电话、短信、网络等渠道受理紧急维修救援业务。

5.2.2.3.2　业务接待员接到求救信息后，应详细记录求救客户姓名、车牌号码、品牌型号、故障现象、车辆所在地、联系电话等。

5.2.2.3.3　经营者应区别不同情况实施救援：

——与客户对话可以解决的，应详细解答，具体指导，及时帮助处理；

——确需现场救援的，应提出最佳救援方案，主动告知救援收费标准，组织救援人员在规定时间内赶到救援现场；

——现场不能修复的车辆，经客户同意可拖车入厂，及时安排修理。车辆进厂时，按5.2.2.1的要求进行。

5.2.2.3.4　对夜间或恶劣天气等紧急救援需求，提供24 h汽车维修救援服务的经营者亦应按照规范及时施救。

5.3　进厂检验

5.3.1　质量检验员应根据车辆技术档案和客户陈述进行技术诊断。

5.3.2　进厂检验应在专用的工位或区域，按照相关技术标准或规范对车辆进行检验，并做好进厂检验记录。

5.3.3　需要解体检查或者路试的，应征得客户同意。

5.3.4　进厂检验后，应告知客户车辆技术状况、拟定的维修方案、建议维修项目和需要更换的配件。

5.4　签订合同

5.4.1　业务接待员应根据车辆进厂检验结果和客户需求，本着自愿、合法、适用的原则，与客户协商签订汽车维修合同。

5.4.2　维修合同应包含以下主要内容：

a)经营者、客户的名称；

b)签约日期；

c)车辆基本信息；

d)维修项目；

e)收费标准、预计维修费用及费用超出的解决方式；

f)交车日期、地点、方式；

g)质量保证期。

5.4.3 经营者对机动车进行二级维护、总成修理、整车修理的，宜使用当地主管部门推荐的汽车维修合同示范文本。

5.4.4 维修过程应严格按照合同约定进行。确需增加维修项目的，经营者应及时与客户沟通，征得同意后，按规定签订补充合同。

5.4.5 经营者应将维修合同存入机动车维修档案。

5.5 维修作业与过程检验

5.5.1 经营者根据维修合同确认的维修项目，开具维修施工单。维修施工单应详细注明维修项目、作业部位、完成时间和注意事项。

5.5.2 视情对待修车辆进行车身清洁。

5.5.3 维修过程中，应采用合理措施保护车身内外表面等部位。

5.5.4 维修人员应执行相关的技术标准，使用技术状况良好的设备，按照维修施工单进行操作。不应擅自扩大作业范围，不应以次充好换用配件。作业后，应进行自检，并签字确认。

5.5.5 质量检验员应核查配件更换情况，并依据车辆维修标准或维修手册的技术要求实施车辆维修过程检验，按规定填写并留存过程检验记录。

5.5.6 维修过程检验不合格的作业项目，不应进入下一道工序，应重新作业。

5.5.7 经营者宜采用可视窗或视频设备等方式，供客户实时查看在修车辆。

5.5.8 业务接待员应掌握车辆维修情况，及时向客户反馈维修进度。

5.5.9 车辆维修完工后，维修人员应对车辆外表和内饰进行清洁，将车辆停放在竣工区域。

5.6 竣工检验

5.6.1 质量检验员应核查维修项目完成情况，按 GB /T 3798.1 、GB/T 3798.2 、GB/T 3799.1 、GB/T 3799.2 和 GB/T 18344 等标准进行竣工检验，并填写维修竣工检验记录。对竣工检验中发现的不合格项目，应填写返工单，由维修人员返工作业。

5.6.2 经营者应执行《机动车维修竣工出厂合格证》制度。

5.7 结算交车

5.7.1 检验合格的车辆，业务接待员应查看外观，清点随车物品，做好交车准备，通知客户验收接车，并将维修作业项目、配件材料使用、维修竣工检验情况，以及出厂注意事项、质量保证期等内容以书面记录形式告知客户。

5.7.2 业务接待员应配合客户验收车辆，填写验收交接单，并引导客户办理结算手续。

5.7.3 价格结算员应严格按照公示并备案的维修工时定额及单价、配件价格等核定维修费用，开具机动车维修结算清单、维修发票。维修结算清单应将维修作业的检测诊断费、材料费、工时费、加工费及其他费用分项列出，并注明原厂配件、副厂配件或修复配件，由客户签字确认。

5.7.4 客户对维修作业项目和费用有疑问时，业务接待员或价格结算员应认真听取客户的意见，作出合理解释。客户完成结算手续后，业务接待员为客户办理出门手续，交付车辆钥匙、客户寄存物品、客户支付费用后剩余的维修材料，以及更换下的配件。

5.8 返修与抱怨处理

5.8.1 经营者应严格执行车辆返修制度，建立车辆返修记录，对返修项目进行技术分析。

5.8.2 在质量保证期内，因维修质量原因造成车辆无法正常使用，且经营者在三日内不能或无法提供因非维修原因而造成车辆无法使用的相关证据的，经营者应当优先安排，无偿返修，不应故意拖延或无理拒绝。

5.8.3 在质量保证期内，车辆因同一故障或者维修项目经两次修理仍不能正常使用的，经营者应当负责联系其他机动车维修经营者修理，并承担相应修理费用。

5.8.4 经营者应严格执行客户抱怨处理制度，明确受理范围、受理部门或人员、处理部门或人员及其职责、受理时限、处理时限等。

5.8.5 经营者应留存抱怨办理的记录，定期进行分析、总结。

5.9 跟踪服务

5.9.1 车辆维修竣工出厂后，经营者可通过客户意见卡、电话、短信或登门等方式回访客户，征询客户对车辆维修服务的意见，并做好记录。对客户的批评意见，应及时沟通并妥善处理。

5.9.2 跟踪服务应覆盖所有客户。回访人员应统计分析客户意见，并及时反馈给相关部门处理。对返修和客户抱怨处理后的结果应继续跟踪。

6 服务质量管理

6.1 人员管理

6.1.1 企业负责人、技术负责人及质量检验员、业务接待员、价格结算员，以及从事机修、电器、钣金、涂漆、车辆技术评估(含检测)作业的技术人员条件应符合 GB/T 21338 的规定。机动车维修技术人员配备应满足有关要求。

6.1.2 维修从业人员应按照作业规范进行维修作业。

6.1.3 经营者应根据维修服务活动和从业人员能力，制定和实施培训计划，做好培训记录。

6.2 设施设备管理

6.2.1 厂区环境清洁，各类指示标志清楚，重要区域和特种设备设立警示标志。

6.2.2 维修作业区应合理布局，划分工位，有充足的自然采光或人工照明。

6.2.3 维修、检测设备的规格和数量应与维修车型、维修规模和维修工艺相适应。

6.2.4 经营者应依据设备使用书，制定设备操作工艺规程。

6.2.5 经营者应制定设备维护计划，并认真实施。特种设备应重点维护。

6.2.6 检测设备、量具应按规定进行检定、校准。

6.2.7 经营者应建立设备档案，做好设备购置、验收、使用、维修、检定和报废处理记录。

6.3 配件管理

6.3.1 经营者应向具有合法资质的配件经销商采购配件。

6.3.2 经营者应建立采购配件登记制度，组织采购配件验收，查验产品合格证等相关证明，登记配件名称、规格型号、购买日期及供应商信息。

6.3.3 经营者应建立配件质量保证和追溯体系。原厂配件和副厂配件按制造厂规定执行质量保证。经营者与客户协商约定的原厂配件和副厂配件的质量保证期不得低于上述规定。修复配件的质量保证期，按照经营者与客户的约定执行。

6.3.4 经营者应制定配件检验分类制度，保留配件的更换、使用、报废处理的记录。

6.3.5 客户自带配件，经营者应与客户做好约定，使用前查验配件合格证明，提出使用意见，由客户确认签字，并妥善保管配件合格证明和签字记录，保存期限不得低于该配件质量保证期和维修质量保证期。

6.4 安全管理

6.4.1 经营者应建立安全生产组织机构和安全生产责任制度，明确各岗位人员安全职责。

6.4.2 经营者应制定安全生产应急预案，内容包括应急机构组成、责任人及分工、应急预案启动程序、应急救援工作程序等。

6.4.3 经营者应开展安全生产教育与督促检查，为员工提供国家规定的劳动安全卫生条件和必要的劳动防护用品。

6.4.4 经营者应确保生产设施、设备安全防护装置完好，按照规定配置消防设施和器材，设置消防、安全标志。有毒、易燃、易爆物品，腐蚀剂，压力容器的使用与存放应符合国家有关规定的要求。

6.4.5 机动车维修作业场所相应位置应张贴维修岗位与设备安全操作规程及安全注意事项。

6.5 环保管理

6.5.1 经营者应对维修产生的废弃物进行分类收集，及时对有害物质进行隔离、控制，委托有合法资质的机构定期回收，并留存废弃物处置记录。

6.5.2 维修作业环境应按环境保护标准的有关规定配置用于处理废气、废水的通风、吸尘、消声、净化等设施。

6.6 现场管理

经营者应制定现场管理规范，作业场所实行定置管理，工具、物料摆放整齐，标识清楚，做到工作台、配件、工具清洁，工具、配件、废料油污不落地，废油、废液、固体废弃物分类存放。

6.7 资料档案管理

6.7.1 经营者应了解并收集与维修服务相关的技术文件，具备有效的车辆维修标准和承修车型的技术资料。必要时，应制定车辆维修所需的各种工艺、检验指导文件。

6.7.2 经营者应建立机动车维修档案，并妥善保存。

6.7.3 车辆二级维护、总成修理、整车修理档案主要应包括：维修项目、维修合同、具体维修人员及质量检验员、进厂检验记录、过程检验记录、竣工检验记录、出厂合格证副本、结算清单等。保存期限不应少于两年。

7 服务质量控制

7.1 经营者应按规定建立维修服务质量管理体系,制定服务质量方针,加以实施并持续改进。

7.2 经营者应开展客户满意度调查,收集、整理客户反馈信息。

7.3 经营者应定期对维修服务实际成果进行检查,并记录检查结果。对检查中发现的问题,应采取有效的整改措施。